Herausgeber:

Michael Mangold
Institut für Angewandte Wirtschaftsforschung e.V. (IAW),
Tübingen

Peter Weibel
ZKM | Zentrum für Kunst und Medien Karlsruhe,
www.zkm.de

Julie D. Woletz
THM | Technische Hochschule Mittelhessen,
Gießen

Lektorat:
Vanessa Platz, THM | Technische Hochschule Mittelhessen,
Gießen

Michael Mangold | Peter Weibel | Julie Woletz (Hrsg.)

Vom Betrachten zum Gestalten

Digitale Medien in Museen –
Strategien, Beispiele und
Perspektiven für die Bildung

2. Auflage

Nomos

Titelbild:
Michael Gleich, Jeffrey Shaw, Bernd Lintermann, Lawrence Wallen, Torsten Belschner, Manfred Wolff-Plottegg: „Web of Life", 2002
Screenshot © ZKM | Zentrum für Kunst und Medien Karlsruhe

Die Deutsche Nationalbibliothek verzeichnet diese Publikation in der Deutschen Nationalbibliografie; detaillierte bibliografische Daten sind im Internet über http://dnb.d-nb.de abrufbar.

ISBN 978-3-8487-5512-7 (Print)
ISBN 978-3-8452-9696-8 (ePDF)

Onlineversion
Nomos eLibrary

2. Auflage 2020
© Nomos Verlagsgesellschaft, Baden-Baden 2020. Gedruckt in Deutschland. Alle Rechte, auch die des Nachdrucks von Auszügen, der fotomechanischen Wiedergabe und der Übersetzung, vorbehalten. Gedruckt auf alterungsbeständigem Papier.

Inhalt

Abbildungsverzeichnis

Überblick

Gegenwärtige Herausforderungen für das Museum als Bildungsinstitution und Teil einer Medienkultur des 21. Jahrhunderts

Michael Mangold, Peter Weibel, Julie Woletz

Den Ausgangspunkt der ersten Auflage des vorliegenden Bandes im Jahr 2007 bildeten einerseits Aufgabenstellungen und Perspektive der Bildung, die insbesondere seit 2001 aus der Diskussion um die PISA-Studien hervorgingen und in der Folgezeit alle Akteure im Bildungs- und Kulturbereich erheblich unter Druck setzten.[1] Die Öffnung des Bildungssystems und die gesteigerte Aufmerksamkeit gegenüber der Bedeutung von Bildung insgesamt führten gar zeitweilig zur Ausrufung einer „Bildungsrepublik Deutschland"[2].

Damit wird zugleich der andere Ausgangspunkt angedeutet, der durch die euphorische Wahrnehmung der Entwicklung des Internets gebildet wurde. Die unter dem Titel „Web 2.0" (O'Reilly 2005) diskutierten Neuerungen des Internets und der damals noch „Neuen Medien" versprachen eine Aufhebung der Trennung zwischen den klassischen Produzenten und Konsumenten zugunsten von „Prosumenten" (Toffler 1980) und damit eine Emanzipation der NutzerInnen, die nun allesamt zu gleichgestellten Akteuren in der medial vernetzten Welt wurden.

> „Da dieser gleichermaßen technologische wie soziale Entwicklungsprozess zumindest in Teilen von eben den Bevölkerungsgruppen vorangetrieben wird, die es als Besucher in Museen einzubinden bzw. im allgemeinen Sinn als Klientel für institutionalisierte Bildung zu gewinnen, sind die erforderlichen Änderungen recht offensichtlich" (Mangold/Weibel/Woletz 2007, 14).

---

1 Aus den zahlreichen Dokumenten: Deutsches PISA-Konsortium (Hrsg.) 2001; 2004; Konsortium Bildungsberichterstattung (Hrsg.) 2007; Bundestag 2007, u.a. 8, 55.
2 Am 12.06.2008 rief die Bundeskanzlerin Angela Merkel im Rahmen ihres Festvortrages zum 60. Jahrestag der sozialen Marktwirtschaft die „Bildungsrepublik Deutschland" aus. Frankfurter Rundschau vom 12.06.2008.

Die im Mai 2007 am ZKM | Zentrum für Kunst und Medien Karlsruhe[3] durchgeführte Fachveranstaltung des Landschaftsverbandes Rheinland unter dem Titel „Museums and the Internet" bot seinerzeit eine attraktive Gelegenheit für eine Übersicht zu Forschung und praktischer Umsetzung dieser neuen Entwicklungen im musealen Kontext. Diese Beiträge bildeten den Kern der ersten Auflage, denn es wurde als Aufgabe von Bildungs- und Kulturinstitutionen identifiziert, „an diese autonom entstandene Medienkultur anzuknüpfen, ihre emanzipatorischen Potenziale zu erkennen und zu nutzen" (ebd.). Es verband sich damit auch die Hoffnung „zur Erweiterung der traditionellen Klientel und somit auch die Erfüllung einer Kernaufgabe aller Bildungsinstitutionen" (ebd.).

Die ebenfalls im Jahr 2007 eröffnete Jubiläumsausstellung des ZKM mit dem Titel „YOU[ser]: Das Jahrhundert des Konsumenten" widmete sich diesen wahrgenommenen Entwicklungen aus künstlerischer Perspektive und erweiterte dadurch nochmals den Betrachtungshorizont.

Drei Dimensionen der gegenwärtigen Herausforderungen

Dieser kurze Rückblick auf die erste Auflage erfüllt damit nicht lediglich informatorische Aufgaben und ermöglicht es, auf die dankenswerte Zusammenarbeit aller Beteiligten zu verweisen. Er leitet auch über zu den zwischenzeitlich hervorgetretenen Herausforderungen, mit denen sich die Akteure in Bildung und Kultur konfrontiert sehen. Wichen doch mittlerweile aus guten Gründen euphorische Wahrnehmungen und wurden zumindest in Teilen verdrängt von Verunsicherungen infolge des Missbrauchs von Social Media und der durch sie generierten Daten. Gleichzeitig lösten sich die angemahnten gesellschaftlichen Probleme nicht in Wohlgefallen auf. Während die durch Indikatoren messbaren Bildungsaspekte sich allmählich verbesserten, verschärften sich insbesondere in Bezug auf die soziale Kohäsion die Verhältnisse ganz erheblich (u.a. Geißler 2014; Srowig et al. 2018). Vor diesem Hintergrund drängen sich drei Dimensionen besonders hervor, die teils der Digitalisierung insgesamt, teils den digitalen Medien und schließlich den wissenschaftlichen Instrumenten zu ihrer Analyse zuzuordnen sind:

Es ist (1) die extrem hohe Veränderungsdynamik im Bereich der digitalen Medien, verschiedenster digitaler Technologien und ihr Zusammen-

---

3 Seinerzeit hieß es noch „ZKM | Zentrum für Kunst und Medientechnologie Karlsruhe".

wirken in der Erscheinung einer digitalen Transformation, die es erschwert, ephemere Phänomene von einem dynamischen, jedoch bewältigbaren Strukturwandel und schließlich von problematischen Strukturbrüchen zu unterscheiden. Ist es daher erforderlich, insgesamt differenzierter die Entwicklungen der Digitaltechnologie zu beobachten, so gibt es gleichermaßen gute Gründe für – gegenüber der Web-2.0-Euphorie – differenziertere Bewertungen.

Weiterhin ist (2) Bildung in der digitalisierten Gesellschaft in einer janusköpfigen Situation: Einerseits weist sie mithilfe digitaler Medien besondere Chancen zur Inklusion aller Bevölkerungsgruppen in das Bildungssystem auf, und andererseits verliert sich die Gewissheit einer Verlaufsform der Zunahme von Vernunft durch eine bessere Verfügbarkeit von Informationen und Wissen.

Schließlich sind (3) Museen als Institutionen äußerst heterogen, was sich auch in der Museologie als Wissenschaft vom Museum dadurch zeigt, dass sie über keine konsistenten Instrumente zum Erkenntnisgewinn verfügt. Wie können unter diesen Bedingungen gesellschaftliche Aufgaben erfüllt werden?

(1) Dynamischer bzw. durch Brüche gekennzeichneter Wandel kennzeichnet den gesamten Bereich der Digitalisierung. Ein Beleg hierfür ist das zum Zeitpunkt der ersten Auflage des vorliegenden Bandes nicht weiter erläuterungsbedürftige Second Life (secondlife.com), das heute allenfalls noch medienhistorisches Interesse findet. Andere Medienphänomene bzw. ihre Begriffe wurden in ähnlicher Art und Weise abgelöst, so beispielsweise die Begriffe Hypertext, Hypermedia, Neue Medien oder soziale Medien wie StudiVZ oder Google+. Auch zukünftig auftauchenden Phänomenen kann eine längere Dauer nicht umstandslos zugesprochen werden, sodass sich in der Öffentlichkeit ein erhebliches Maß an Unübersichtlichkeit und eine damit einhergehende Unsicherheit gegenüber tatsächlich prägenden Neuerungen gebildet hat.

Untersuchungen (u.a. Boockmann et al. 2020; Hochmuth/Mangold 2020) verweisen darauf, dass relevante Veränderungen sich dabei weniger durch die weitere Digitalisierung einzelner Bereiche kennzeichnen als vielmehr durch ihre zunehmende Verknüpfung untereinander.

Dies wird deutlich, wenn man die Perspektive über digitale Medien hinaus erweitert und die verschiedenen, isoliert erscheinenden und vielfach lediglich als technisch wahrgenommenen Neuerungen in einem weiteren Rahmen betrachtet. Von besonderer Bedeutung sind hierbei die Veränderungen in der Arbeitswelt, wie sie unter den Schlagwörtern „smart factory" oder „Fabrik 4.0" (u.a. Bürkardt et al. 2019; Hofmann 2016) oder im Bereich der Stadt- und Gemeindeentwicklung unter den Begriffen „smart city" oder „smart country"[4] diskutiert werden. Letztere ziehen durch umfassende Integration in Gesamtsysteme weitreichende Neustrukturierungen nach sich, wie in den Megacitys Asiens (Altrock/Schoon 2013) bereits sichtbar und in diesen ökonomisch attraktiven Dimensionen sich mitten in der Umsetzung befinden. Digitale Technologien nehmen hierbei offenkundig eine vermittelnde und vernetzende Rolle ein, sodass homogen durchgängige und steuerbare Strukturen geschaffen werden und dadurch bedingt qualitative Neuerungen entstehen. Bei einer *smart city* zeichnet sich in dieser Art und Weise eine Restrukturierung der Lebensbereiche und eine komplette Umgestaltung wirtschaftlicher Branchen ab.[5]

Gesamtgesellschaftlich drohen innerhalb kurzer Zeit soziale, wirtschaftliche und kulturelle Strukturen aufgelöst zu werden, die zuvor historisch gewachsen und – im europäischen Raum – mit Bezug auf das Gemeinwohlkriterium zu einem Interessenausgleich und dadurch auch zu sozialer Stabilität führten. Treten an die Stelle von sich auflösenden Strukturen jedoch nicht mindestens gleichermaßen leistungsfähige und anerkannte Ordnungsmuster, drohen soziale Desintegration bis hin zum Zerfall von Gesellschaften.[6]

Sozialer Wandel als gestalteter und gemeinwohlorientierter Veränderungsprozess, der jene Desintegration zu vermeiden sucht, erfordert daher aus guten Gründen stets eine Perspektive auf die systemischen Verknüpfungen und auch auf die Einbindung von zivilgesellschaftlich organisierter Öffentlichkeit. Kultur und Bildung und insbesondere Repräsentanten von Museen können hierzu, wie in mehreren Beiträgen des vorliegenden Bandes erläutert wird, einen wichtigen Beitrag leisten.

---

4 Die Literatur teilt sich in diesen Themenbereichen in besonderer Art und Weise auf in wissenschaftliche und von Consultingunternehmen oder wirtschaftsnahen Stiftungen publizierte Beiträge. Erstere sind beispielsweise die fachliche Einordnung von „smart city" in Stadtplanung von Schubert (2015) oder die Übersicht von Meier/Portmann (2017). Prototypisch für Zweitere sind Bertelsmann-Stiftung (2019); Kaczorowski (2015); Kaczorowski/Swarat (2018).
5 Automobilhersteller treten als Dienstleister für Mobilität auf, Energieversorger als Betreiber ganzer Stadtteile. Hierzu u.a.: https://www.daimler-financialservices.com /de/urban-mobility/smart-city/. Sowie: https://www.enbw.com/integrierter-geschaef tsbericht-2016/energie-vernetzt/.
6 Dies ist als Ertrag der Klassiker der Wirtschafts- und Sozialwissenschaften zum Phänomen des sozialen Wandels bzw. der wirtschaftlichen Entwicklung zu werten. Siehe hierzu u.a.: Weber (1921); Durkheim (1893), Schumpeter (1912), Sombart (1916).

Anstelle von umfassenden und analytisch gehaltvollen Perspektiven zu diesen Entwicklungen finden sich in der breiten Öffentlichkeit jedoch eher Ansammlungen von Trugbildern, die das Verständnis der Digitalisierung und notwendige Unterscheidungen zwischen Strukturbrüchen („Disruptionen") und temporären technologischen Neuerungen erschweren.

Hierzu zählt die Verengung der Sicht auf Digitalisierung als Technologie, wie sie insbesondere im politischen Raum stattfindet[7]. Der Ausbau von technologischer Infrastruktur und die Konzentration auf gleichermaßen hochkomplexe wie universelle Problemlösungen versprechende Technologien, so z.B. die künstliche Intelligenz (KI), versperren dabei die Sicht auf kulturelle bzw. gesamtgesellschaftliche Veränderungen, die im Sinne einer Co-Evolution mit in Gang gesetzt werden bzw. in Gang gesetzt werden müssen, um den Wandel zu begleiten. Das Verständnis von KI geht dabei vielfach von der Möglichkeit der Bewältigung gesellschaftlicher Probleme durch die Anwendung technischer und damit vermeintlich normativ neutraler Lösungen aus.[8] Die Umsetzung in KI oder andere digitale Technologien vermag jedoch nur solche Lösungen zu wählen, die zuvor in der Konfiguration von Modellen bzw. der Programmierung vorgesehen wurden. Normative Fragen werden mithin eher durch ihre technischen Beschreibungen und Modellierung verhüllt, als dass sie in ihren Alternativen sichtbar werden.

Mit dieser Reduktion der Sichtweise auf technologische Aspekte einher gehen weitere Trugbilder. Sie werden geschaffen durch vielfältige Generalvermutungen, beispielsweise im Zusammenhang mit „big data" oder „open (government) data". Es wird in beiden Themenbereichen davon ausgegangen, alle Daten seien (wirtschaftlich) wertvoll (u.a. Bertelsmann-Stiftung 2019), bzw. Transparenz, im Sinne von Verfügbarmachen von Digitalisaten, würde automatisch zu neuen Geschäftsmodellen (Bundesregierung 2017, 1) sowie zur Verbesserung der Willensbildung und einer Erweiterung der Partizipation der Bürger (ebd., Begründung 1) führen. Es stellt sich u.a. die Frage, ob durch die Vorreiterrolle der USA bei der Verpflichtung zur Transparenz, durch den „Freedom of Information Act" von 1966 sowie nachfolgender Regelungen – u.a. zu „open government" – während

---

7 Von zentraler Bedeutung sind in diesem Zusammenhang europäische Strategien und Programme, so beispielsweise die Lissabon-Strategie. Hierzu: http://www.euro parl.europa.eu/summits/lis1_de.htm.

8 Dies klingt zumindest in den euphorisch formulierten Eckpunkten der Bundesregierung bzw. des Bundesministeriums für Wirtschaft und Energie zur Künstlichen Intelligenz an. https://www.bmwi.de/Redaktion/DE/Downloads/E/eckpunktepapie r-ki.pdf?__blob=publicationFile&v=10.

der Obama-Administration zwischen 2009 und 2017[9], ein höheres Maß an politischer Willensbildung erwuchs. Die in diesem Zusammenhang in Erscheinung tretenden Phänomene der Verfügbarkeit von Informationen und Wissen leiten zugleich über zum zweiten Themenkomplex.

(2) Akteure in Bildung und Kultur sind konfrontiert mit bislang unkritisch geteilten Grundannahmen der europäischen Aufklärung. Konnte man, nicht zuletzt begründet durch ihre bisherigen praktischen Erfolge, von einem Fortschritt des Wissens und eines daraus sich mittelbar ergebenden Fortschritt der Demokratie ausgehen, so wird diese Vorstellung einer kulturgeschichtlichen Evolution zunehmend infrage gestellt.

Seit der mediengeschichtlich einschneidenden Innovation des Buchdrucks im ausgehenden 15. Jahrhundert (Giesecke 1991; Bösch 2011, 34 ff.) konnte die Verbreiterung des Wissensbestandes und die Erweiterung der an ihm teilhabenden Bevölkerung als Beleg für einen derartigen Fortschritt gewertet werden, die nach Giesecke derart wirkmächtig war, dass sie zu einer Standardisierung des kollektiven Sozialverhaltens (1991, 646) führte.

Neuere Entwicklungen zur Nutzung des Internets verweisen jedoch auf Phänomene, die nicht mehr umstandslos diesem Pfad zuzuordnen sind. Die im vorherigen Abschnitt bereits genannte allgemeine Verfügbarkeit von Daten und Informationen, beispielsweise in den Vereinigten Staaten zum Thema Klimaveränderung[10] oder Todesfälle durch Schusswaffen[11], stehen offenkundig nicht im Zusammenhang mit einer entsprechenden Anhebung des allgemeinen Wissensstandes bzw. ihrer Wirkung in der politischen Willensbildung.

Der unterstellte Automatismus von allgemein verfügbaren Informationen, Daten und Wissen mit allgemeinem gesellschaftlichen Fortschritt, insbesondere einer leistungsfähigeren Demokratie, stellt daher ein weiteres Trugbild im Zusammenhang mit der digitalen Transformation dar. Die genannten Phänomene werden verschärft durch weitere Prozesse, die die

---

9 Während der Präsidentschaft von Barack Obama (2009–2017) wurde der Freedom of Information Act (FOIA) erheblich ausgeweitet und ein Programm zu „open government"-initiiert. Siehe hierzu die ehemalige stellv. Technologieberaterin und Leiterin der „Open-government"-Initiative im Weißen Haus, Beth Simone Noveck (2009) sowie die Erweiterung der FOIA: https://www.justice.gov/sites/default/files/oip/legacy/2014/07/23/foia-final.pdf.

10 Siehe hierzu beispielsweise die Angaben des Federal Geographic Data Committee (FGDC.GOV): https://communities.geoplatform.gov/resilience/.

11 Hierzu u.a.: https://en.wikipedia.org/wiki/Gun_violence_in_the_United_States.

moderne Mediengesellschaft kennzeichnen. Hervorzuheben ist dabei insbesondere die Fragmentierung der Öffentlichkeit (Habermas 2008, 162) in nur noch bedingt permeable Teilöffentlichkeiten, wiewohl hierzu unterschiedliche Einschätzungen vorgebracht werden (Übersicht bei Weber/ Drücke 2012). Das idealtypische Modell einer bürgerlichen Öffentlichkeit, in welcher „gleichsam aus der Mitte der Privatsphäre heraus ein relativ dichtes Netz öffentlicher Kommunikation" (Habermas 1990, 12) entsteht und das „öffentliche Resonnement des bürgerlichen Publikums [...] sich im Prinzip unter Absehung von allen sozial und politisch präformierten Rängen nach allgemeinen Regeln [vollzieht]" (Habermas [1962] 1990, 119), bildet hierzu das Referenzmodell. Die unter dem Begriff „Echokammern" feuilletonistisch beschriebene Isolation eines Austausches von weltanschaulich ähnlichen oder zumindest in Bezug auf bestimmte Einstellungen sich entsprechenden kommunikativen Aggregaten erschwert gesamtgesellschaftliche Verständigung, und damit für eine demokratische Gesellschaft essenzielle Prozesse, in erheblicher Art und Weise.

Die soziale und kulturelle Entwicklung einer demokratischen Gesellschaft basiert auf sich allmählich herausbildenden, schließlich allgemein geteilten und daher zu einem späteren Zeitpunkt nicht weiter zu hinterfragenden normativen Urteilen. Die pluralistische Demokratie lässt daher nicht mehr alle Standpunkte, im Sinne eines gleichen Geltungsanspruchs (Habermas 1981, Bd. 1, 64 ff.) gleichermaßen zu, sondern selektiert notwendigerweise. Zu einem früheren Zeitpunkt nach öffentlicher Auseinandersetzung als „unvernünftig" bewertete Positionen erfahren dann nicht umstandslos einen Anspruch als relevante Debattenbeiträge.[12] Würden derartige Abschichtungen von Geltungsansprüchen nicht erfolgen, würde jede Kommunikation bei einem Punkt Null beginnen, mit dem Resultat eines Stillstandes bzw. eines Zerfalls kultureller bzw. gesellschaftlicher Ordnung. Die nicht zuletzt im musealen Kontext hochbewertete Bedeutung eines „kulturellen Erbes" bzw. eines „kulturellen Gedächtnisses" (Assmann 1992) verweist gleichermaßen auf die Notwendigkeit wie auf die grundsätzliche Anerkennung eines derartigen selektiven Prozesses. Er kennzeichnet sich dadurch, dass ein Resultat einer öffentlichen Deliberation in der Folgezeit nicht mehr fortwährend zu begründen und hervorzu-

---

12 In diesem Sinn können Positionen, die beispielsweise die Geltung der allgemeinen Menschenrechte bezweifeln, in der demokratischen Gesellschaft nicht mit dem Verweis auf Pluralismus anderen Positionen gleichgestellt werden.

hebend ist, da er Eingang fand in einen allgemeinen Konsens.[13] Es sind gerade diese, sich auf gesamtgesellschaftliche Konsenserzeugung richtende Prozesse, die durch falsch verstandene Vorstellungen von politischer Pluralität in ihrem Bestand gefährdet werden.

Ein weiteres Phänomen – teilweise mit vorherigem verknüpft, aber nicht notwendigerweise – ist der Umstand der offenkundig im Internet schnelleren Verbreitung von nicht-wahren gegenüber wahren Aussagen (vgl. Vosoughi et al. 2018). Im populären Jargon als „Fake News" bezeichnet, erfuhren sie mit Beginn der Präsidentschaft Donald Trumps eine breite Bekanntheit und verweisen bei näherer Betrachtung auf die hohe Bedeutung der Neuigkeit und des emotionalen Erregungspotenzials gegenüber der offenkundig geringeren Bedeutung einer geprüften und wahren, jedoch nicht durch Emotionalität und Neuigkeit geprägten Information. Es ist davon auszugehen, dass bereits vor der Ära der Digitalisierung der Medien derartige Unterscheidungen die Verbreitung von Informationen beeinflussten, jedoch gewinnen sie im Zeitalter der Digitalmedien einen anderen Durchschlagseffekt. Sie erschweren die ohnehin bereits gefährdeten Prozesse der Konsensfindung im öffentlichen Raum zusätzlich und verändern damit in gegenwärtig nicht absehbarer Art und Weise die Bedingungen der Akteure in Bildung und Kultur.

(3) Um als RepräsentantIn im Bereich des Museums – bzw. der Bildung und Kultur – erforderliche Orientierung zu gewinnen, wäre es vor dem Hintergrund dieser Herausforderungen naheliegend, die Erkenntnisse von etablierten und einschlägig tätigen wissenschaftlichen Disziplinen zu transformieren und den eigenen Anforderungen entsprechend anzupassen. Eine derartige Adaptation wissenschaftlicher Erkenntnisse erscheint für den Bereich des Museums besonders naheliegend, da seit den Anfängen des Museums und auch während seiner Entfaltung als Kultur- und Bildungsinstitution im 19. und 20. Jahrhundert (Burke 2014b) keine in sich geschlossene und sich mit eigenen Begriffen, Methoden und Theorien kennzeichnende Disziplin der „Museumswissenschaft" existiert. Te Heesen (2012) verweist mit dem Kunsthistoriker und -kritiker Douglas Crimp (1996) darauf, dass vonseiten der Museologie die Heterogenität des Museums immer wieder geleugnet und ein homogenes System postuliert wird. Sie führt diesen Gedanken weiter: „Es gibt nicht die Wissenschaft vom

---

13 Daraus ergeben sich u.a. auch Folgerungen für die Sprachregelung in der Geschlechterfrage, nach welcher eine Hervorhebung der Gleichstellung eigentlich nicht erforderlich wäre.

Museum, sondern ein weitaus komplizierteres Geflecht, das andere Institutionen und Fächer in der Beschreibung und Analyse eines musealen Phänomens miteinbeziehen muss und nicht aus sich selbst erklärt werden kann. Deshalb ist es fraglich, ob man aus dem Museum gleich eine Wissenschaft machen soll" (te Heesen 2012, 12 f.).[14]

Eine Erschließung und Nutzung wissenschaftlicher Erkenntnisse zur Erfüllung eigener Aufgaben im gesamtgesellschaftlichen System entspricht letztlich auch einer Rolle der Wissenschaft (u.a. Luhmann 1994, 52). Gleichwohl hadern zumindest die Sozialwissenschaften, als genuine Diagnosewissenschaften (Friedrichs/Lepsius/Mayer 1998, 9 ff.), mit diesen Problemen. So setzt sich zwar eine ganze Reihe von Teilbereichen der Soziologie mit den Phänomenen der Digitalisierung auseinander, jedoch gegenwärtig ohne Verständigung zugunsten eines gemeinsamen Kanons an Instrumenten in Sprache, Methode und Theorie. Vielmehr stehen zahlreiche Einzelerkenntnisse und Theorien mit mittlerer Reichweite unvermittelt nebeneinander.[15]

Ohne eine unmittelbare Lösung für diese Aufgabe bzw. eine rezeptartige Vorgehensweise zur Bewältigung der in diesen drei Dimensionen eingeschlossenen Herausforderungen unterbreiten zu können, vermag jedoch das Museum in besonderer Weise auf sie zu verweisen und sie zum Gegenstand öffentlicher Aufmerksamkeit zu machen. Für den vorliegenden Band bedeutet dies, sich um Beiträge zu bemühen, welche zur Verbindung von tragfähigen und weitergreifenden theoretische Erklärungen, grundlegenden Begriffen und Konzepten mit den Phänomenen der dynamischen Entwicklung der digitalen Medien und den aus ihnen prototypisch abgeleiteten Umgangsweisen im musealen Kontext beitragen.

---

14 Te Heesen zieht hierbei das Bonmont des Soziologen Ferdinand Tönnies heran, der seinerzeit entsprechende Bestrebungen zur Gründung eigener Wissenschaften in anderen Bereichen sehr kritisch sah und der Ansicht war, dass „nicht jede Sache, über die man sehr nützliche Studien macht, gleich den Namen einer besonderen Wissenschaft haben [muß], denn dann gäbe es innerhalb der Zoologie eine Hühnerwissenschaft, eine Entenwissenschaft, eine Wissenschaft der Schwäne, die übrigens recht schön wäre! Das ist nicht nötig" (Tönnies 1931, 72 nach te Heesen 2012, 13).

15 Exemplarisch hierzu: Arbeitskreis Digitalisierung und Organisation in der Sektion Organisationssoziologie der DGS (2019).

Die Beiträge des Themenbandes

Im Rahmen einer Einführung zum Potenzial digitaler Medien für Museen und Bildungseinrichtungen werden im ersten Kapitel „Aufgabenstellungen und Lösungsperspektiven" theoretisch-konzeptionelle Grundlagen resümiert sowie Herausforderungen und Lösungsansätze vorgestellt. Im Anschluss daran folgen drei Kapitel mit thematischen Vertiefungen zu den einzelnen Schwerpunkten. **Peter Weibel** und **Dominika Szope** beginnen mit einem kunsthistorischen Streifzug, der verdeutlicht, wie die interaktive Medienkunst die Kultur der Teilhabe im Netz des beginnenden 21. Jahrhunderts antizipiert hat. Neue Handlungsmöglichkeiten und -fähigkeiten des Web 2.0 führten im Folgenden zur Ausbildung des Prosumers (Toffler 1980), der eigene Inhalte bzw. Werke im Netz veröffentlicht. Die mitunter mit dem kreativen Schaffen verbundene zunehmende Selbstdarstellung im Netz führt heute zur Schaffung eigener Öffentlichkeiten, die ohne konventionelle Medien auskommen. Zugleich führen die zunehmende Digitalisierung und die neuen technologischen Möglichkeiten zu sozialen und politischen resp. demokratischen Veränderungen innerhalb der Gesellschaft, die offenbaren, dass es falsch wäre, sich im Geiste der Post-Digitalität zu wähnen. Vielmehr müssen wir beständig neue Kulturtechniken erlernen, um sie adäquat reflektieren und kritisch hinterfragen zu können. Eine besondere Rolle kommt hierbei Kulturinstitutionen zu, die als Assembly, als Orte der Versammlung eine neue Bedeutung im 21. Jahrhundert erlangen.

Im Beitrag von **Michael Mangold** wird das Museum als Lern- und Bildungsort analysiert und dabei nicht nur seine historisch bereits frühen Formen als Umgebungen für Reflexion und Verhaltensänderungen – d.h. für Lernprozesse – identifiziert. Auch die Kommunikation über diese Lernprozesse werden in ihrer Bedeutung hervorgehoben. Sie sind notwendig, um einen Beitrag zur gesellschaftlichen Verständigung zu leisten, aus denen sich schließlich jene, u.a von der Enquete-Kommission „Kultur in Deutschland", gewünschten kulturellen Innovationen ergeben können. Dem Museum wird hierbei eine besondere Bedeutung zugeschrieben, da es noch – trotz einer Gegenströmung zugunsten von Spektakel und einer Annäherung an betriebswirtschaftliche Effizienzkriterien – einen Freiraum zur Entwicklung von normativen Positionen erlaubt, der im Bereich der institutionalisierten Lernorte nahezu verschwunden ist. Um diese Rolle wirkungsvoll einnehmen zu können, ist die Öffnung des Museums zugunsten breiter Schichten und eine Abwehr von sich immer wieder neu formierenden sozialen Schließungsprozessen erforderlich.

Uwe Hochmuth widmet sich in seinem Beitrag „Museum – der Sitte wegen" der Frage, ob und wie Museen einen Beitrag zur Förderung der moralischen Urteilsfähigkeit liefern können. Ausgehend vom Begriff der ästhetischen Wahrnehmung und der daran anknüpfenden begrifflichen Fassung normativer Sachverhalte wird zu zeigen versucht, dass Museen nicht nur dazu geeignete Orte sind, sondern dass sie sich durch die Nutzung neuer medialer Möglichkeiten innovative Wege erschließen, um sich dieser Aufgabe noch besser stellen zu können.

Dass die Fragen der Medienevolution nicht nur die Ausstellungspraxis in Museen, sondern weit genereller die Problematik zeitgemäßer Wissensvermittlung betreffen, stellen die folgenden drei Beiträge im Kapitel „Medienintegrierte (Bildungs-)Konzepte" mit grundlegenden Überlegungen und Strategien erfolgreicher Museumskommunikation und medialer Wissensvermittlung vor.

Den Anfang machen **Julie Woletz** und **Jelena Volkwein-Mogel** mit dem Themenbereich Digital Storytelling. Die Projekte des Digital Storytelling zeigen, wie das Potenzial digitaler Medien genutzt und an traditionelle Formen der Wissensvermittlung durch Narration angeknüpft werden kann. Die Kombination von digitalen Medien und narrativen Vermittlungsstrategien bildet durch den hohen Aufforderungscharakter und die niedrige Hemmschwelle bei bereits bestehender Medienkompetenz einen Lösungshorizont, die BesucherInnen aktiv in den Museumsbesuch einzubinden, langfristiges Interesse zu wecken und gleichzeitig Inhalte lerntheoretisch sinnvoll – und nicht zuletzt auch anschaulich und unterhaltsam – zu vermitteln. Dabei wird in exemplarischer Weise verdeutlicht, wie auch bildungsferne Personengruppen in Lernprozesse einbezogen werden können.

Dem traditionellen Kommunikationsmodell von Sender-Nachricht-Empfänger (Shannon/Weaver 1949) setzen **Hans W. Giessen** und **Werner Schweibenz** das Ziel entgegen, die BesucherInnen als aktive, mitgestaltende KommunikationsteilnehmerInnen zu akzeptieren, die ausgehend von Museumsobjekt und Museumsinformation ihre eigene Bedeutung konstruieren. Die Idee der aktiven RezipientInnen verbinden sie mit Erkenntnissen der konstruktivistischen Lerntheorien. So wird das Museum nicht mehr (vorrangig) als Medium in einem einseitigen Kommunikationsprozess, sondern vielmehr als Kommunikationsort im Sinne eines Erfahrungsaustauschs verstanden. Da sich mit diesem Anspruch zwangsläufig auch die Form der Kommunikation ändert, plädieren auch Schweibenz und Giessen dafür, verstärkt handlungsorientierte und emotionale Vermittlungsformen wie insbesondere das Storytelling in der Museumskommunikation einzusetzen.

In dem Beitrag „Entschleunigung, Schlichtheit und gute Geschichten. Aneignung szenischen Designs für die hypermediale Wissensvermittlung" konstatiert **Harald Krämer** zunächst, dass das museale Vermittlungsangebot der Museumswebseiten und hypermediale Anwendungen nach wie vor nur in Ausnahmefällen von ganzheitlichen Gestaltungsprinzipien für Konzeption, Navigation und Design bestimmt ist. Irgendwo zwischen Accessibility und Usability, zwischen ergonomischem Interface-Design und datenbankorientierter Informationsarchitektur liegt für ihn jedoch die Chance, neue Wege der medialen Wissensvermittlung zu beschreiten. Dazu bedarf es Strategien, die mit den Worten „Entschleunigung", „Schlichtheit" und „Erzählung" umschrieben sein wollen. Anhand diverser, im letzten Jahrzehnt entwickelter CD-ROMs, DVDs und Webseiten mit kunsthistorischen und kulturellen Themen diskutiert Harald Krämer die in den Beispielen verwendeten Strategien hinsichtlich interaktiver Narration, systemischen Designs, szenografischer Dramaturgie, anregender Navigation und Sound-Design.

Im folgenden Kapitel „Museumskommunikation mit Podcasts und Blogs" wird exemplarisch dargestellt, welche neuartigen Stile der Ausstellung, Darstellung und Vermittlung von Wissen durch die digitalen Medien entstanden sind.

Der Beitrag von **Claudia Schallert** stellt die Entwicklung von Podcasting speziell im Museumskontext vor. Die medienspezifischen Charakteristika von Podcasts werden sowohl an gesellschaftliche Entwicklungen und mediale Praktiken angebunden als auch auf ihr Potenzial für Bildungsinstitutionen hin untersucht. Damit wird deutlich, dass die geforderte Öffnung gegenüber neuen Besuchsgruppen nicht nur Integrationsmöglichkeiten für sogenannte bildungsferne Personen bietet, sondern zugleich auch die Gruppe eher junger, überwiegend männlicher, hoch gebildeter Techniknutzer anspricht. Die geschilderten Best-Practice-Beispiele experimentieren mit den Möglichkeiten des Podcastings und versuchen, neue Möglichkeiten für die Kommunikation mit der Kunst- und Kultur-Community zu finden.

Lena Maculan befasst sich ebenfalls mit Podcasting, setzt den Schwerpunkt ihrer Untersuchung jedoch auf die Frage, wie sich die tatsächlichen Auswirkungen von Museums-Podcasts analysieren lassen. Ausgehend von Theorien der Linguisten Norman Fairclough und Louis Ravelli schlägt sie eine Methodik zur Analyse der Auswirkungen von Podcasting auf die Beziehungen zwischen Museen und ihren BesucherInnen vor. Es zeigt sich einerseits, dass sich auf diese Art wertvolle Erkenntnisse über die Wirkung von Podcasting gewinnen lassen, andererseits eine Analyse gemäß dem hier vorgestellten Modell sehr zeitintensiv ist. Ihre Methodik eignet sich daher vor allem für kürzere Audiopassagen.

In der Form eines Werkstattgesprächs diskutieren **Daniel Alles, Timo Heimerdinger, Thomas Laufersweiler** und **Philipp Pape** die Möglichkeiten audiovisueller Vermittlungs- und Präsentationsformen für geisteswissenschaftliche Themen und erläutern konzeptionelle und grundsätzliche Überlegungen zu ihrem Videoblog „Forschung.Alltag". Mit dem Medium eines Videoblogs versuchen sie gezielt, ästhetisch und pragmatisch an die Trends internetbasierter Kommunikationskulturen anzuknüpfen. Es sollen so auch Personen angesprochen werden, deren Mediennutzung eher zerstreut, flaneurhaft und vom unterhaltungsorientierten Surfen im Internet geprägt ist. Das Projekt „Forschung.Alltag" entstand in der Abteilung Kulturanthropologie/Volkskunde des Deutschen Instituts der Johannes-Gutenberg-Universität Mainz in Zusammenarbeit mit dem Institut designlabor gutenberg des Fachbereichs Gestaltung der Fachhochschule Mainz und wurde bereits im Rahmen des Hochschulwettbewerbs „Geist begeistert" zum Jahr der Geisteswissenschaften 2007 ausgezeichnet.

Mit den „Partizipativen Formaten" werden aktuelle Beispiele medientechnologischer Entwicklungen in einem abschließenden Kapitel vorgestellt.

Wikis können als ein mittlerweile bereits etabliertes Format angesehen werden. **Georg Hohmann** beschreibt die Entwicklung von Wikis und ihre vielfältigen Einsatzmöglichkeiten sowohl für das interne Wissensmanagement in Museen als auch für die Außendarstellung und den Kontakt zur Museumscommunity. Über Wikis können MuseumsbesucherInnen – ganz im Sinne des Web 2.0 – mit der Museumswebseite interagieren und sogar direkt in die Generierung von (neuen) Inhalten eingebunden werden. Dies bietet nicht zuletzt Möglichkeiten einer stärkeren BesucherInnenbindung. Dass mit Wikis auch eine Anbindung an künftige Entwicklungen beispielsweise im Bereich Semantic Web möglich ist, verdeutlicht einmal mehr die Zukunftsfähigkeit dieser Medienform.

Der Beitrag von **Janine Burger, Sabine Faller** und **Barbara Zoé Kiolbassa** „Vom Sondieren des Unbekannten – Kulturelle Bildung und digitale Transformation" zeigt wie die ZKM-Museumskommunikation an der Schnittstelle zwischen dem ZKM und seinen BesucherInnen, PartnerInnen, Schulen und anderen Bildungseinrichtungen tätig ist. Neben zielgruppengerechten Bildungsprogrammen werden in der Abteilung Veranstaltungen für unterschiedliche Besuchsgruppen geplant und durchgeführt. In ihrem Beitrag stellen sie verschiedene Projekte der ZKM-Museumskommunikation vor, die weit über die üblichen Aufgaben einer klassischen Museumspädagogik hinausreichen und zeigen, dass Partizipation und User Generated Content schon jetzt integraler Bestandteil der ZKM-Museumskommunikation sind.

Mit dem Beitrag von **Silke Krohn** „Digitale Vermittlung nachhaltig in Museen etablieren – Das Verbundprojekt museum4punkt0" schließt der Band ab. Sie erläutert, inwiefern eine digitale Vermittlung Museen die große Chance bietet, BesucherInnen zielgerichteter zu erreichen und zugleich eine nachhaltige Implementierung der digitalen Vermittlung viele Herausforderungen für die Museen mit sich bringt. Dazu stellt sie zunächst die Erwartungen der MuseumsbesucherInnen sowie verschiedene Möglichkeiten vor, wie die digitale Vermittlung nachhaltig in museale Infrastrukturen implementiert werden kann. Das Verbundprojekt museum4punkt0 (https://www.museum4punkt0.de/) und die Verbundarbeit zu Themen der digitalen Vermittlung zeigen konkret, wie die dabei gewonnenen Ergebnisse anderen Museen dienen können.

Literatur

Altrock, Uwe/Schoon, Sonia (Hrsg.) (2013): Maturing Megacities. The Pearl River Delta in Progressive Transformation. Advances in Asian Human-Environmental Research. Dordrecht: Springer.

Arbeitskreis Digitalisierung und Organisation in der Sektion Organisationssoziologie der DGS (2019): 2ter Workshop: „Theoretische und empirische Grundlagen einer soziologischen Digitalisierungsforschung", am 21.02.–22.02.2019, Berlin: http://www.organisations-soziologie.de/ag/wp-content/uploads/2019/05/Progra mm_2ter-Workshop_update3.pdf, letzter Zugriff am 03.04.2019.

Assmann, Jan (1992): Das kulturelle Gedächtnis. Schrift, Erinnerung und politische Identität in frühen Hochkulturen. München: C.H. Beck.

Bertelsmann-Stiftung (2019): Smart Country. https://www.bertelsmann-stiftung.de/ de/unsere-projekte/smart-country/projektbeschreibung/, letzter Zugriff am 18.07.2019.

Boockmann, Bernhard/Hochmuth, Uwe/Mangold, Michael/Scheu, Tobias (2020): Open Data – Öffnung der Verwaltung. Erschließung von Gestaltungsoptionen für Gemeinwohl und Mitbestimmung. Institut für Angewandte Wirtschaftsforschung e.V., Tübingen. Study der Hans-Böckler-Stiftung (im Druck).

Bösch, Frank (2011): Mediengeschichte. Vom asiatischen Buchdruck zum Fernsehen. Frankfurt a.M.: Campus.

Bürkardt, Dagmar/Kohler, Harald/Kreuzkamp, Norbert/Schmid, Josef (Hrsg.) (2019): Smart Factory und Digitalisierung. Perspektiven aus vier europäischen Ländern und Regionen. Baden-Baden: Nomos.

Bundesministerium für Wirtschaft und Energie (BMWI) (2018): Eckpunkte der Bundesregierung für eine Strategie Künstliche Intelligenz. Stand: 18.07.2018. https://www.bmwi.de/Redaktion/DE/Downloads/E/eckpunktepapier-ki.pdf?__bl ob=publicationFile&v=10, letzter Zugriff am 01.09.2019.

Bundesregierung (2017): Entwurf eines Ersten Gesetzes zur Änderung des E-Governmentgesetzes der Bundesregierung, vom 13.01.2017, https://www.bmi.bund .de/SharedDocs/downloads/DE/gesetztestexte/gesetzesentwuerfe/entwurf-open-data-gesetz.pdf?__blob=publicationFile&v=1, letzter Zugriff am 01.09.2019.

Burke, Peter (2014a): Papier und Marktgeschrei. Die Geburt der Wissensgesellschaft. Berlin: Klaus Wagenbach.

Burke, Peter (2014b): Die Explosion des Wissens. Von der Encyclopédie bis Wikipedia. Berlin: Klaus Wagenbach.

Crimp, Douglas (1996): Über die Ruinen des Museums. Dresden/Basel: Verlag der Kunst.

Daimler Financial Services (2019): Was ist eine smart city? https://www.daimler-fin ancialservices.com/de/urban-mobility/smart-city/, letzter Zugriff am 18.07.2019.

Deutscher Bundestag (2007): Schlussbericht der Enquete-Kommission „Kultur in Deutschland". Drucksache 16/7000. 11.12.2007, https://dip21.bundestag.de/dip2 1/btd/16/070/1607000.pdf, letzter Zugriff am 20.07.2019.

Deutsches PISA-Konsortium (Hrsg.) (2001): PISA 2000. Basiskompetenzen von Schülerinnen und Schülern im internationalen Vergleich. Opladen: Leske + Budrich.

Durkheim, Emile [1893] (1992): Über soziale Arbeitsteilung. Studie über die Organisation höherer Gesellschaften (eingeleitet von Niklas Luhmann und Nachwort von Hans-Peter Müller; Michael Schmid). Frankfurt a.M.: Suhrkamp.

EnBW (2019): Energie vernetzt. https://www.enbw.com/integrierter-geschaeftsberic ht-2016/energie-vernetzt/, letzter Zugriff am 18.07.2019.

Europäischer Rat (2000): Schlussfolgerungen des Vorsitzes, Lissabon, 23. und 24. März 2000 („Lissabon-Strategie"), http://www.europarl.europa.eu/sum mits/lis1_de.htm, letzter Zugriff am 20.07.2019.

Federal Geographic Data Committee (FGDC.GOV): https://communities.geoplatfo rm.gov/resilience/, letzter Zugriff am 20.07.2019.

Frankfurter Rundschau (2008): Merkel ruft „Bildungsrepublik Deutschland" aus. 12.06.2008, https://www.fr.de/politik/merkel-ruft-bildungsrepublik-deutschland-11586387.html, letzter Zugriff am 20.07.2019.

Freedom of Information Act (FOIA): https://www.justice.gov/sites/default/files/oip/ legacy/2014/07/23/foia-final.pdf, letzter Zugriff am 20.07.2019.

Geißler, Rainer (2014): Die Sozialstruktur Deutschlands, 7., grundlegend überarb. Aufl.. Wiesbaden: Springer VS.

Giesecke, Michael (1991): Der Buchdruck in der frühen Neuzeit: Eine historische Fallstudie über die Durchsetzung neuer Informations- und Kommunikationstechnologien. Frankfurt a.M.: Suhrkamp.

Habermas, Jürgen (1981): Theorie des kommunikativen Handelns, 2 Bde. Frankfurt a.M.: Suhrkamp.

Habermas, Jürgen [1962] (1990): Strukturwandel der Öffentlichkeit. Untersuchungen zu einer Kategorie der bürgerlichen Gesellschaft. Mit einem Vorwort zur Neuauflage 1990. Frankfurt a.M.: Suhrkamp.

Habermas, Jürgen (2008): Ach, Europa. Frankfurt a.M.: Suhrkamp.

te Heesen, Anke (2012); Theorie des Museums zur Einführung. Hamburg: Junius.

Hochmuth, Uwe; Mangold, Michael (2020): Mehr Daten, mehr Beteiligung? Die digitale Transformation und ihre Bedeutung für die Weiterbildung. Zeitschrift „weiter bilden. DIE Zeitschrift für Erwachsenenbildung", Heft 1/2020, S. 53–56.

Hofmann, Johann (2016): Die digitale Fabrik. Auf dem Weg zur digitalen Produktion Industrie 4.0. Herausgegeben von DIN e.V. Beuth: VDE.

Kaczorowski, Willi (2014): Die smarte Stadt – Den digitalen Wandel intelligent gestalten. Handlungsfelder, Herausforderungen, Strategien. Stuttgart: Richard Boorberg.

Kaczorowski, Willi/Swarat, Gerald (2018): Smartes Land – von der Smart City zur Digitalen Region. Impulse für die Digitalisierung ländlicher Regionen, Schriften des Innovators Club. Glückstadt: W. Hülsbusch.

Konsortium Bildungsberichterstattung (Hrsg.) (2007): Bildung in Deutschland. Ein indikatorengestützter Bericht mit einer Analyse zu Bildung und Migration. Im Auftrag der Ständigen Konferenz der Kultusminister der Länder in der Bundesrepublik Deutschland und des Bundesministeriums für Bildung und Forschung, https://www.bildungsbericht.de/de/bildungsberichte-seit-2006/bildungsbericht-2 006/pdf-bildungsbericht-2006/gesamtbericht.pdf, letzter Zugriff am 20.07.2019.

Lane, Robert E. (1966): The Decline of Politics and Ideology in a Knowledgeable Society. In: American Sociological Review 31:5, S. 649–662.

Luhmann, Niklas (1994): Gesellschaftsstrukturelle Bedingungen und Folgeprobleme des naturwissenschaflich-technischen Fortschritts. In: Luhmann, Niklas (Hrsg.): Soziologische Aufklärung 4. Beiträge zur funktionalen Differenzierung der Gesellschaft, 2. Aufl.. Opladen: Westdeutscher Verlag, S. 49–64.

Mangold, Michael/Weibel, Peter/Woletz, Julie (Hrsg.) (2007): Vom Betrachter zum Gestalter. Neue Medien in Museen – Strategien, Beispiele und Perspektiven für die Bildung. Baden-Baden: Nomos.

Meier, Andreas; Portmann, Edy (Hrsg.) (2017): Smart City. Strategie, Governance und Projekte. Wiesbaden: Springer.

Noveck, Beth Simone (2009) Wiki Government: How Technology Can Make Government Better, Democracy stronger, and Citizens More Powerful. Washington, D.C.: Brookings Institution.

O'Reilly, Tim (2005): What Is Web 2.0? Design Patterns and Business Models for the Next Generation of Software. In: O'Reilly, 30.09.2005, https://www.oreilly.c om/pub/a/web2/archive/what-is-web-20.html, letzter Zugriff am 30.08.2019.

PISA-Konsortium Deutschland (2004): PISA 2003. Der Bildungsstand der Jugendlichen in Deutschland. Ergebnisse des zweiten internationalen Vergleichs. Münster: Waxmann.

Schubert, Dirk (2015): Stadtplanung – Wandlungen einer Disziplin und zukünftige Herausforderungen. In: Flade, Antje (Hrsg.): Stadt und Gesellschaft im Fokus aktueller Stadtforschung. Konzepte-Herausforderungen-Perspektiven. Wiesbaden: Springer VS, S. 121–176.

Schumpeter, Joseph A. [1912] (1993): Theorie der wirtschaftlichen Entwicklung. Eine Untersuchung über Unternehmergewinn, Kapital, Kredit, Zins und den Konjunkturzyklus, 8. Aufl.. (unveränd. Nachdruck der 1934 erschien. 4. Aufl.). Berlin: Duncker & Humblot.

Sombart, Werner [1916] (1987): Der moderne Kapitalismus. Historisch-systematische Darstellung des gesamteuropäischen Wirtschaftslebens von seinen Anfängen bis zur Gegenwart. Reprint, 3 Bde in 6. München: DTV.

Srowig, Fabian/Roth, Viktoria/Pisioiu, Daniela/Seewald, Katharina/Zick, Andreas (2018): Radikalisierung von Individuen. Ein Überblick über mögliche Erklärungsansätze. Leibniz-Institut Hessische Stiftung Friedens- und Konfliktforschung (HSFK). PRIF Report 6/2018, https://www.hsfk.de/fileadmin/HSFK/hsfk_publikationen/prif0618.pdf, letzter Zugriff am 20.07.2019.

Toffler, Alvin (1980): The Third Wave. O.O.: Randomhouse.

Vosoughi, Soroush et al. (2018): The spread of true and false news online. DOI: 10.1126/science.aap9559, Science Vol. 359, No. 6380, http://ide.mit.edu/sites/default/files/publications/2017%20IDE%20Research%20Brief%20False%20News.pdf, letzter Zugriff am 20.07.2019.

Weber, Karsten/Drücke, Ricarda (2012): Konvergente Medien, Fragmentierung der Öffentlichkeit und medienethische Anmerkungen. Researchgate. https://www.researchgate.net/publication/256474315, letzter Zugriff am 02.09.2019.

Weber, Max [1922] (1980): Wirtschaft und Gesellschaft. Grundriss der verstehenden Soziologie (hrsg. von Johannes Winckelmann), 5., rev. Aufl.. Tübingen: J.C.B. Mohr.

Wikipedia (2019): Gun violence in the United States, https://en.wikipedia.org/wiki/Gun_violence_in_the_United_States, letzter Zugriff am 20.07.2019.

Verweise

Second Life – secondlife.com
museum4punkt0 – https://www.museum4punkt0.de/

Aufgabenstellung und Lösungsperspektiven

Das intelligente Museum

Peter Weibel, Dominika Szope
ZKM | Zentrum für Kunst und Medien Karlsruhe

„Der Mensch ist der erste Freigelassene der Schöpfung; er stehet aufrecht. Die Waage des Guten und Bösen, des Falschen und Wahren hängt in ihm: er kann forschen, er soll wählen. Wie die Natur ihm zwo freie Hände zu Werkzeugen gab und ein überblickendes Auge seinen Gang zu leiten: so hat er auch in sich die Macht, nicht nur die Gewichte zu stellen, sondern auch, wenn ich so sagen darf, selbst Gewicht zu seyn auf der Waage. Er kann dem trüglichsten Irrthum Schein geben und ein freiwillig Betrogener werden: er kann die Ketten, die ihn, seiner Natur entgegen, fesseln, mit der Zeit lieben lernen und sie mit mancherlei Blumen bekränzen. Wie es also mit der getäuschten Vernunft ging, gehets auch mit der mißbrauchten oder gefesselten Freiheit; sie ist bei den meisten das Verhältniß der Kräfte und Triebe, wie Bequemlichkeit oder Gewohnheit sie festgestellt haben" (Herder 1784).

Das Arche-Noah-Prinzip

Das Museum verkörpert etwas, was wir das Arche-Noah-Prinzip nennen möchten. Die Geschichte der Arche Noah ist eine Parabel des Überlebens bzw. der Speicherung. Wie wir uns erinnern, steht in der Bibel im 1. Buch Mose (Genesis) Kapitel 6–9 die Geschichte der Sintflut und der Arche Noah. Der Patriarch Noah wurde von Gott ob seines Gerechtigkeitsinnes auserwählt und vor der Sintflut gewarnt. Er sagte ihm, er solle einen Kasten (lat. *arca*) bauen, der schwimmfähig ist, und in diese Arche sich selbst, seine Frau, seine drei Söhne und deren Ehefrauen, also acht Personen, und viele Paare von Tieren verfrachten. Gemäß dem Bibelbericht war dieser schwimmende Kasten für damalige Verhältnisse außerordentlich groß, ca. 150 Meter lang, 25 Meter breit und 15 Meter hoch, mit drei Decks, einer Bodenfläche von ca. 9 000 Quadratmeter und einem Bruttoraumgehalt von 14 000 Kubikmeter fast so groß wie die Titanic. Nachdem es 40 Tage geregnet hatte und die Erde unter dem ganzen Himmel bedeckt wurde und das Wasser noch 150 Tage hoch über der Erde blieb, war von allem Leben auf der Erde nur übrig, was in der Arche war. Alles, was sich sonst auf Erden regte, ob Menschen oder Tiere, war von der Erde vertilgt.

Angesichts des allgemeinen Untergangs aller Lebewesen verkörpert die Arche Noah weniger das Prinzip des Überlebens, sondern vielmehr der Selektion. Die Majorität verschwindet, eine winzige Minorität ist auserwählt und überlebt. Ist dies ein Bild für Darwins natürliche Selektion, für „the survival of the fittest" (Darwin 1986)? Ist dies ein aristokratisches Modell oder ein demokratisches? Die Arche Noah verkörpert ein Prinzip, welches besagt: Nur wenige sind auserwählt und nur einige werden gerettet. Es ist also kein demokratisches Prinzip. Die Arche Noah ist eine Plattform, auf der nur wenige Platz haben.

Museen sind ebenfalls solch schwimmende Kästen. Sie sollen dafür sorgen, dass Kunstwerke nicht verschwinden, sondern aufbewahrt werden, dass Kunstwerke überleben und nicht untergehen, dass sie Kunstwerke in ihren „Schiffsbäuchen" speichern. Museen arbeiteten bisher im Zeichen der Arche Noah. Sie haben nur wenige Werke auserwählt und wenige gerettet, die Meisterwerke. Auf ihrer Plattform, dem Kasten aus Holz und Stein, ein Schiffskasten, die Arche des Archivs, fanden nur wenige KünstlerInnen und Werke eine Aufnahme. Die Museen folgten gnadenlos Darwins Selektionsmodell (ebd.). Kultur wurde zum Inbegriff der Selektion.

Wenn man nachforscht, wie viele Werke im Laufe der Jahrhunderte überhaupt erhalten blieben, schwanken die Schätzungen zwischen 1 bis maximal 7%. Wenn man sich also vorstellt, dass von den gotischen Altären oder Kunstwerken allgemein nur maximal 7% erhalten geblieben sind, dann sieht man, dass die Archivtätigkeiten der Museen bisher nicht sehr erfolgreich gewesen sind, weil eben die Museen arbeiten wie die Arche Noah, nach dem Prinzip der Selektion – es können sozusagen nur wenige gerettet werden, nur wenige dürfen diese Plattform, dieses Schiff, bewohnen.

Weltweit wird ununterbrochen Kunst produziert, und das Museum hat durch seine Sammeltätigkeit die Aufgabe, dafür zu sorgen, dass diese Werke nicht verschwinden. Es ist aber dieser Aufgabe nur in einem sehr geringen Maße nachgekommen. Die meisten Werke sind verschwunden und nur wenige wurden auserwählt und gesammelt. Die Museen machten einen schlechten Job. Mit der Guillotine der Geschichte fällten sie ihre Urteile, sonderten den Großteil der Kunst aus, verstießen sie, vergaßen sie.

Das Web 2.0-Prinzip

Es gibt seit dem Beginn des 19. Jahrhunderts etwas, das wir Rezipienten-kultur nennen. Diese Rezipientenkultur kommt zum Ausdruck in dem be-rühmten Satz von Marcel Duchamp, den er in seiner Rede „The Creative Act" (Duchamp 1957) artikulierte, nämlich dass es die BetrachterInnen sind, die mindestens 50% des Kunstwerks herstellen. Es gibt also in der modernen Kunst des 20. Jahrhunderts eine Tendenz, die BetrachterInnen selbst in den Mittelpunkt des Werkes zu stellen. Diese Rezipientenkultur wurde von verschiedenen Theoretikern, von Warning (1988) bis hin zu Bachtin (1979) usw. weiter ausgebaut. In der Praxis der Kunst hat diese Re-zipientenkultur, d.h. die Teilnahme der BesucherInnen, ab den 1950er-Jah-ren um sich gegriffen. Seit der Op-Art und Kinetik ist das Kunstwerk be-obachtungsabhängig. Die BesucherInnen müssen sich bewegen, um ent-weder optische Effekte hervorzurufen oder um ein Werk in Bewegung zu setzen. In Happening, Fluxus und Event dominierten Handlungsanwei-sungen an die BetrachterInnen als künstlerische Ausdrucksformen, die da-zu aufforderten, am und/oder mit dem Kunstwerk aktiv zu werden. Die BesucherInnen folgten den geschriebenen oder gesprochenen Anweisun-gen einer Spielleitung und realisierten damit selbst das Kunstwerk. Auch die Konzeptkunst adressierte sich häufig an die BetrachterInnen, Ideen auszuführen. Franz Erhard Walther hat bereits 1968 eine Werkreihe mit dem Titel „Objekte, benutzen" (Walther 1968) veröffentlicht. In der digita-len Kunst spielt seit 1980 die Interaktivität zwischen Werk und Betrachte-rIn ohnehin eine zentrale Rolle, bis hin zu virtuellen immersiven Environ-ments.

Das Wort „user", das spätestens seit den 2000ern im Zusammenhang mit dem Internet in aller Munde ist, ist in der Kunst schon lange dagewe-sen. Kunstströmungen haben immer wieder die Partizipation der Betrach-terInnen verlangt. So hat beispielsweise die Gruppe GRAV – Groupe de Recherche d'Art Visuelle – ab 1960 in Paris Ausstellungen gemacht mit dem Titel „Es ist verboten, nicht zu berühren". Normalerweise liest man in Museen ja „Es ist verboten zu berühren" oder „Bitte nicht berühren", hier wurde das Gegenteil verlangt.

Die Beobachterrelativität, welche bisher nicht physisch stattgefunden hat, hat sich durch die Möglichkeiten, die der Computer bietet, zu einer Mensch-Maschine-Interaktion weiterentwickelt. Wir haben Schnittstellen (Interfaces) geschaffen, mit denen Menschen mit Maschinen kommunizie-ren und diesen Handlungsanweisungen geben können. Damit hat sich die Beobachterrelativität zur Interaktivität gesteigert. Die Interaktivität besteht darin, dass der oder die KünstlerIn ein Kunstwerk liefert und dieses Kunstwerk von den BesucherInnen in Gang gesetzt werden muss, z.B. durch Bewegungen oder auf Knopfdruck, also durch Schnittstellentechnologie. Der Inhalt des Kunstwerks kommt von den KünstlerInnen, sie setzen die Parameter für die mögliche Handlung der BesucherInnen, das Betrachten setzt das Kunstwerk in Gang.

Die Möglichkeiten des Web 2.0 trieben uns um das Jahr 2000 herum zu der Idee, ein Museum zu entwerfen, das dem neuen Verhalten der BesucherInnen gerecht wird. Es musste möglich sein, mit dem Museum und dessen Werken in Kontakt zu treten, auch wenn wir nicht im Museum sind. Es musste möglich sein, rund um die Uhr mit dem Museum in Kontakt zu treten. Eine Art von Asynchronität musste uns erlauben, dass wir nicht an Museumsöffnungszeiten gebunden sind, wenn wir mit einem Werk in Kontakt treten möchten. Eine Art von Nicht-Lokalität sollte gegeben sein, sodass wir nicht an den physischen Besuch des Museums gebunden sind. Plattformen wie *Second Life* schienen hier eine geeignete Lösung zu bieten. Die 3D-Online-Plattform erlaubte es, virtuelle Welten zu gestalten, in der Menschen durch Avatare interagieren, spielen, Handel betreiben und kommunizieren konnten. Es schien schlüssig, mit den Museen in die virtuelle Welt von *Second Life* zu gehen, um dort Menschen zu erreichen, die ihren eigenen Lebensraum auf diese Weise „erweiterten" oder als Nicht-BesucherInnen des realen Museums zu identifizieren gewesen wären. In *Second Life* konnte man dann jederzeit das Museum besuchen und dort auch wählen, was man als BesucherIn sehen wollte. Darüber hinaus – und das ist der entscheidende Punkt – mussten die BetrachterInnen die Möglichkeit haben, ihre eigenen Kunstwerke dort auszustellen. Das heißt, es ging nicht nur darum, dass die bisherige Museumsstruktur in das Netz transkodiert wurde, sondern, dass die BetrachterInnen ihre eigenen Kunstwerke ins Netz einstellen konnten und so selbst zu KünstlerInnen und KuratorInnen wurden. Alle erhielten die Möglichkeit, wie bei einer Wikipedia-Struktur oder einem Blog, ihre eigenen Gedanken, ihre Meinung oder sogar ihr eigenes Kunstwerk ins Netz zu stellen. Die entscheidende Idee war aber, dass diese Texte, Meinungen und Kunstwerke – am ZKM – gleichzeitig wieder in das reale Museum hineinprojiziert wurden. BetrachterInnen, die das Museum real besuchten, konnten über eine Installation Zugang zu den Netzdaten finden. Die Netzdaten werden auch über Projektionen Teil der realen Ausstellung. Die BesucherInnen des Museums hatten somit nicht nur Zugang zu Informationen, die von den KuratorInnen und KünstlerInnen vor Ort kamen, sondern über das Netz auch zu Informationen von Personen, die nie im Museum waren oder auch nie ins Museum kommen werden. Umgekehrt konnte jemand in Malaysia oder Südamerika zu Hause an einem Computer von der Ferne nicht nur als BetrachterIn an dieser Ausstellung teilnehmen, sondern auch als BenutzerIn. Man konnte eigene Kunstwerke und Texte einbringen, und diese Eingaben erschienen direkt im Museumsraum. Virtuelle und reale Sphären durchdrangen einander. Dislozierte BetrachterInnen nahmen an der Ausstellung teil, sowohl im Netz wie im realen Ausstellungsraum, da die Netzinhalte in den realen Ausstellungsraum projiziert wurden. Lokale BetrachterInnen partizipierten im Netz und am Geschehen im realen Raum.

Waren 2013 noch rund 36 Millionen registrierte BenutzerInnen in *Second Life* verzeichnet, soll die Zahl aktiver Nutzer 2017 nur noch bei 800.000 gelegen haben. Informationen zu aktuelleren Nutzerzahlen gibt es nicht (vgl. Wikipedia 2019). Die Plattform hat bei jüngeren Generationen heute keine Bedeutung, wenn sie denn überhaupt bekannt ist. Hier rückten andere Angebote in den Vordergrund, die von Avataren Abstand genommen und die, wie bspw. *YouTube*, die reale Darstellung über das Netz populär gemacht haben. Die Selbstdarstellung in sozialen Netzwerken löste die Darstellung durch Avatare ab.

Mit dem Aufkommen der Social Software, die seit 2005 unter dem Begriff des Web 2.0[1] in einer breiteren Öffentlichkeit subsumiert worden ist, wurde „User Generated Content" zu einem neuen Element von Kultur und Gesellschaft im 21. Jahrhundert. Wir können heute nicht nur beobachten, wie Amateure, auf Griechisch „Idiotes" (also nicht die SpezialistInnen und Fachleute wie KünstlerInnen oder Galeristen, sondern die breite Masse), imstande sind, ihre eigenen Werke für andere „Amateure" zirkulieren zu lassen. Wir können sehen, wie sie ihre eigene Öffentlichkeit schaffen, ohne auf Medien, wie das einstmals gepriesene Feuilleton oder Fernsehen, angewiesen zu sein. Ein besonderes Augenmerk gilt dabei den Generationen Y und Z und hier insbesondere der Z-Generation, die bereits als

---

1 Der Begriff „Web 2.0" wurde im Dezember 2003 in der US-Ausgabe „Fast-Forward 2010 – The Fate of IT" der Zeitschrift CIO in dem Artikel „2004 – The Year of Web Services" von Eric Knorr, Chefredakteur des IDG Magazins InfoWorld, erstmals gegenüber einer breiten Öffentlichkeit erwähnt. Eric Knorr zitierte in seinem Artikel Scott Dietzen, welcher zu diesem Zeitpunkt CTO bei BEA Systems war (einer Tochtergesellschaft von Oracle). 2004 wurde der Begriff auch von Dale Dougherty und Craig Cline verwendet und erhielt nach dem Artikel „What is Web 2.0" von Tim O'Reilly vom 30. September 2005 erhebliches Medienecho, auch außerhalb des englischen Sprachraumes. Der Begriff ist jedoch umstritten und wird beispielsweise von Tim Berners-Lee, dem Begründer des World Wide Web, kritisch gesehen. Tim O'Reilly definierte den Begriff „Web 2.0" im Jahr 2006 ähnlich wie Eric Knorr oder Scott Dietzen. O'Reilly beschrieb Web 2.0 als eine Veränderung in der Geschäftswelt und als eine neue Bewegung in der Computerindustrie hin zum Internet als Plattform (vgl. https://de.wikipedia.org/wiki/Web_2.0).

„Culture Creators" bezeichnet wird. „What we've uncovered in our research is that this is a generation of CCs (Culture Creators) that are redefining entertainment, consumption, the workplace and marketing. The CCs are empowered, connected, empathetic self-starters that want to stand out and make a difference in the world. They have created a new Cultural Currency that values uniqueness, authenticity, creativity, shareability and recognition. What's different for this generation is not as simple as the internet or technology. Technology is an important component, but what's changed is this generation's relationship with culture" (Morrison 2015).

Was vor über zehn Jahren noch als ein unglaublicher Angriff auf das Prinzip der Selektion erschien, das in Kunst und Kultur vorherrschte, bildet heute eine Tatsache ab. Die (pro)aktive Gestaltung, Kommentarfunktion und Kritikmöglichkeit ist nun nicht mehr allein die Aufgabe von Institutionen. Die neuen digitalen Kulturtechniken bieten uns das Werkzeug, sich mit einer eigenen Öffentlichkeit sichtbar zu machen, sich eine eigene Öffentlichkeit zu schaffen. Die Definitionsmacht über Kunst und Kultur verschiebt sich zunehmend in Richtung Gesellschaft und ihrer GestalterInnen. Spätestens jetzt drängt sich also erneut die Frage nach der Rolle und Bedeutung der Kulturinstitution auf. Denn deutlich wird, wenn wir im Museum weiter so verfahren wie ein Fernsehsender – wenn wir den ZuschauerInnen Werke in einer bestimmten Reihenfolge und zu einer bestimmten Zeit zeigen, also kuratieren wie eine Programmdirektion und programmieren wie KuratorInnen und die BetrachterInnen nicht die Möglichkeit haben, selbst ein Programm zusammenzustellen –, dann wird das Museum obsolet. Die BesucherInnen werden dann nur noch ins Museum gehen, wenn sie ein Kulturverhalten verspüren möchte, wie es im 19. oder 20. Jahrhundert gegeben war. Wenn wir aber ein zeitgemäßes und dem 21. Jahrhundert angemessenes – ein kritisches und proaktiv hinterfragendes – Kulturverhalten entwickeln möchten, dann bleibt dem Museum gar nichts anderes übrig, als auf das neue Verhalten einzugehen, das BetrachterInnen und BenutzerInnen in den letzten Jahren erworben haben.

Das Prinzip der Partizipation

Der epochale Wandel ist unübersehbar. Digitalisierung, eine rasende technologische Entwicklung und die zunehmende Produktion an Wissen sind nur einige der Phänomene, die unser Leben aktuell prägen. Ein besonderes Ereignis ist hierbei die Disruption, die aktuell insbesondere die Wirtschaft durchzieht. Disruption entsteht immer dann, wenn alte Systeme träge, selbstgerecht und zukunftsblind werden, alte Modelle aufgrund ihrer

Wettbewerbsunfähigkeit kollabieren und im Prozess der kreativen Zerstörung neu modelliert und formuliert werden. In einem sichtbaren Gegensatz zu dieser „Neumodellierung" stehen die aktuelle Politik und das demokratische Prinzip, die vielmehr den Eindruck erwecken, in einer Homöostase zu verharren, nicht in der Lage seiend, den Bedürfnissen und Anforderungen der Gesellschaft nachzukommen. Ein Zustand, der bereits zu Beginn der 2000er erkannt wurde; Publikationen zum Thema Demokratie trugen hier bereits Titel wie „Postdemokratie" bzw. im Original „Post-Democracy" (Crouch 2004), „Defekte Demokratie" (Merkel et al. 2003), „Simulative Demokratie" (Blühdorn 2013) usw. Die Krise der repräsentativen Demokratie war nicht mehr zu leugnen. Nicht nur eine Schwächung der Demokratie, sondern auch der Zustand der Bildungspolitik und der Bildung als solcher wurden beklagt. Es zeigte sich bereits um 2000, dass diese ihre Aufgaben und die in sie gesetzten Erwartungen nicht mehr erfüllen. Die Gesellschaft wurde dysfunktional.

Mit der zunehmenden Digitalisierung kamen weitere Herausforderungen dazu, deren Umgang allmählich erlernt und dennoch unzulänglich behandelt wird. Geht es doch nicht um die reine Anwendung digitaler Mittel als vielmehr um die Ausbildung der kritischen Denkfähigkeit und der Vermeidung eines „dummen Nutzers" der digitalen Technologien: Obgleich der Umgang mit einem Smartphone heute das Selbstverständlichste ist, verstehen doch die wenigsten die Technologien dahinter. So wie wir einst lernten zu sprechen, zu schreiben, zu musizieren und entsprechende Notationssysteme zu verwenden, so müssen wir auch die Digitalität – als eine neue Kulturtechnik verstanden – und ihre Codes fundiert erlernen und deren Anwendung durchdenken und kritisch anwenden können.

Seit den 2000ern können wir beobachten, dass die Zunahme der Handlungsmöglichkeiten im digitalen Raum zu erweiterten Fähigkeiten geführt hat. Die heutige Z-Generation ist dem Prosumer (Toffler 1983) entwachsen – es geht nicht mehr allein darum, Sichtbarkeit zu erlangen, sondern vielmehr darum, durch sein Tun Mehrwerte zu erzeugen und Prozesse im Idealfall proaktiv zu beeinflussen. Inwieweit dies tatsächlich gelingt, muss von Fall zu Fall entschieden werden. Sichtbar ist jedoch ein veränderter Anspruch der ProduzentInnen im digitalen Raum und eine selbstverständliche Verwendung der zur Verfügung stehenden digitalen Mittel.

Doch die reine Anwendung neuer Technologien reicht nicht aus. Wir müssen beständig lernen, uns mit diesen auseinanderzusetzen, um in der Lage zu sein, sie kritisch zu hinterfragen. Wenn der Informatiker Supasorn Suwajanakorn zeigt, wie er als Doktorand mit KI und 3D-Modellierung fotorealistische, gefälschte Videos von Menschen erstellt hat, die mit Audio synchronisiert sind, wird deutlich, dass wir ohne ein Verständnis für die

Entwicklungsfähigkeit und Potenziale der Technologien schneller zu ma-
nipulierten ZuschauerInnen der Szenerie werden, als wir glauben. „I think
these results seem very realistic and intriguing, but at the same time fright-
ening, even to me. Our goal was to build an accurate model of a person,
not to misrepresent them. But one thing that concerns me is its potential
for misuse. People have been thinking about this problem for a long time,
since the days when Photoshop first hit the market" (Suwajanakorn 2018).
In diesem Sinne sollten wir uns nicht in einem Zustand der Post-Digitaliät
wähnen, als uns vielmehr darüber im Klaren sein, dass, bevor wir uns
nicht ein Verständnis für diese Prozesse angeeignet haben und beständig
lernen, wir immer nur zu Handlangern für diejenigen werden, die eigen-
nützige Meinungen, Entscheidungen und Handlungen herbeiführen wollen. Gleichwohl zahlreiche Technologien unbemerkt im Hintergrund lau-
fen, müssen wir uns mit ihnen auseinandersetzen, um sie zu verstehen und
um in der Zukunft in der Lage zu sein, zu gestalten und nicht gestaltet zu
werden. Der zweite Aspekt ist von besonderer Relevanz für das Museum.

Digitale wie allgemeine Bildung und Demokratie müssen beständig erprobt werden. Das Museum stellt sich hierfür als ein geeigneter Ort heraus. Warum? Weil das Museum schon lange eine Heterotopie ist, ein Ort
des Exils, zumindest künstlerischer Ausdrucksformen. Die Klangkunst des
21. Jahrhunderts ist nicht in den Prunkbauten der Opern und klassischen
Konzerthallen zu hören und zu sehen, sondern (gelegentlich) in Museen.
Der künstlerische Film zwangsemigrierte aus Kino und Fernsehen ins Museum. Ebenso finden neue Formen des Tanzes, der Aktionskunst und der
Performance hauptsächlich in Kunsträumen statt. Die utopischen Momente einer Gesellschaft, sofern sie sich in der Kunst spiegeln, sind nur noch in
den Ausstellungsräumen latent geblieben. Im historischen Augenblick erweitert sich diese Latenz von künstlerischen zu sozialen Modellen. Es ist
also an der Zeit, wenn auch nur mikropolitisch, neue bildungspolitische,
soziale und demokratische Bewegungen zu initiieren. Das Museum kann
ein Experimentalraum für innovative demokratische Möglichkeiten, neue
Formen des Wissenserwerbs und ein neues Unternehmertum sein, das auf
innovativen Formen der Kooperation beruht. Die Grundlage der konzep-
tuellen Ausrichtung einer Ausstellung, ihre Werkauswahl und ihre Gestaltung sollten von der Prämisse ausgehen, dass der Schlüssel zu einer emanzipatorischen Ausstellung in der Stärkung der einzelnen MuseumsbesucherInnen und der Gemeinschaft dieser liegt. Deswegen sollte den BetrachterInnen die Möglichkeit gegeben werden, das Museum als
Denkraum, als einen Co-Working-Space, als Assembly, als neue Form der
Versammlung zum Austausch und Erwerb von Wissen, als neue Form der
Kooperation zu erleben. BürgerInnen bilden BürgerInnen – eine unge-

wöhnliche, interaktive Form der Auseinandersetzung mit Kunst, die Partizipation, führt sie dabei in diese neue Strategie der Versammlung ein. AusstellungsbesucherInnen definieren somit selbst ein Stück weit ein neues Ausstellungsformat als Vorschau einer künftigen souveränen und nicht-hegemonialen Existenz. Zu der bisherigen Funktion des Museums, eine Sammlung von Objekten zu sein, kommt eine neue hinzu, nämlich auch eine Versammlung von Menschen zu bilden.

Alexander Dorner wies bereits in seiner 1949 erschienenen Publikation „The way beyond art" auf die Notwendigkeit eines neuen Typs von Museum hin: „Such a museum could interweave those energies much more closely with the energies of life than esthetics and art history have ever been able to do" (Dorner 1949, 230). Obgleich sich Konzepte der Repräsentation im Laufe der Jahre am Leben hielten, gerieten sie zu Beginn des 20. Jahrhunderts in Bewegung, um nicht zuletzt unter dem Druck der transformierenden Energien der Geschichte zu explodieren (vgl. ebd., 227). Als eines der Beispiele nennt Dorner den Raum („space"), dessen vermeintliche Grundfesten er infrage stellt: „[...] how can we possibly reconcile an eternal category of space with the evolution of the last two hundred years, not to speak of the millions of years yet to come? [...] It becomes clear again and again that none of them can keep its identity under the pressure of the transforming powers. They all explode into the greater depth of an energy which loses its own identity through interaction with other energies produced by experience" (ebd., 228). Den Begriff der „Erfahrung" entleiht Dorner dem US-amerikanischen Pragmatiker John Dewey, der in seiner Publikation „Kunst als Erfahrung" bereits 1934 aufzeigt, dass „[...] das reale Kunstwerk aus dem besteht, was das Produkt mit und in der Erfahrung macht" (Dewey 1934, 9). Das neue Museum identifiziert Dorner als einen Ort, der die Kunst nicht mehr im klassischen Sinne als einen „temple of humanistic relics" versteht, sondern vielmehr wie folgt: „It would show art for what it is, i.e. the product of a relatively short evolutionary phase and part of finite and strictly limited reality" (Dorner 1949, 231). Zugleich betont er, dass ein solches Museum im Ganzen die Kräfte hinter den verschiedenen historischen Realitäten zu zeigen hätte, alle sinnlichen und intellektuellen Ressourcen der Repräsentation in Betracht ziehend. Dieses neue Museum würde, Dorner zufolge, „flexibel" nach außen wie nach innen sein, „flexible [...] for the sake of transforming its own identity under the pressure of life's continuous and autonomous change" (ebd.).

Was zur Mitte des 20. Jahrhunderts formuliert wurde, hat heute mehr und mehr an Aktualität gewonnen. Die einschneidenden gesellschaftlichen Veränderungen erzwingen neue Angebote und Möglichkeiten der Erfahrung. Bereits für Dorner schien die über Jahrhunderte „gepflegte" Trennung von Kunst und Leben nicht mehr haltbar. Gestützt scheint dieses Empfinden mitunter von Dewey, der 1934 angemerkt hatte, dass die Kunst durch „das Prestige, das ihnen [den Kunstwerken] aufgrund einer langen Tradition kritikloser Bewunderung zukommt, Konventionen [schafft], die einen unbefangenen Zugang versperren" (Dewey 1934, 9).

Das Assembly-Prinzip

Dass der Verzicht auf das White-Cube-Konzept, ein hoher Grad an Interaktionsmöglichkeiten sowie eine umfassende Anzahl von Veranstaltungen zur Basis einer Ausstellung der Weg in die richtige Richtung sein können, zeigte die Ausstellung „Open Codes" im ZKM (17.10.2017 – 02.06.2019). Mit dem Untertitel „Leben in digitalen Welten" und „Die Welt als Datenfeld" gab die „Präsentation" einen Einblick in unser aktuelles, von der Digitalisierung geprägtes Dasein und versuchte zugleich, den Zugang und das Verständnis für digitale Anwendungen und für die neuen digitalen Kulturtechniken zu erleichtern. Rund 400 künstlerische und wissenschaftliche Arbeiten zeigten die Welt der digitalen Codes, die uns heute umgeben, anhand verschiedener Bereiche wie Genealogie des Codes, Codierung, Künstliche Intelligenz, Algorithmic Governance, Algorithmische Ökonomie, Virtuelle Realität, Arbeit & Produktion und Genetischer Code. Die BesucherInnen waren eingeladen und zugleich aufgefordert, in eine Auseinandersetzung zu gehen und ihren Besuch selbst zu gestalten, denn erst im Prozess der physischen Interaktion konnte sich hier der Bedeutungshorizont erschließen: Die Partizipation des Publikums ist der Moment, in dem die Werke materiell entstehen. Somit schließt die partizipatorische und analytische Auseinandersetzung mit den Werken neue Formen der Konzentration, Meditation, aber auch der Zerstreuung mit ein. Der „Discours" der Ausstellung ist als architektonischer „Parcours" angelegt, um den BesucherInnen die Gelegenheit zu bieten, selbstbestimmt sowohl zwischen Inseln der Kunst und des Wissens zu wandeln als auch an den sogenannten Co-Working-Stations aktiv und kreativ zu werden (vgl. Weibel 2018). Hierfür wurde der Ausstellungsraum im Stile eines Wohn- und Arbeitszimmers gestaltet: Co-Working-Stationen wechselten mit Orten der Ruhe ab, überließen den BesucherInnen die Wahl der Bewegung durch die Ausstellung und erlaubten so eine eigene Gestaltung der Wissensaufnahme. Ziel war es, eine Lernumgebung zu schaffen, die Hemmschwellen reduzierte und das Verständnis für die Notwendigkeit der beständigen Bildung vermittelte, eine Mischung aus Lern-Labor und

Lounge, aus Wohnzimmer und Kaffeebar, aus Mönchsklause und Club Méditerranée. Das Museum wurde zu einer Open-Source-Community, in der die Menschen gemeinsam kompetenter, kreativer und kenntnisreicher werden konnten. Erreicht wurde dies mitunter mit dem kostenlosen Eintritt, der realisiert werden konnte, um einen mehrmaligen Besuch zu ermöglichen und damit die nötige, individuell zu bestimmende Zeit für eine Wissensaufnahme zu generieren. Im Hinblick auf die längere Verweildauer, die von den BesucherInnen zugleich eingefordert wurde, wurden im Ausstellungsraum erstmals Getränke (Wasserspender, Kaffeeautomaten), Obst und Snacks kostenfrei zur Verfügung gestellt. Das Museum wurde zum Ort von BürgerInnenbildung, in dem die Aneignung von Wissen nicht nur lohnend ist, sondern auch belohnt wurde. Das Ziel des Vorhabens war ein deutliches: Wir brauchen in Zukunft kulturell kompetente BürgerInnen, um die Demokratie verteidigen zu können. In einer Zeit, in der sich die Gesellschaft von einer Arbeits- zu einer Wissensgesellschaft wandelt, forderten wir eine bezahlte BürgerInnenbildung. Ein umfangreiches Veranstaltungs- und Lernprogramm wurde hierfür u.a. mit lokalen Gruppen entwickelt, mit dem Ziel, die Welt des digitalen Codierens allen Alters- und Personengruppen zu eröffnen. So konnten Kleinkinder, (Groß-)Eltern, HackerInnen, KünstlerInnen, InformatikerInnen wie Coding-AmateurInnen das digitale Codieren theoretisch und praktisch erkunden. In der Ausstellung durchgeführte Umfragen zeigten, dass das „Bildungsexperiment", wie es als ein solches deklariert wurde, angenommen wurde und Mut für weitere Überschreitungen der bisherigen Grenzen von Ausstellungsräumen macht (https://zkm.de/de/media/video/open-codes-besucherstimmen). Mehr denn je hat das Museum im 21. Jahrhundert als neue Form der Versammlung die Chance und die Aufgabe, gemeinsam mit den BürgerInnen das Museum als Ort des Wissens und der Handlungsfähigkeit weiterzuentwickeln, um mit den Instrumenten des Denkens den Zugang und das Verständnis zur Wirklichkeit wiederzugewinnen.

Literatur

Bachtin, Michail (1979): Die Ästhetik des Wortes. Frankfurt a.M.: Suhrkamp.

Blühdorn, Ingolfur (2013): Simulative Demokratie. Neue Politik nach der postdemokratischen Wende. Frankfurt a.M.: Suhrkamp.

Crouch, Colin (2004): Post-Democracy. Cambridge: Polity Press.

Darwin, Charles (1986): Die Entstehung der Arten durch natürliche Zuchtwahl, Nachw. von G. Heberer, übersetzt von C.W. Neumann. Stuttgart: Reclam.

Dewey, John (1934): Kunst als Erfahrung, Frankfurt a.M.: Suhrkamp.

Dorner, Alexander (1949): The way beyond art. New York: Wittenborn, Schultz.

Duchamp, Marcel (1957): From Session on the Creative Act, Rede, gehalten auf dem Kongress der American Federation of Arts, Houston, Texas, April 1957, http://www.re-seaux-creation.org/article.php3?id_article=139, letzter Zugriff am 14.08.2007.

Herder, Johann Gottfried (1784): Ideen zur Philosophie der Geschichte der Menschheit. Geschichte der Idee der Menschheit. Riga/Leipzig: Hartknoch.

Jauß, Hans Robert (1975): Literaturgeschichte als Provokation der Literaturwissenschaft. In: Warning, Rainer (Hrsg.): Rezeptionsästhetik. München: Fink, S. 126–162.

Krämer, Harald (2001): Museumsinformatik und Digitale Sammlung. Wien: Facultas.

Lautreamont, Comte de (1954): Poesies/Gesamtwerk. Heidelberg: W. Rothe.

Merkel, Wolfgang/Puhle, Hans-Jürgen/Croissant, Aurel/Eicher, Claudia/Thiery, Peter (2003): Defekte Demokratie. Wiesbaden: Springer.

Morrison, Kimberlee (2015): How Should You Be Marketing to Generation Z Through Social?, https://www.adweek.com/digital/how-should-you-be-marketing-to-generation-z-through-social-infographic/, letzter Zugriff am 21.06.2019.

Suwajanakorn, Supasorn (2018): Fake videos of real people – and how to spot them, https://www.ted.com/talks/supasorn_suwajanakorn_fake_videos_of_real_people_and_how_to_spot_them?utm_campaign=social&utm_medium=referral&utm_source=facebook.com&utm_content=talk&utm_term=technology, letzter Zugriff am 05.07.2019.

Toffler, Alvin (1983): Die dritte Welle, Zukunftschance. Perspektiven für die Gesellschaft des 21. Jahrhunderts. München: Goldmann.

Walther, Franz Erhard (1968): Objekte benutzen. Köln/New York: Walther König.

Warning, Rainer (Hrsg.) (1988): Rezeptionsästhetik. München: Fink.

Weibel, Peter (2017): Editorial zu „Open Codes", https://open-codes.zkm.de/de/editorial, letzter Zugriff am 26.06.2018.

Weibel, Peter (2018): Editorial Phase I. Open Codes. Leben in digitalen Welten, https://zkm.de/de/editorial-phase-i, letzter Zugriff am 13.03.2020.

Verweise

Sämtliche Verweise zuletzt besucht am 11.06.2019.
Second Life – https://de.wikipedia.org/wiki/Second_Life
Web 2.0 – https://de.wikipedia.org/wiki/Web_2.0
Besucherstimmen – https://zkm.de/de/media/video/open-codes-besucherstimmen

Autoren

Peter Weibel

Peter Weibel gilt als ein zentraler Akteur der europäischen Medienkunst. Als Künstler, Theoretiker, Kurator, Vorstand des ZKM | Zentrum für Kunst und Medien in Karlsruhe sowie Direktor des „Peter Weibel Forschungsinstituts für digitale Kulturen" an der Universität für angewandte Kunst in Wien ist er an den Schnittstellen von Kunst und Wissenschaft tätig. Er leitete u.a. die Biennale in Sevilla und Moskau, die Ars Electronica in Linz sowie das Institut für Neue Medien der Städelschule in Frankfurt.

Dominika Szope

Dominika Szope studierte Kunst und Medienwissenschaft an der Hochschule für Gestaltung in Karlsruhe. Seit 2011 leitet sie die Abteilung Kommunikation und Marketing am ZKM und zeichnet sich mit ihrem Team für die Kommunikation des ZKM auf nationaler wie internationaler Ebene verantwortlich. Vom ThinkTank „smARTplaces" ausgehend beschäftigt sie sich seit 2014 verstärkt mit den Herausforderungen der digitalen Transformation für Kulturinstitutionen sowohl im Hinblick auf die Besucher, neue Technologien als auch auf die Strukturen der Institutionen und Organisationskulturen und -entwicklungen selbst.

Das Museum als Lern- und Bildungsinstitution

Michael, Mangold
Institut für Angewandte Wirtschaftsforschung e.V. (IAW), Tübingen

Unabhängig davon, wo der Ursprung oder der Beginn des Museums ange-
setzt wird, das Museum war von Beginn an ein Ort des Lernens und der
Bildung. Ob seine Anfänge im Bereich der Sammlung von Kuriositäten,
naturgeschichtlichen Raritäten, Pretiosen oder der Zuschaustellung von
Beutegut (Jochum 2004, 278 ff.; Pomian 1988, u.a. 33 ff.) verortet werden,
ob der Übergang der Schatzkammer des Mittelalters in die Wunderkammer des barocken Zeitalters besonders hervorgehoben wird oder die spätere Mündung von Sammlungen in die modernen Museen: Stets war die Begegnung im Museum, die Konfrontation mit Artefakten und die Kommunikation über das Gesehene mit Lernen verknüpft. Dies gilt in selbstverständlicher Art und Weise für das moderne, durch die Digitalisierung geprägte Museum und auch für seine Präsenz im Netz.

Breites Verständnis von Lernen und Bildung als Charakteristikum des Museums

Burke verweist auf die in den Museen des 17. Jahrhunderts zunehmend
zum Ausdruck kommende „weniger logozentristische Konzeption des
Wissens" (Burke 2014a, 45) und damit auf einen breiten Zugang zu den
Phänomenen der sozialen, kulturellen und naturbezogenen Welt. Es wurde Neugier und Interesse an Dingen, Personen und Ereignissen entzündet
und eine Kommunikation über sie in Gang gesetzt. Jedoch auch bloße Be-
trachtungen und Staunen über Kuriositäten sowie dabei stattfindende Begegnung mit Anderen, denen das Gleiche widerfährt, haben Bedeutung als
und für Lern- und Bildungsprozesse.

Ein breites Verständnis von Lernen, Bildung und Kultur drückt sich
schließlich auch im Bericht der Enquete-Kommission des Deutschen Bundestages zu „Kultur in Deutschland" aus. In den programmatischen Ausführungen zum Museum werden sie als „geistige Ankerpunkte der Gesellschaft" (Bundestag 2007, 118) hervorgehoben. Die Kommission folgt in
ihren näheren Ausführungen einem „modernen Verständnis vom Museum
als Hort des kulturellen Erbes und als Ort des kulturellen Gedächtnisses

genauso wie als ‚Laboratorium' und ‚Zukunftswerkstatt'" (ebd.). Zu ihrer gesellschaftlichen und somit über rein individuelle Lernprozesse hinausgehenden Dimension heißt es weiter: „Im ‚diskursiven Museum', das sich im kritischen Dialog mit gesellschaftlichen Entwicklungen ständig erneuert, stellen staatliche Zuwendungen nicht mehr allein eine Voraussetzung für die Bewahrung des kulturellen Erbes dar, sondern sind zugleich echte Zukunftsinvestitionen, die auch kulturelle Innovationen möglich machen" (ebd.).

Es erscheint daher sinnvoll, das Museum in seiner Tradition *und* in seinem staatlich zugesprochenen Auftrag als genuinen Ort einer individuelle Lernprozesse auslösenden und gesellschaftliche Verständigungsprozesse ermöglichende Auseinandersetzung zu adressieren. Im Vorgriff auf die weitere Argumentation ist anzumerken, dass dieses Zusammenwirken von individuell stattfindenden und am Individuum festgemachten Lernprozessen mit dem kommunikativen Austausch über sie entscheidend ist. Zugunsten eines umfänglichen Verständnisses ist von Beginn an die Überlegung einzubeziehen, dass Lernprozesse bzw. ihre Resultate zwischen den Individuen vermittelt werden müssen und nur über einen derart – nur unter den Voraussetzungen einer Öffentlichkeit – möglichen Verständigungsprozess die von der Enquete-Kommission hervorgehobene ‚kulturelle Innovation' stattfinden kann. Ansonsten stellen sich vereinzelte und individualisierte Sichtweisen ein, die im Zweifelsfall eher kulturelle Entwicklungen hemmen können. Individuelles Lernen ist daher eine notwendige, aber noch keine hinlängliche Voraussetzung dafür, dass wünschenswerte und auf Einigungsprozesse basierende gesellschaftliche Entwicklungen in Gang gesetzt werden.

Der in den modernen Gesellschaften offenkundig allgemein stattfindende Prozess der Fragmentierung von Öffentlichkeit (Bauer 2008, 9), an dem die sozialen Medien erheblichen Anteil haben, ist eine erschwerende Bedingung für eine erfolgreiche und weitgehend alle Bevölkerungsmitglieder einschließende Kommunikation. Das Ideal einer allen Mitgliedern gegenüber offenen und einbeziehenden Öffentlichkeit sollte auch bei den Verlockungen einer unmittelbaren Nutzung der etablierten sozialen Medien nicht vergessen werden. Damit ist bereits grob eine Sphäre abgesteckt – und zugleich ein Problem benannt – die von den Repräsentanten der Kulturinstitutionen zu berücksichtigen ist, die ihre Tätigkeit als einen Beitrag zu jenen ‚kulturellen Innovationen' verstehen, wie sie die Enquete-Kommission hervorhob.

Die Besonderheit dieser Sphäre, die das Individuum und den interindividuellen Austausch und damit gesellschaftliche Vermittlungs- und Lernprozesse einschließt, ist damit jedoch lediglich angedeutet bzw. im Vergleich zu den anderen Institutionen der Bildung und Kultur nicht hinlänglich abgesetzt. Das Museum teilt schließlich mit zahlreichen, ebenfalls etablierten Institutionen das Feld, worin sollte seine Sonderstellung liegen? Die Besonderheit des Museums besteht zunächst in einem großen Gestaltungsfreiraum als Lern- und Bildungsort, der dadurch weitgehend einzigartig ist. Zugleich genießt das Museum als eine der zentralen Komponenten öffentlich geförderter Kultureinrichtungen eine hohe gesellschaftliche Anerkennung. Es ist daher die bemerkenswerte Unbestimmtheit bei gleichzeitiger Wertschätzung, die das Museum als besonderen Ort des Lernens und der Bildung kennzeichnen und auch seine hohe Attraktivität zur Vermittlung, beispielsweise von wissenschaftlichen Erkenntnissen gegenüber einer breiteren Öffentlichkeit (Schwan 2006, 2009), begründen.

Sind Schulen, Hochschulen und andere institutionalisierte Lerneinrichtungen durch umfangreiche Reglements in Inhalt, Methode und Ziel hochgradig festgelegt, so charakterisiert sich das Museum gerade durch eine weitgehende Offenheit in diesen Dimensionen. Diese Offenheit geht so weit, dass zumindest in Deutschland nicht einmal eine begriffliche Festlegung für das Museum existiert, lediglich eine Bestimmung über die Funktionen „Sammeln, Bewahren, Forschen sowie Ausstellen und Vermitteln", wie es im Enquete-Bericht des Bundestages zu „Kultur in Deutschland" (Bundestag 2007, 118) heißt. Hingegen verengt sich bei den institutionalisierten Lerneinrichtungen das Verständnis von Lernen und Bildung in problematischer Art und Weise auf eine möglichst direkte Nützlichkeit, Verwertbarkeit und Messbarkeit dessen, was es zu lernen gilt. Was sich der unmittelbaren Möglichkeit zur Prüfung entzieht – dazu zählen eigenständige schöpferische Befähigungen, soziale Kompetenzen oder auch die Fähigkeit zur moralischen Urteilsbildung –, droht immer weiter durch jenes Wissen verdrängt zu werden, das sich zur direkten Überprüfung eignet und dem Kriterium des vornehmlich wirtschaftlichen Bedarfes gehorcht. Exemplarisch kann die vonseiten der Bundesvereinigung der Deutschen Arbeitgeberverbände (BDA) eingeforderte Ausweitung von technischem Anwendungswissen genannt werden: „Informationstechnische Grundbildung ist für jede Schülerin und jeden Schüler unabdingbar; darüber hinaus muss Informatik als Wahl- oder Profilfach an allen Schulen angeboten werden" (BDA 2019). Dabei wäre eine informationstechnische Grundbildung durchaus im Sinne einer Erweiterung von praktischen Kenntnissen und Fertigkeiten in einer zunehmend durch die Digitalisierung geprägten Gesellschaft zu begrüßen, stünde diese Technisierung und Instru mentalisierung nicht in einem breiten Zusammenhang mit der Veränderung der Bildungsinstitutionen und insbesondere deren Inhalten.[1]

Die in den zurückliegenden Jahren zunehmend sichtbar gewordene Fragilität der Gesellschaft[2] verweist darauf, dass eine Verengung des Verständnisses von Lernen, Bildung und Kultur ein problematisches Ausmaß angenommen hat. Lange Zeit in ihrem Bestand als gesichert geltende zivilisatorische und kulturelle Errungenschaften müssen zumindest in Teilen als in ihrem Kern bedroht bewertet werden. Institutionen, wie beispielsweise verfassungsrechtlich verbriefte und unabhängig von ethnischen Merkmalen zugesicherte Individualfreiheiten, durch politische Wahlen legitimierte Rechtsordnung oder das staatliche Gewaltmonopol, existieren nicht nur auf der Grundlage formaler Regelungen, sondern in entscheidender Weise durch Anerkennung vonseiten der Öffentlichkeit. Wird sie versagt, gerät die soziokulturelle Entwicklung ins Stocken oder fällt gar hinter Modernisierungs- und Demokratisierungsprozesse des 20. Jahrhunderts zurück. Evident wird dies, wenn beispielsweise mit der Fiktion eines homogenen ‚Volkes' argumentiert wird und damit die seither allgemein anerkannte demokratische Pluralität geleugnet wird.

Die Notwendigkeit einer Reproduktion und konsistenten Weiterentwicklung jener normativen Grundlagen, die eine zivilisatorische Entwicklung – im Sinne einer auf Verständigung bemühten, Pluralität anerkennenden, auf Konflikt und Gewalt verzichtenden Sozialität – gewährleisten, wurde offenkundig unterschätzt.[3] Die besondere Stellung des Museums als Lern- und Bildungsort ist daher nicht lediglich durch ihren formalen Gestaltungsfreiraum begründet, so attraktiv dies auch in der Praxis für die MuseumsmacherInnen sei. Nicht die Möglichkeit, schnell, flexibel und gestalterisch kreativ ein beliebiges Thema zu bespielen und damit gegenüber den institutionalisierten Bildungseinrichtungen, die mit der Erfüllung curricularer Pflichten eingeengt sind, attraktiv zu sein, stiftet den entscheidenden Unterschied. Es ist vielmehr die Differenz zwischen einem propositionalen Wissensbestand, der Kerngegenstand der Vermittlung schulischer Bildungseinrichtungen ist, und dem Wissensbestand normativer Fähigkei-

---

1 Siehe hierzu die Ausführungen zur Humankapitaltheorie von Hochmuth sowie zum Bildungsverständnis von Mangold in: Bildung ungleich Humankapital, 2012.
2 Siehe hierzu die Langzeitberichterstattung unter dem Titel „Deutsche Zustände" des Instituts für interdisziplinäre Konflikt- und Gewaltforschung der Universität Bielefeld zwischen 2002–2011. U.a.: Heitmeyer 2011.
3 Die damit eingeforderte nähere begrifflich-konzeptionelle Auseinandersetzung mit diesen Voraussetzungen steht im vorliegenden Band im Zentrum des Beitrages von Hochmuth.

ten und Kenntnisse, der im schulischen Kontext immer weiter verdrängt wurde und im Museum, als anerkannte Kultur- und Bildungsinstitution, Raum zur Auseinandersetzung und Aneignung findet.

Die genannte Forderung der Bundesvereinigung der Deutschen Arbeitgeberverbände (BDA) zugunsten einer informationstechnischen Grundbildung bezieht sich demnach auf die Vermittlung propositionalen Wissens. Also eines Wissensbestandes, der Aussagen über die objektive Welt zulässt, sich über längere Zeit hinweg bewährt hat und dem Kriterium der Wahrheitsfähigkeit unterliegt (Matthiessen/Willaschek 2010, 3012; Habermas 1981, Bd. I, 149). Ob eine Datenbank relational, hierarchisch oder nach anderen Kriterien geordnet ist, lässt sich eindeutig zuordnen und Festlegungen als wahr oder nicht-wahr klassifizieren. Der Gebrauch der Datenbank zur Sammlung von beispielsweise Konsumpräferenzen lässt sich danach bekanntlich nicht einteilen. Der damit angesprochene normative Wissensbestand soll im vernünftigen Umgang mit diesen Techniken kompetent machen und eine werthaltige Orientierung im Handeln vermitteln. Auch hier sind Wissensbestände anerkannt und haben allgemeine Geltung erfahren; dies gilt beispielsweise für den besonderen Schutz von gesundheitlich Schwächeren, Kindern und Älteren sowie für Privatheit und Intimität.

Die Fortentwickelung der Gesellschaft ist untrennbar verbunden mit der Vermittlung von propositionalem *und* normativem Wissen, Fähigkeiten und Kenntnissen, gleichwohl ist der Raum für die Entwicklung von Fähigkeiten zur moralischen Urteilsbildung nahezu verschwunden. Hingegen werden zahlreiche, zuvor als Freiraum auch für den Diskurs normativer Aspekte verbliebene Sphären zunehmend zu Orten einer Vermittlung von praktischem und unmittelbar nützlichem Wissen, wie es beispielsweise bei der Einrichtung von Science Centern intendiert wird.

Hinzu kommt der Umstand, dass die dominante Tendenz zur Vermittlung von sogenanntem Sachwissen eng mit der für die finanzierenden öffentlichen Stellen relevanten Nachweispflicht des Erfolgs verknüpft ist. Während es im etablierten Bildungssystem daher seit dem 19. Jahrhundert eine Ausrichtung an prüfbarem und daher messbarem Wissen gibt (Hochmuth/Mangold 2019), dokumentiert sich diese Tendenz im musealen Bereich an der Messung von Besuchszahlen, Einnahmen durch Eintrittsgelder oder auch Nennungen in den Medien. Unter der Hand wandeln sich durch eine derartige Ausrichtung jedoch die eigentlich intendierten und mit den Idealen der europäischen Aufklärung verbundenen Ziele. Die Orientierung an hohen Besuchszahlen als zentrales Indiz für eine ,erfolgreiche' museale Tätigkeit führt so zu einer Kommodifizierung, Entertainment- bzw. der Ausrichtung des Museums als Ort eines Spektakels. Es liegt in der Verantwortung seiner RepräsentantInnen und auch einer an den

Idealen der Aufklärung festhaltenden Zivilgesellschaft, sich nicht in eine derartige Umklammerung zu begeben.

Öffnung des Museums zugunsten einer Lern- und Bildungsstätte breiter Schichten

Der Ursprung des Museums war bekanntermaßen auch mit Exklusion verknüpft. Die Kuriositätensammlungen des europäischen Hochadels waren nicht zur Inspiration seiner UntertanInnen in aufwendiger Art und Weise arrangiert. „Die einzigen Sammlungen, die jedermann offenstehen, sind die kirchlichen. Die ganze profane moderne Kunst, die Altertümer, die exotischen und naturgeschichtlichen Raritäten werden so nur für privilegierte ausgestellt, für die Inhaber der oberen Plätze in der Hierarchien der Macht, des Reichtums, des Geschmacks und des Wissens" (Pomian 2013, 66).

Ein Blick auf die heutige Situation bezüglich der Anzahl von Museen und BesucherInnen zeigen die Relevanz und die bereits erzielten Erfolge des Museums als Lern- und Bildungsumgebung. In der Bundesrepublik Deutschland wurden für das Jahr 2017 insgesamt 6.771 Museen bzw. Museumskomplexe sowie -einrichtungen gezählt (Institut für Museumsforschung 2018, 13). Unabhängig davon, wie sie sich differenzieren lassen und welche Sonderformen – beispielsweise Ausstellungshäuser – noch hinzuzuzählen wären, sind sie jeweils durch einen Bildungs- und Kulturauftrag verbunden.[4] Die Größenordnung der jährlichen Besuchszahlen von über 114 Millionen (ebd., 7) sowie die nach Angaben des Kulturfinanzberichts (Statistisches Bundesamt 2018, 36) öffentlichen Mittel zur Finanzierung der Museen, Sammlungen und Ausstellungen von 1,9 Mrd. Euro (2015) verdeutlichen die Reichweite und sagen letztlich auch etwas über die Bedeutungsbeimessung vonseiten der Politik aus. Das Museum konnte sich demnach zu einer weit geöffneten und dem demokratischen Anspruch der Gesellschaft auf gleiche Teilhabechancen aller Bevölkerungsmitglieder entsprechenden Institution entwickeln, obwohl noch immer nicht alle Bevölkerungsschichten gleichermaßen an den Angeboten teilnehmen.[5]

4 Zur Bestimmung des Begriffs „Museum" siehe: International Council of Museums (ICOM), Ethische Richtlinien für Museen, herausgegeben von ICOM–Deutschland, ICOM–Österreich, ICOM–Schweiz, 2010.

5 Dass dies nicht nur auf die Finanzierungshürde zurückzuführen ist, zeigte eine Untersuchung des baden-württembergischen Ministeriums für Wissenschaft, For-

Eine nähere Betrachtung dieser Entwicklung zu einer demokratischen Kultureinrichtung ist dabei nicht allein aus sozial- und kulturhistorischer Sicht interessant, vielmehr sensibilisiert sie auch für soziale Schließungsprozesse, die für den Bildungsbereich während seiner gesamten Entwicklungszeit typisch waren. Soziale Distinktion, wie sie von Pierre Bourdieu in „Die feinen Unterschiede" (1987) beschrieben wurden, verschärfen sich immer wieder zur Exklusion ganzer Bevölkerungsgruppen. Vorübergehenden Öffnungen folgen immer wieder Schließungen, sodass nicht von einem linearen Prozess der Inklusion bzw. Öffnung von Strukturen und Institutionen der Kultur und Bildung ausgegangen werden kann. Ohne eine gesellschaftspolitischen Wertvorstellungen verpflichtete Kulturarbeit droht sie gar, errungene Fortschritte zu verspielen.

Burke weist darauf hin, dass sich die größtenteils private Sammlungen beherbergenden Museen im Laufe der frühen Neuzeit „zumindest für Besucher aus der Oberschicht" (Burke 2014a, 166) öffneten, aber im 19. Jahrhundert die Öffnung gegenüber der breiten Bevölkerung noch immer sehr eingeschränkt war. Die bedeutenden Museumsgründungen des 19. Jahrhunderts waren vielfach staatlich und feierten eher das sich mit dem Kultur- und Bildungsbegriff identifizierende (Bildungs-)Bürgertum und richteten sich nicht an eine möglicherweise interessierte breite Bevölkerung. Er berichtet von Bemühungen insbesondere von VertreterInnen der britischen Mittelschicht, die formale Öffnung der Museen gegenüber der breiten Bevölkerung zu verhindern. Es wurde danach vielerorts Einwand gegen BesucherInnen aus der sozialen Unterschicht erhoben (Burke 2014b, 280). Offenkundig versuchte man, das Museum als eine Art nach außen verlagerten bürgerlichen Salon in seiner Zugangsreglementierung abzusichern.

Für die Zeit des Deutschen Kaiserreiches wird in Meyers Konversationslexikon von 1888 auf 210 öffentliche Museen in Deutschland verwiesen (Meyer 1888, 915). Die Reduktion der Museen auf „öffentliche Kunstsammlungen jeglicher Art" (ebd.) erscheint dabei als selbstverständlich, gleichermaßen wie die Zielgruppe, auf die sich die Bemühungen richteten. Das Museum galt nicht zuletzt dadurch unumstritten als exklusive Einrichtung des gehobenen Bürgertums, als dass erst in den 1880er-Jahren allmählich die Schulpflicht durchgesetzt werden konnte (Kuhlemann 1991, 192)

---

schung und Kunst zur „Evaluation des freien Eintritts in Dauerausstellungen" (Braun 2019). Danach sei „ein Grundinteresse" der wichtigste Faktor zum Besuch und „weniger als 5% wären auf keinen Fall gekommen, hätten sie Eintritt bezahlen müssen" (ebd.). Dabei seien die Effekte eines freien Eintritts stark abhängig vom jeweiligen Museum (vgl. ebd.).

und die Lese- und Schreibkenntnisse der Bevölkerung auf ein Niveau angestiegen waren, das zumindest formale Voraussetzungen einer Teilnahme an der ‚Hochkultur' ermöglichte (ebd., 193).[6]

Das Museum als Ort der Bildung konnte folglich nur für einen sehr eingeschränkten Personenkreis seine Wirkung entfalten, zumal auch die für Freizeit, Bildung und Kultur bei der breiten Bevölkerung verfügbaren Budgets entsprechend überschaubar waren.[7] Gleiches gilt für die zur Verfügung stehende Freizeit (Maase 1997, 38 ff.). Neben den pekuniären und zeitlichen Zugangsbeschränkungen existierten jedoch sehr persistente soziale bzw. kulturelle Barrieren, die für die Exklusion von Bevölkerungsgruppen aus dem Kulturangebot verantwortlich waren. So konzentrierte sich das Museum selbst auf ein spezifisches Verständnis von Bildung und Kultur, das dem zeitgemäßen Deutungsschema entsprach. Das Beispiel des Aufstiegs des deutschen Bildungsbürgertums in die gesellschaftlichen Machtzentren und die von ihm initiierte Schließung durch die Einführung eines spezifischen Bildungskanons, einschließlich des Nachweises der Kenntnisse neben der lateinischen auch der griechischen Sprache, ist gut dokumentiert und analysiert.[8] Die ursprünglich von Humboldt und anderen Neuhumanisten gegen eine Unterwerfung der Bildung unter Verwertungszwecke gerichtete Praxisferne verkehrte sich zunehmend in ein Deutungsschema der Bildung und Kultur, das sich durch eine „Herabminderung der praktischen Dinge" (Bollenbeck 1996, 100) und damit einhergehend durch eine Geringschätzung von durch praktische Tätigkeit gewonnenen Wissens kennzeichnete. Diese Geringschätzung übertrug sich auch auf die dadurch gekennzeichneten Bevölkerungsgruppen sowie deren Lebenswelt.

Die ursprünglich begründete Entgegnung des Utilitarismus löste sich schrittweise vom Begründungszweck, wurde schließlich auf ihre Begründung hin nicht mehr hinterfragt und verwandelte sich, ausgehend vom intellektuell-liberalen Freiheitsideal, zu einer ostentativen Distanz gegenüber allem unmittelbar Zweckvollem. Es entstanden dabei eigene kulturelle

---

6 Präzisere Angaben liegen insbesondere für Preußen vor, das jedoch als eher fortschrittlicher Teil des Deutschen Reiches gilt. Für den Schulbesuch liegen Daten vor, nach denen er „von etwa 60% im Jahr 1816 auf etwa 90% im Jahr 1870 angestiegen" (Kuhlemann 1991, 192) sei. Bezüglich der Lese- und Schreibkenntnisse der Bevölkerung in Preußen liegt eine Untersuchung aus dem Jahr 1871 vor, aus welcher ein Alphabetisierungsgrad von knapp 87% hervorgeht (ebd., 193).

7 Bei einem durchschnittlichen Arbeiterhaushalt wurden 1909 rund 80% des Budgets für Nahrung, Kleidung und Wohnung ausgegeben (Berg/Herrmann 1991, 41).

8 Übersicht bei: Wehler 1995, 111 ff.; Conze 1976, 484 ff.

Verlaufsformen, die die Rolle von Kunst und Kultur erheblich beeinflussen sollten. Das Gymnasium wurde durch diese vielfachen Prozesse der Verkehrung nicht das, was sich die den Idealen der europäischen Aufklärung verpflichteten RepräsentantInnen sowohl hinsichtlich des inhaltlichen Bildungs- als auch des formalen Allgemeinheitsanspruchs wünschten, sondern etablierte sich als autoritäre Form der Wissensvermittlung und als die unteren Schichten ausgrenzende Schulform. Dabei wurde von der Arbeiterbewegung im 19. Jahrhundert sehr wohl die Schlüsselstellung von Bildung und Kultur erkannt. Aus dem von Wilhelm Liebknecht bemühten Zitat, das im Wortlaut irrtümlich Francis Bacon zugeschrieben wird, „Wissen ist Macht"[9] wurde ein seinerzeit politisch folgenreicher Anspruch zur Teilhabe der breiten Bevölkerung, insbesondere der Arbeiterklasse, an Bildung und Kultur erhoben (Röhrig 1991, 441 f.). Die von Kaiser Wilhelm I. und II. instrumentalisierte Volksschulbildung versuchte emanzipatorischen Entwicklungstendenzen entgegenzuwirken, denn „es obliege an erster Stelle der Schule, durch die Pflege von Gottesfurcht und Vaterlandsliebe die Grundlage für eine gesunde Vorstellung von den politischen und sozialen Verhältnissen zu schaffen" (Roth 1966, 346).

Die inhaltsbezogene Bestimmung und die sozialstrukturelle Ausgrenzung des Bildungswesens im 19. Jahrhundert war folglich aus mehreren Quellen gespeist. So läutete das ausgehende 19. Jahrhundert eine dem ökonomischen Modernisierungsbedarf geschuldete Öffnung der Bildungsinstitutionen ein, jedoch ohne den Herrschaftsanspruch infrage zu stellen. Es handelte sich daher immer um eine „defensive Modernisierung" im Sinne einer „Gleichzeitigkeit von Öffnung und Begrenzung, von Modernisierung und Traditionssicherung" (Tenorth 2008, 123). Ein Anspruch auf egalitäre Zugangschancen blieb unerfüllt und ist auch im modernen Bildungswesen eine bleibende Aufgabe.[10]

Folgerungen

Das Museum vermag als eine der wenigen Kultur- und Bildungsinstitution der zunehmenden Reduktion auf Effizienzbetrachtungen gegenüber Effek-

---

9 Der Ausdruck „Wissen ist Macht" findet sich bei Francis Bacon nicht, sondern es handelt sich bei dieser populären Formel vielmehr um eine irreführende Interpretation. Siehe hierzu die Erläuterung bei Krohn 1999, XVII.

10 Aus der Fülle der wissenschaftlichen Literatur, klassisch hierzu: Popitz 1965; Dahrendorf 1965; Mangold 1978. Aktuelle Forschung bei: Geissler 2014, 333–372; Becker/Lauterbach 2007.

tivitätsbetrachtungen ein eigenes, breiteres Verständnis von Bildung in seine Praxis einfließen lassen und auch in experimenteller Art und Weise entfalten. Auch wenn das Museum nicht Mängel des institutionalisierten Bildungswesens kompensieren kann, so vermag es doch exemplarische Lernkontexte zu entwickeln und spielerisch zu erproben, Ergänzungen durch die Ansprache auch visueller oder sensomotorischer Wahrnehmungen oder auch einen Beitrag zur öffentlichen Willensbildung in einem vorpolitischen Raum zu leisten. Während sich die Kommunikation in den curricular organisierten Bildungseinrichtungen sowie in der zivilgesellschaftlich organisierten Öffentlichkeit, einschließlich der politischen Parteien, vorrangig oder gar nahezu ausschließlich um gegebene gesellschaftliche Präferenzen zentriert und einzig ihre effiziente Zielerreichung optimiert, bietet das Museum Raum für die Reflexion über diese Präferenzen.

Sind die verfolgten gesellschaftlichen Präferenzen noch die richtigen, und in welcher Weise sind sie gegebenenfalls zu ändern? Mit diesen Fragen öffnen die Repräsentanten der Museen eine Sphäre vorpolitischer Öffentlichkeit, in welcher im Sinne einer produktiven Verunsicherung eine Vorstufe zu kulturellem Wandel und damit zur gesamtgesellschaftlichen Entwicklung geschaffen wird. Entgegen einer durch Konvention gefestigten Grundhaltung, nach welcher unmittelbare Lösungen oder Handlungsalternativen an die Stelle des kritisch Wahrgenommenen treten müssen, kann hier zuerst reflektiert werden. Das Neue steht nicht konfektioniert zur Verfügung, sondern wird als Ergebnis von mehrstufigen Filterungen gewonnen, die erst nach einem bestimmten Reifestadium und im Anschluss an umfangreiche Verständigungsprozesse in einen Konsens übergehen können. Es handelt sich dabei einerseits um die genannte produktive Verunsicherung, die andererseits durch Wiederholung, Übung und Reflexion über das eigene Tun BesucherInnen, TeilnehmerInnen und, wie im vorliegenden Band thematisiert wird, GestalterInnen, kompetent macht. Mit anderen Worten, die Fähigkeit zur moralischen Urteilsbildung kann entfaltet werden. Bereits in Friedrich Schillers Briefen „Über die ästhetische Erziehung des Menschen" wird daher der Kunst eine besondere Rolle zugeordnet, wenn es heißt, „es gibt keinen anderen Weg, den sinnlichen Menschen vernünftig zu machen, als dass man denselben zuvor ästhetisch macht" (Schiller 2000, 90).

Genau dies ist auch beim Einsatz digitaler Medien im Museum als entscheidendes Kriterium heranzuziehen. Stellen doch durch Digitalisierung geprägte Kommunikationssphären nicht per se leistungsfähigere Instrumente zur Wissensvermittlung und zur Entwicklung von Fähigkeiten zur moralischen Urteilsbildung bereit, die in ihrem Zusammenwirken die Kapazität zur gemeinsamen Problemlösung erhöhen. Vielmehr können sie selbst neue Probleme erzeugen, indem sie eine Entkoppelung und Verselbstständigung von Vorstellungen gegenüber der Öffentlichkeit begünstigen.[11] Die Offenheit und Rückbindung der Kommunikation an eine breite Öffentlichkeit sind daher notwendige, wenngleich nicht hinlängliche, Voraussetzungen für einen konstruktiven Beitrag digitaler Medien zur Überprüfung von Überliefertem und zur Erzeugung von Neuem.

Damit sind gleichwohl mehr Fragen aufgeworfen, als an dieser Stelle bearbeitet werden könnten: Wie kann ein musealer Betrieb ein derart anspruchsvolles Programm realisieren? Wie sind digitale Techniken einzusetzen, damit ein Impuls einer Ausstellung übergehen kann in kommunikative Verständigung im Rahmen einer vorpolitischen Öffentlichkeit? Benötigt das Museum für diese Arbeit ein spezielles Personal mit einer über die klassische kunsthistorische oder museumspädagogische Ausbildung hinausgehenden Qualifikation, oder eignet sich eher eine Kooperation mit zivilgesellschaftlichen Organisationen, um einen Kommunikationsprozess zu begleiten oder zu moderieren? Welche Möglichkeiten der Übertragung von exemplarischen Lernprozessen in einen schulischen Kontext sind möglich? Bei der Bearbeitung dieser Fragen sollte vergegenwärtigt werden, dass die Neigung zum Gefälligen und damit die Orientierung an vermeintlichem Erfolg, gemessen an Besuchszahlen, Einnahmen durch SponsorInnen oder Eintrittsgeldern sowie schließlich durch einen positiven Pressespiegel, letztlich immer zu Effizienzbetrachtungen führt. Die Besonderheit der Museen als Orte zur Reflexion über Präferenzen und gesellschaftliche Entwicklungslinien ist dadurch stets bedroht. Auch die eingangs zitierte Passage im Bericht der Enquete-Kommission „Kultur in Deutschland" intoniert eher eine betriebswirtschaftliche gegenüber einer gesellschaftspolitischen Sichtweise, wenn sie staatliche Kulturausgaben als „echte Zukunftsinvestitionen" (Bundestag 2007, 118) betrachtet. So zeigt sich auch hier der von Max Horkheimer und Theodor W. Adorno beschriebene Prozess, nämlich die „Einordnung der Tatsachen in bereitliegende Begriffssysteme und die Revision der letzteren durch Vereinfachung oder Bereinigung von Widersprüchen" als „ein Teil der allgemeinen gesellschaftlichen Praxis" (Horkheimer/Adorno 1937, 259). Ihr kann nur durch eine programmatische Orientierung an den Grundprinzipien der europäischen Aufklärung entgegnet werden, die der Reflexion über diese bereitliegenden Begriffssysteme Raum gewährt.

---

11 Siehe hierzu die in der Einleitung genannten Herausforderungen für Akteure in Bildung und Kultur.

Der Zugang zu jenem Raum kann jedoch kein exklusiver sein. Das Museum als ein Ort, der „kulturelle Innovationen möglich machen" (Bundestag 2007, 118) soll, neigt jedoch einerseits zum Gefälligen und akkumuliert so auch über eine breitere Öffentlichkeit die letzten Endes erforderliche politische Zustimmung für öffentliche Förderung und andererseits neigt es zur selbstreferenziellen Kulturtätigkeit für ‚Kulturbeflissene'. Nicht selten wird die Notwendigkeit Ersteres für die Finanzierung Zweiteres genannt. Die Aufgabe von Kultur und Bildung in der demokratischen Gesellschaft richtet sich jedoch auf die Inklusion aller Bevölkerungsgruppen, wie es nicht zuletzt grundrechtlich zugesichert und auch durch Artikel 26 der Allgemeinen Erklärung der Menschenrechte (AEMR) von 1946 (Vereinigte Nationen 1946, 5) garantiert ist.

Wie anhand von bildungshistorischen Materialien zum 19. Jahrhundert illustriert wurde, finden Öffnungs- und Schließungsprozesse über die von Horkheimer genannten, gesellschaftlich bereitgestellten Begriffs- und Begründungssysteme statt. Sie sind dabei im Epochenwandel in der Gestalt durchaus veränderlich, latent stets vorhanden und dabei jeweils sozial exkludierend in ihrer Wirkung. So wurden Vererbungs- und Milieubegründen zur Legitimation des Ausschlusses bestimmter Bevölkerungsgruppen erst in den 1960er-Jahren in ihrem wissenschaftlichen Geltungsanspruch sukzessive überwunden.[12] Gleichwohl erreichen die einleitend genannten Erosionsprozesse kultureller und zivilisatorischer Errungenschaften immer stärker auch den Bereich von Bildung und Kultur. So beispielsweise im Zusammenhang mit der Diskussion um zuwandernde Personengruppen, wenn die Position vertreten wird, es handele sich um ‚invasive Arten'[13] und ihnen dabei vom öffentlich-rechtlichen Rundfunk der gleiche Anspruch auf Geltung zugesprochen wird, wie jener des Grundgesetzes oder der Allgemeinen Erklärung der Menschenrechte. Die argumentative Gleichstellung aller denkbaren Positionen verkennt dabei die zivilisatorische Bedeutung kollektiver Lernprozesse, nach welchen bestimmte Standpunkte als überwunden und nicht mehr mit dem gleichen Anspruch aufzutreten berechtigt sind.

---

12 Beispielhaft seien hier die noch Mitte der 1950er-Jahre herangezogenen Vorstellungen einer ‚Erbgutgemeinschaft' oder einer ‚erbgebundenen Intelligenz', einschließlich ihrer ‚wissenschaftlichen' Untersuchung in den 1920er- und 30er-Jahre unter dem Titel ‚menschliche Erblichkeitslehre und Rassenhygiene'. Die Wissenschaftliche Buchgesellschaft Darmstadt publizierte einschlägige Beiträge in der Reihe „Wege der Forschung" (Ballauff/Hettwer) noch im Jahr 1967.
13 Siehe hierzu die Auseinandersetzung um David Berger im DLF (Deutschlandfunk 2019, o.S.).

Das Museum als Ort des Lernens und der Bildung kann daher nur dann seinen Anspruch „als Hort des kulturellen Erbes und als Ort des kulturellen Gedächtnisses genauso" (Bundestag 2007, 118) erfüllen, wie auch jenen, „‚Laboratorium' und ‚Zukunftswerkstatt'" (ebd.) zu sein, wenn zivilisatorische und kulturelle Errungenschaften geschützt, eine Orientierung an der Zweckmäßigkeit der Kultur vermieden und ein uneingeschränkter Einbezug aller Bevölkerungsgruppen programmatische Ziele sind.

Literatur

Ballauff, Theodor/Hettwer, Hubert (Hrsg.) (1967): Begabungsförderung und Schule. Wege der Forschung, Bd. CXXI. Darmstadt: Wissenschaftliche Buchgesellschaft.

Bauer, Matthias (2008): Medienkonvergenz, Medienperformanz und Medienreflexion. In: Krausch. Georg (Hrsg.): Natur & Geist. Das Forschungsmagazin der Johannes Gutenberg-Universität Mainz, S. 8–12.

Becker, Rolf/Lauterbach, Wolfgang (Hrsg.) (2007): Bildung als Privileg. Erklärung und Befunde zu den Ursachen der Bildungsungleichheit, 2. aktualisierte Aufl.. Wiesbaden: VS Verlag für Sozialwissenschaften.

Berg, Christa/Herrmann, Ulrich (1991): Einleitung. Industriegesellschaft und Kulturkrise. Ambivalenzen der Epoche des Zweiten Deutschen Kaiserreichs 1870–918, in: Berg, Christa (Hrsg.): Handbuch der deutschen Bildungsgeschichte, Bd. IV, 1870–1918. Von der Reichsgründung bis zum Ende des Ersten Weltkrigs. München: C.H. Beck, S. 3–56.

Bollenbeck, Georg (1996): Bildung und Kultur. Glanz und Elend eines deutschen Deutungsmusters. Frankfurt a.M.: Suhrkamp.

Bourdieu, Pierre (1987): Die feinen Unterschiede. Kritik der gesellschaftlichen Urteilskraft. Frankfurt a.M.: Suhrkamp.

Braun, Adrienne (2019): Freier Eintritt ins Museum? Kunst fürs Volk. In: Stuttgarter Zeitung; www.stuttgarter-zeitung.de/inhalt.freier-eintritt-ins-museum-kunst-fuers-volk.6d094a79-33be-442a-b718-4e3b6c71b55c.html?reduced=true, letzter Zugriff am 10.06.2019.

Bundesvereinigung der Deutschen Arbeitgeberverbände (2019): Schulqualität verbessern, Ausbildungsreife sichern, digitale Bildung voranbringen. In: BDA. www.arbeitgeber.de/www/arbeitgeber.nsf/id/DE_Schule, letzter Zugriff am 03.06.2019.

Burke, Peter (2014a): Papier und Marktgeschrei. Die Geburt der Wissensgesellschaft. Berlin: Klaus Wagenbach.

Burke, Peter (2014b): Die Explosion des Wissens. Von der Encyclopédie bis Wikipedia. Berlin: Klaus Wagenbach.

Conze, Werner (1976): Sozialgeschichte 1800–1850, in: Aubin, Hermann/Zorn, Wolfgang (Hrsg.): Handbuch der deutschen Wirtschafts- und Sozialgeschichte, Bd. 2. Stuttgart: Klett-Cotta, S. 426–494.

Dahrendorf, Ralf (1965): Arbeiterkinder an deutschen Universitäten. In: Recht und Staat in Geschichte und Gegenwart – Eine Sammlung von Vorträgen und Schriften aus dem Gebiet der gesamten Staatswissenschaften, Heft 302/303. Tübingen: J.C.B. Mohr (Paul Siebeck).

Deutscher Bundestag (2007): Schlussbericht der Enquete-Kommission „Kultur in Deutschland". Drucksache 16/7000. 11.12.2007. https://dip21.bundestag.de/dip2 1/btd/16/070/1607000.pdf, letzter Zugriff am 14.07.2019.

Deutschlandfunk (2019): „Im Diskurs zeigen wo die Grenzen sind". Rechter Theologe bei WDR 5. DLF medias res, Dienstag, 22. Januar 2019. https://www.deutsc hlandfunk.de/rechter-theologe-bei-wdr-5-im-diskurs-zeigen-wo-die-grenzen.2907 .de.html?dram:article_id=439019, letzter Zugriff am 14.07.2019.

Geissler, Rainer/Weber-Menges, Sonja (2010): Bildungsungleichheit – Eine deutsche Altlast. Die bildungssoziologische Perspektive. In: Barz, Heiner (Hrsg.): Handbuch Bildungsfinanzierung. Wiesbaden: VS Verlag für Sozialwissenschaften, S. 155–165.

Geissler, Rainer (2014): Die Sozialstruktur Deutschlands, 7. überarb. Aufl.. Wiesbaden: VS Verlag für Sozialwissenschaften.

Habermas, Jürgen (1962/1990): Strukturwandel der Öffentlichkeit. Frankfurt a.M.: Suhrkamp.

Habermas, Jürgen (1981): Theorie des kommunikativen Handelns. 2 Bde. Frankfurt a.M.: Suhrkamp.

Heitmeyer, Wilhelm (Hrsg.) (2011): Deutsche Zustände. Folge 10. Frankfurt a.M.: Suhrkamp.

Hochmuth, Uwe/Mangold, Michael (Hrsg.) (2012): Bildung ungleich Humankapital. Symposium über die Ökonomisierung im Bildungswesen. München: Wilhelm Fink.

Hochmuth, Uwe/Mangold, Michael (2019): Bildung statt Humankapital. Muss Bildung wirtschaftlich rentabel sein? (unveröffentlichtes Manuskript).

Horkheimer, Max/Adorno, Theodor W. [1937] (1980): Traditionelle und kritische Theorie. In: Zeitschrift für Sozialforschung, Jg. 6, Heft 2/1937, S. 245–294 (Orig. Nachdruck 1980). München: DTV.

Institut für Museumsforschung (2018): Statistische Gesamterhebung an den Museen der Bundesrepublik Deutschland für das Jahr 2017. Staatliche Museen zu Berlin – Preußischer Kulturbesitz, Heft 72, Berlin. www.smb.museum/fileadmin /website/Institute/Institut_fuer_Museumsforschung/Publikationen/Materialien/ mat72.pdf, letzter Zugriff am 14.07.2019.

International Council of Museums (ICOM) (2010): Ethische Richtlinien für Museen, herausgegeben von ICOM–Deutschland, ICOM–Österreich, ICOM–Schweiz. http://www.icom-deutschland.de/schwerpunkte-ethische-richtlinien-fu er-museen.php, letzter Zugriff am 16.07.2019.

Jochum, Uwe (2004): Am Ende der Sammlung. Bibliotheken im frühmodernen Staat. In: van Dülmen, Richard/Rauschenbach, Sina (Hrsg.): Macht des Wissens. Die Entstehung der modernen Wissensgesellschaft. Köln/Weimar/Wien: Böhlau, S. 273–294.

Krohn, Wolfgang (1999): Einleitung. In: Krohn, Wolfgang (Hrsg.): Francis Bacon. Neues Organon. Lateinisch-Deutsch, Teilbd 1. Hamburg: Meiner, S. IX-LVI.

Kuhlemann, Frank-Michael (1991): Schulen, Hochschulen, Lehrer. In: Berg, Christa (Hrsg.): Handbuch der deutschen Bildungsgeschichte, Bd IV, 1870–1918. Von der Reichsgründung bis zum Ende des Ersten Weltkriegs. München: C.H. Beck, S. 179–370.

Maase, Kaspar (1997): Grenzenloses Vergnügen. Der Aufstieg der Massenkultur 1850–1970. Frankfurt a.M.: Fischer.

Mangold, Michael (2008): Was ist die Informations- und Wissensgesellschaft? Das Museum als Bildungs- und Kulturinstitution vor dem Hintergrund des strukturellen Wandels, in: Museumskunde, Zeitschrift des Deutschen Museumsbundes, o. Jg., Heft 02/2008, S. 7–18.

Mangold, Michael (2012): Zum Verständnis der Bildung im Vorfeld ihrer Ökonomisierung. In: Hochmuth, Uwe/Mangold, Michael (Hrsg.): Bildung ungleich Humankapital. Symposium über die Ökonomisierung im Bildungswesen. München: Wilhelm Fink, S. 27–43.

Mangold, Werner (1978): Zur Entwicklung der Bildungssoziologie in der Bundesrepublik. In: Materialien aus der soziologischen Forschung. Verhandlungen des 18. Deutschen Soziologentages vom 28.9. bis 1.10.1976 in Bielefeld. Darmstadt: Druck- und Verlags-Gesellschaft, S. 209–265.

Matthiessen, Hannes Ole/Willaschek, Marcus (2010): Wissen. In: Sandkühler, Hans Jörg (Hrsg.): Enyzklopädie Philosophie, Bd. 3. Hamburg: Meiner, S. 3012–3018.

Meyer, Herrmann Julius (1888): Museum. In: Meyers Konversationslexikon, 4. Aufl., Bd. 11, S. 914–915. https://archive.org/details/bub_gb_IpEGAQAAIAAJ /page/n1013, letzter Zugriff am 14.06.2019.

Pomian, Krzysztof (1988): Der Ursprung des Museums. Vom Sammeln. Berlin: Klaus Wagenbach.

Popitz, Heinrich (1965): Die Ungleichheit der Chancen im Zugang zur höheren Schulbildung. In: Friedeburg, Ludwig von (Hrsg.): Jugend in der modernen Gesellschaft. Köln/Berlin: Kiepenheuer und Witsch, S. 392–408.

Röhrig, Paul (1991): Erwachsenenbildung. In: Berg, Christa (Hrsg.): Handbuch der deutschen Bildungsgeschichte, Bd. IV, 1870–1918. Von der Reichsgründung bis zum Ende des Ersten Weltkriegs. München: C.H. Beck, S. 441–471.

Roth, Günther (1966): Die kulturellen Bestrebungen der Sozialdemokratie im kaiserlichen Deutschland. In: Weher, Hans-Ulrich (Hrsg.): Moderne deutsche Sozialgeschichte. Neue wissenschaftliche Bibliothek, Bd. 10. Köln/Berlin: Kiepenheuer und Witsch, S. 342–365.

Schiller, Friedrich [1794] (2000): Über die ästhetische Erziehung des Menschen in einer Reihe von Briefen. Mit den Augustenburger Briefen. Berghahn, Klaus L. (Hrsg.). Stuttgart: Reclam.

Schwan, Stephan (2006): Lernen im Museum: Die Rolle der digitalen Medien für Wissenserwerb und Wissenskommunikation. In: Schwan, Stephan/Trischler, Helmuth/ Prenzel, Manfred (Hrsg.): Die Rolle von Medien für die Resituierung von Exponaten: Mitteilungen und Berichte aus dem Institut für Museumsforschung, Bd. 38. Berlin, S. 1–8.

Schwan, Stephan (2009). Lernen und Wissenserwerb in Museen. In: Kunz-Ott, Hannelore/Kudorfer, Susanne/Weber, Traudel (Hrsg.): Kulturelle Bildung im Museum. Aneignungsprozesse – Vermittlungsformen – Praxisbeispiele. Bielefeld: transcript, S. 33–43.

Statistisches Bundesamt (2018): Kulturfinanzbericht 2018. https://www.destatis.de/ DE/Themen/Gesellschaft-Umwelt/Bildung-Forschung-Kultur/Kultur/Publikatio nen/Downloads-Kultur/kulturfinanzbericht-1023002189004.pdf?__blob=publica tionFile, letzter Zugriff am 14.07.2019.

Tenorth, Heinz-Elmar (2008): Geschichte der Erziehung. Einführung in die Grundzüge ihrer neuzeitlichen Entwicklung, 4. erweiterte Aufl.. Weinheim/München: Juventa.

Vereinte Nationen (1946): Resolution der Generalversammlung, 217 A (III). Allgemeinen Erklärung der Menschenrechte (AEMR). https://www.un.org/depts/ger man/menschenrechte/aemr.pdf, letzter Zugriff am 14.07.2019.

Wehler, Hans-Ulrich (1995): Deutsche Gesellschaftsgeschichte, Bd. III: Von der „Deutschen Doppelrevolution" bis zum Beginn des Ersten Weltkrieges 1849–1914, Deutsche Gesellschaftsgeschichte. München: C.H. Beck.

Autor

Dr. Michael Mangold

Studium der Soziologie und Politikwissenschaft in Heidelberg und Mannheim. Zunächst wissenschaftlicher Mitarbeiter am Institut für Angewandte Wirtschaftsforschung Tübingen (IAW). Anschließend Gründung und Leitung des Instituts für Medien, Bildung und Wirtschaft am ZKM | Zentrum für Kunst und Medien Karlsruhe. Beteiligt am Aufbau der Türkisch-Deutschen Universität in Istanbul im Fachbereich Medien und Kulturwissenschaften. Wissenschaftlicher Berater am IAW mit den Forschungsschwerpunkten Bildung, open government data und Demokratietheorie.

Museum – der Sitte wegen

Uwe Hochmuth,
Institut für Angewandte Wirtschaftsforschung e.V. (IAW), Tübingen

Was sind Museen?

Museen sind laut ICOM dauerhafte, öffentliche, nichtkommerzielle, gemeinwohlorientierte Einrichtungen zur Sammlung, Bewahrung und Präsentation materieller und immaterieller Gegenstände sowie zur Forschung über sie. Ihre Themen stammen aus allen Lebensbereichen der Natur, Geschichte, Kunst und Technik (vgl. ICOM 2007). Mit einer anderen Blickrichtung sind sie aus individueller und sozialer Perspektive auch Orte der Selbstvergewisserung, der Selbstverständigung und der Kommunikation. Sie sind zudem prinzipiell gut zugängliche Räume, um Muße zu haben, d.h. um alle zweckgerichteten Tätigkeiten zu suspendieren und zu Erkenntnissen nichtpropositionaler Art zu gelangen. Ob man eine solche Situation in diesem Zustand beenden kann, der Muße also eine eigenständige epistemische Qualität zubilligt, oder ob man die dort gewonnenen Erfahrungen erst zusammen mit Verstandesregeln und Reflexion als vorläufig geglückt beendet sieht, kann hier nicht weiter ausgeführt werden[1]. Da man die zweite Komponente jedoch nicht ausschließen muss, sondern immer anschließen darf, soll im Folgenden von diesem Fall ausgegangen werden. Damit sind Museen als mögliche Stätten selbstbestimmten Lernens identifiziert.

Die Inhalte des dabei in den Museen Präsentierten sind in ihrer Breite schon in obiger Definition genannt. Sie ließen sich auch anders kategorisieren. Für die folgenden Ausführungen wird z.B. davon ausgegangen, dass die präsentierten Themen sich schwerpunktmäßig, wenn auch nicht durchgängig trennscharf und eindeutig, in die der objektiven und der sozialen Welt unterscheiden lassen. Der Fokus liegt hier auf der Rolle, die

---

1 Eine kompakte Betrachtung hierzu findet sich im Zusammenhang mit Maurice Merleau-Ponty in Laner (2016); Assheuer (2012) gibt eine prägnante entsprechende Darstellung zur Präsentation von Kunst aus Sicht von Gernot Böhme. Hans Ulrich Gumbrecht (2004) legt dar, was Sinn- und Präsenzkulturen im Hinblick auf begriffliche und nichtbegriffliche Erkenntnis unterscheidet.

Museen bei der Auseinandersetzung mit normativen Fragen der sozialen Welt und deren Klärung in öffentlichen ethischen Diskursen spielen können. Es wird angenommen, dass sie bei passender Gestaltung ihrer Tätigkeiten einen wertvollen Beitrag zur Unterstützung gesellschaftlicher Meinungs- und Willensbildungsprozesse leisten können. Dies macht sie bei entsprechendem Selbstverständnis zu wertvollen Stätten zivilgesellschaftlichen Engagements der NutzerInnen. Bei einer solchen Einschätzung der Funktionen und Möglichkeiten von Museen, insbesondere bei Betonung der Lernaspekte, leisten sie damit auch einen starken Beitrag für die diskursorientierte Entwicklung der subjektiven Bereitschaft kulturell anerkannten Sitten oder im Konfliktfall auch davon abweichenden rational begründbaren eigenen Handlungsmaximen zu entsprechen; d.h., sie können die Entwicklung moralischer Urteilsfähigkeit der NutzerInnen fördern. Dies gilt umso mehr, als sich diese Potenziale von Museen in den letzten Jahren durch die Digitalisierung von Sammlungsbeständen, eine fortschreitende Online-Präsenz, anregende Social-Media-Aktivitäten, aktuelle technische Ausstattungen und neue elektronische Vermittlungsformate, wie z.B. Gaming, vervielfacht haben. Durch sie kann, um das Interesse möglicher BesucherInnen zu initiieren, leichter und intensiver Einblick in Bestände gewährt werden. Man kann bei geeignetem Einsatz niederschwellig und schnell Kontakte mit gesellschaftlichen AkteurInnen in deren Netzen knüpfen und so Kommunikationsbeziehungen zu ihnen aufbauen sowie ihren Partizipationswünschen entgegenkommen. Sie bieten zudem die Voraussetzungen für die Gestaltung von Situationen, in denen das ästhetische Erleben, d.h. die vortheoretische Welterfahrung, intensiver geschehen kann als in den bisherigen Museumsumgebungen und aus denen heraus prozessinduzierte Neugierde auf eine weitere Beschäftigung mit den aufgerufenen Themen in Form von Reflexion und Diskursteilnahme entsteht.

Museum und Moral

Museen sind nicht in jeder Ausprägung notwendigerweise Orte zur Entwicklung moralischer Urteilsfähigkeit, aber sie können es sein. Sie sind auch keineswegs die einzigen; im Vergleich z.B. zu Schulen vielleicht sogar die weniger intensiven. Aber sie können sich dieses Themas annehmen und so sehr wichtig sein für die lebenslange Förderung der Fähigkeit, Handeln an moralischen Prinzipien zu orientieren und deren Begründungen im Diskurs zu finden, weil sie konzentriertes Interesse ihres Publikums genießen. Dies gelingt umso besser, je mehr die NutzerInnen aus ihrer ersten Aufmerksamkeit für den entsprechenden Museumsgegenstand in eine aktive Aneignung der damit verbundenen Inhalte übergeleitet werden. Dabei muss jedoch bewusst bleiben, dass ein Museum Moral weder lehren kann, noch bloß unverbindlich vorzeigen sollte, sondern nur sehr vermittelt dazu anregen kann, sich als InteressentIn selbst mit den moralischen Aspekten sozialer Lebenswelten zu beschäftigen. Eine zentrale Aufgabe liegt darin, aus dem „unverbindlichen" Angebot der Museen bei den NutzerInnen die Bereitschaft entstehen zu lassen, sich intensiv damit auseinanderzusetzen. Dem liegt zugrunde „ein Selbstverständnis des Menschen, nach dem er nicht einfach ist, was er ist, sondern sich beständig zu etwas machen kann und sich auch immer schon zu dem gemacht hat, was er faktisch ist" (Böhme/Legewie/Seel 1993, 40). Dabei gilt es jedoch für die Anbietenden, die feine Grenzlinie zwischen offenem aufmerksam oder neugierig machen, auf normativ anspruchsvolle Themen einerseits und intransparenter manipulativer Entscheidungs- oder Verhaltenssteuerung im Fortgang der Auseinandersetzung mit den Sachverhalten andererseits einzuhalten.

Dieses Befassen mit den angebotenen Inhalten und der Austausch mit anderen AkteurInnen darüber ist ein wesentliches Element der Entwicklung zur Fähigkeit, begründete moralische Urteile zu fällen und sie in einem weiteren Schritt zur eigenen Grundlage praktischen Handelns zu machen. Dazu muss jedoch deutlich werden, dass sich nicht nur der Geltungsanspruch, der beim Mitteilen eines wahren propositionalen Gehalts in einer Aussage erhoben wird, auf Rationalität berufen darf – dies kommt auch anderen Geltungsansprüchen zu. Museen können an der Auflösung dieser scheinbaren Exklusivität von Rationalität für wahrheitsfähige Aussagen arbeiten. Nicht indem sie auch noch die Beschäftigung mit dem Nachvollzug der Geltungsansprüche assertorischer Sätze in Zweifel ziehen, was zwar nicht in den Wissenschaften stattfindet, aber aktuell umso mehr in der politischen und sozialen Lebenspraxis, sondern indem sie zeigen, inwiefern sich auch die Begründung normativ richtigen Handelns auf Rationalität berufen kann (vgl. die noch weitergehenden Aussagen bei Habermas 2012, 58 f). Gerade in Museumssituationen kann erkennbar vor Augen geführt werden, dass moralisches Urteilen zwar keinen Geltungsanspruch auf propositionale Wahrheit erheben darf, aber auch keine rein emotionalen oder dem Menschen ursprünglich einwohnenden Ursachen hat. Es muss aus bestreitbaren, argumentativ zu belegenden, also diskursfähigen Geltungsansprüchen auf Richtigkeit rational entwickelt werden.

Der Verweis auf Vernunft und Rationalität impliziert zum einen die Gleichberechtigung der AkteurInnen und die möglichst weitreichende Absenz von äußerem Druck, zum anderen aber auch die Annahme, dass moralische Urteile zu fällen eine unter diesen Bedingungen förder-, entwickel-

und lernbare Fähigkeit ist. Museen können genau hierfür Freiräume schaffen, um so die NutzerInnen dabei zu unterstützen, sich aus konventionalisierten handlungs- und scheinbar gefühlsbasierten Entscheidungsmustern zu lösen, d.h. ihnen die Möglichkeit zu geben, ihre Verhaltensorientierungen sowie die Bedingungen von deren Veränderung zu verstehen. Sie sind daher auch ein Teil der Entwicklung von persönlicher Identität.

Ästhetische Wahrnehmung als Ausgangspunkt

Eine zentrale Rolle bei der Initiierung von Aufmerksamkeit auf ein bestimmtes Präsentationsthema und die Überführung in ein aktives Interesse der NutzerInnen von Museen spielt die ästhetische Wahrnehmung. Dabei geht es nicht um einen thematisch auf künstlerische oder schöngeistige Phänomene eingeengten Begriff, sondern um eine besondere Form der Beziehung zwischen Dingen der natürlichen, technischen oder kulturellen Welt und den damit beschäftigten AkteurInnen. Dieser durch Alexander Gottlieb Baumgarten (1714–1762) in die Philosophie der Aufklärung (wieder) eingeführte weitere Begriff von Ästhetik stellt neben die mit Denken, Begriffen und Verstandesregeln befasste Logik als zweites Element der Erkenntnisgewinnung die mit Anschauung und Sinnlichkeit befasste Ästhetik. Während bei Baumgarten die Mittel der Ästhetik ausreichen, um zur Erkenntnis zu kommen, ist es bei Kant die Verbindung von Logik und Ästhetik, die Erkenntnis möglich macht. „Vermittelst der Sinnlichkeit also werden uns Gegenstände gegeben, und sie allein liefert uns Anschauungen; durch den Verstand aber werden sie gedacht, und von ihm entspringen Begriffe" (Kant 1976, 69). Dies ist jedoch keine strikt logische Abfolge von Anschauung und danach folgender Begriffsbildung, vielmehr meint Anschauung ein von äußeren Zwecken freies Schauen oder Betrachten. Es ist nicht ein bloßes Sehen, aber auch kein durchgängig begrifflich systematisiertes Erfassen. Es ist nicht voraussetzungslos, sondern geschieht vor dem Hintergrund bereits in der Lebenswelt erworbenen begrifflichen Wissens, kann sich aber im Zustand der Muße staunend zeitweilig von diesem lösen, hinter es zurückgehen und im Rückgriff wesentliche, sonst durch die Abstraktion bei der Begriffsbildung verstellte Facetten des betrachteten Gegenstandes offenlegen. So z.B. beim Hören von Musik: Man erkennt eine bestimmte typische Tonfolge, die dem Begriff von Blues entspricht, d.h. man hat eine verstandesmäßige Vorstellung von Blues; dann aber hört man die in der Begriffsabstraktion nicht enthaltenen besonderen Gitarrenriffs, das laid back gespielte Schlagzeug und das Saxofon-Solo, die die vielfältigen Besonderheiten dieses Stückes ausmachen, d.h., man hat dessen aktuelles, präsentes, leibliches Erleben. Die physische Wahrnehmung und das leibliche Erleben sind verschränkt und reagieren gemeinsam.

Ästhetische Wahrnehmung kommt als eigene Art von Aufmerksamkeit dann am besten zum Tragen, wenn keine unmittelbar existenzkritischen Sachverhalte wahrgenommen und intellektuell verarbeitet werden müssen, wenn man sich einlassen kann auf eine empfindsame Annäherung an das Präsentierte. Sie ist dadurch gekennzeichnet, dass sie Empfindungen und Gefühle an die Seite von Erkennen und Verstehen stellt. Zusammen schaffen sie aus subjektbezogenen Stellungnahmen z.B. zum Erkennen von Eigenschaften und zum Empfinden von Lust, Unlust, Desinteresse, Begehren oder Abneigung die Vorstellung eines Sachverhalts, die dann ins Gedächtnis eingeht. Diese Konstruktionsmerkmale der Vorstellung bleiben auch bei anschließenden abstrahierenden Begriffsbildungen oder bei der Darlegung von logischen Strukturen in Sachzusammenhängen erhalten.

Eng damit verbunden ist der Begriff der Atmosphäre als einem „elementaren Zustand der individuellen Weltaneignung, der sich vor aller bewussten Wahrnehmung und Propriozeption befindet" (Heibach 2012, 13). Trotz ihrer Vagheit erscheint sie konkret, wirkt zunächst unstrittig und vermittelt erste Spuren von Sinn. Das Hauptaugenmerk liegt hier zunächst auf der sinnlichen Erfassung, die den AkteurInnen dann als solche durch die damit verbundenen Empfindungen und Stimmungen bewusst wird und erste subjektive Stellungnahmen zu empfundenen Lust- oder Unlustgefühlen ermöglicht. Thema ist die „naive" Reaktion auf eine präsente Umwelt, für die in dieser Situation jedoch keine interpretierenden Begriffe verwendet werden, die nicht in einen instrumentellen Zusammenhang mit Zielen gestellt ist und die nicht hinreichend sinnstrukturiert wurde, gleichwohl aber trotz (oder wegen) der Vagheit schon kulturell geprägte Deutungsmöglichkeiten, d.h. kulturelle Kodierungen von Emotionen, die unserer Enkulturierung entsprechen, beinhaltet.

Die Angebote der Museen, Interesse erzeugende Erfahrungen zu bestimmten Sachverhalten zu machen, nutzen die aktive Beschäftigung der BesucherInnen mit dem Präsentierten dazu, in ihnen einerseits Zufriedenheit aus der Befassung selbst entstehen zu lassen (Tätigkeitsorientierung) und andererseits bei ihnen die Absicht zu erzeugen, zwanglos sich daraus ergebende weitere Ziele im Zusammenhang mit dem Angebot anzustreben (Folgenorientierung). Bereits aus dem noch weitgehend reflexionsfreien Aufgehen in einer andauernden Aktivität, die man trotz u.U. hoher Intensität noch kontrollieren kann, entsteht tätigkeitsbezogene Befriedigung – man genießt das aktuelle, gleichsam fließende Tun. NutzerInnen und Angebote befinden sich in aktiver Übereinstimmung, jeder betrachtete Aspekt ist noch ohne theoretische oder zweckorientierte Filterung des Interesses am Gegenstand, man genießt und übt damit zugleich subkutan die Annäherung an Geschmack und Stilempfinden; man spielt mit Zugängen und Bedeutungen und hat die Möglichkeit, dauernd zwischen verschiedenen, aber miteinander verbundenen Aspekten und Facetten der präsentierten Sachverhalte zu wechseln.

Perspektivenwechsel und Neugier

Diese Differenzierung durch Perspektivenwechsel betont in ihren verschachtelten Ausprägungen jeweils andere thematische Besonderheiten oder Zugangsformen und hilft so, die Komplexität der Wirklichkeit durch die jeweilige, vorübergehende Konzentration auf abgegrenzte Aspekte eines Sachverhalts zu reduzieren. Weitergehende, d.h. über die Summe der Einzelbetrachtungen hinausgehende Erkenntnisse ergeben sich dann aus einer von vielleicht mehreren Varianten der Zusammenführung der perspektivischen Wahrnehmungen bei ihren TrägerInnen, ihrer ersten Ordnung und der unmittelbaren Deutung durch sie. Dabei handelt es sich aber nicht um ein Spektrum, das sich als das cartesische Produkt aller Perspektiven beschreiben ließe. Es unterscheidet sich in zweifacher Weise davon. Zum einen ergibt sich die sequenzielle Wahl der eingenommenen Blickrichtungen nicht primär aus dem Betrachtungsgegenstand selbst, sondern ist mehr noch das Ergebnis einer kulturell gewichteten Betonung einzelner Facetten, und zum anderen sind es eher die Verbindungen zwischen den in den Perspektiven abgebildeten sozialen Wirklichkeiten, die die Konstruktion der Vorstellung von etwas ausmachen, das dann ins Wissen oder ins Gedächtnis eingeht.

Die Wahl der unterschiedlichen Blickrichtungen ist zwar keine vollständige Abdeckung aller möglichen Perspektiven, aber auch kein beliebiges Allerlei von Zugangsaspekten zu ihnen oder den Beziehungen zwischen ihnen. Die beschränkte Multiperspektivität richtet sich vielmehr durchgängig auf denselben Betrachtungsgegenstand. Sie ist eine zunächst „naive", selbstbestimmte Verarbeitung dieser nuancierten Weltzugänge. Gelingt sie im Sinne einer Vertiefung der Kenntnisse über den Betrachtungsgegenstand, dann kann sie trotz des Wissens um die Beschränktheit Zufriedenheit hervorrufen und daraus eine katalytische Wirkung hinsichtlich des Wunsches nach intensiverer Auseinandersetzung mit dem Thema erzeugen – man kann neugierig werden.

An dieser Stelle tritt eine zweifache Erweiterung im Umgang mit den thematisierten Sachverhalten auf. Einerseits kommt zum Erleben der „auf

Präsenz basierenden Beziehung zur Welt" (Gumbrecht 2004, 12) das für jede Bezeichnung, für jede Interpretation und für jedes Sinnverstehen notwendige „Extrahieren von Bedeutungen aus der Welt" (ebd., 71) bzw. die Begriffsbildung oder Begriffsmodifikation hinzu. Andererseits kann jetzt nicht mehr argumentiert werden, ohne zu berücksichtigen, dass Lernen und Diskurse soziale Prozesse sind.

Das „Extrahieren von Bedeutungen"

Ein wichtiger Teil im Prozess des „Extrahierens von Bedeutungen" (ebd., 71), der zur Entwicklung der Fähigkeit zur Entscheidungsfindung sowie des Verhaltens- und Handlungsrepertoires der AkteurInnen beiträgt, ist das frühe Schaffen einer Ordnung der Zugangsweisen und der sich in der Auseinandersetzung mit der Umwelt ergebenden Erfahrungen und Erkenntnisse. Ebenso wie bei der Anschauung bildet auch hier das zuvor schon erworbene und sedimentierte Wissen den Hintergrund des weiteren Befassens mit dem aufgerufenen Thema. Es wird allerdings nicht wie im Zustand der Muße zugunsten des unmittelbaren Erlebens hintergangen, sondern es wird zur Ausgangsposition für die Erweiterung des Wissens über bestimmte Sachverhalte. Ergänzend zum zunächst gering strukturierten Erleben und zum noch schlicht Gegebenem, das deshalb als relativ unproblematisch erscheint, wird sukzessive weiteres, allerdings jetzt strukturiertes Vorwissen aktiv daran herangetragen. Korrespondierend werden vor diesem Interpretationshintergrund kontextgebundene, neue Informationen von außen einbezogen und zunehmend intensiver analysiert. Diese Beschäftigung schafft Erkenntnisse, die sich verdichten und netzartig verknüpft werden mit vorhandenen Begriffen, die entweder kategorisierte Eigenschaften zum Ausdruck bringen oder eine theoriebezogene Erklärung für etwas bieten. In beiden Fällen entstehen für die AkteurInnen so aus der Neuordnung Bedeutungen und zugleich die Möglichkeit, sich die jetzt gefasste Welt verfügbar zu machen.

Das dekontextualisierte bzw. generalisierte und abstrahierte Wissen wird gespeichert und im Rahmen von Rekontextualisierungen reflektiert, erneut fortgeschrieben und steht damit jeweils aktualisiert für den zielgerichteten Einsatz in den neuen Handlungszusammenhängen der Wirklichkeit bereit. Daraus entsteht die Fähigkeit, die mit Bedeutungen versehenen Begriffe zu synthetisieren, neue Anschauungen zu kategorisieren und verstandesbasierte Urteile abgeben zu können. Dies erlaubt in einem weiteren Schritt, sich mit diesen Urteilen und ihrer schlüssigen Ordnung untereinander zu beschäftigen und daraus folgend vernunftbasierte moralische Urteile fällen zu können. Der damit verbundene Erwerb moralischer Kompetenz ermöglicht es den AkteurInnen problematische, konfliktgeprägte Situationen mittels Rückgriff auf in ihrer Kultur anerkannte Moralprinzipien durch Denken, argumentativ gesichertes Kommunizieren und diskursbasierte gemeinsame Konsensfindung zu bewältigen. „Die kognitiven Strukturen, die dem moralischen Urteilsvermögen zugrunde liegen, sollen weder primär durch Umwelteinflüsse, noch durch angeborene Programme und Reifungsprozesse erklärt werden, sondern als Ergebnis einer schöpferischen Reorganisation eines vorhandenen kognitiven Inventars, welches durch hartnäckig wiederkehrende Probleme überfordert ist" (Habermas 1983, 136). Darin steckt schon, dass die entsprechenden Erkenntnisse, die moralisches Urteilen ermöglichen, aus sprachbasierter Verständigung zwischen handelnden Subjekten resultieren. Bringt man dies zusammen mit dem oben formulierten Verständnis von Museen als relevanten Lernorten, so kann man die Förderung eben dieses Vermögens als eine ihrer Aufgaben reklamieren.

Museum als Ort des sozialen Lernens und der Moralentwicklung

Stellt man sich in Museen dieser Aufgabe, wäre es sinnvoll, zunächst Bedingungen für die Wahrnehmung von als interessant angenommenen normativ relevanten Sachverhalten zu schaffen, also etwas an ihnen Erklärungsbedürftiges und Erklärungswürdiges auszuweisen. Das dazu notwendige Anknüpfen an das Wissen der NutzerInnen zu diesem Thema muss diese zu spontanen Deutungs- und Interpretationsversuchen anregen und signalisieren, dass eine sinnvolle Weiterbeschäftigung damit offeriert wird. Sachverhalte können dann z.B. vor und während der Nutzung der Museen auf ihre Bedeutung, ihren praktischen Lebensweltbezug, ihre Stellung im individuellen Wissensbestand oder ihre soziale Gebundenheit hin befragt werden. Von dieser Initiierung an sollte eine Umgebung geschaffen sein, die einen abduktiven Zugang zum Thema erlaubt, d.h. die NutzerInnen nicht nur in ihrem schon vorhandenen Wissen und in ihren für sie aktuell gültigen moralischen Urteilen bestätigt, sondern sie zumindest produktiv verunsichert, besser aber noch sie auffordert bzw. dabei unterstützt, ihren Wissensbestand auszudehnen und ihre moralische Urteilsfähigkeit zu schärfen. Letzteres ist per se ein sozial relevanter Vorgang, da der dabei thematisierte Sachverhalt die geregelten Formen des Zusammenlebens von Menschen und die ihnen zugrunde liegenden Anerkennungsbedingungen betrifft. Aber nicht nur das vom Museum präsentierte Thema ist in seiner eigenen Beschaffenheit ein soziales, auch und insbesondere der vom Museum gestaltete Umgang damit zielt auf diskursive Verständigung und gemeinsames Lernen der NutzerInnen.

Aus dem Spiel der ästhetischen Wahrnehmung mit möglichen Zugängen zu Sachverhalten und zu deren Bedeutungen können so in daran anknüpfenden theoretischen bzw. ethischen Diskursen Lernprozesse entstehen, die sich auf Probleme der objektiven Welt mit dem zugehörigen Geltungsanspruch auf propositionale Wahrheit (z.B. Beschreibung der Klimasituation oder der Siedlungsausdehnung) ebenso beziehen wie auf solche der sozialen Welt mit dem Geltungsanspruch auf normative Richtigkeit (z.B. Reduktion des Fleischkonsums oder nachträgliche Wohnraumverdichtung).

Neue Instrumente

Museen eignen sich deshalb für die zuvor beschriebenen, aus ästhetischer Wahrnehmung entstehenden Prozesse, weil sie Dinge inszenieren, um sie für mögliche BesucherInnen interessant und zugänglich zu machen. Auf diese Weise können sie durch geeignete Situationsgestaltungen u.a. problematische, moralisch relevante soziale Situationen in ästhetisch erschließbaren Formen abbilden. Indem sie etwas zur Anschauung bringen, schaffen sie Aufmerksamkeit für die damit verbundenen Sachverhalte und können so Wahrnehmungs-, Lern- und Diskursräume öffnen, die dem Publikum dann entsprechende Entfaltungsmöglichkeiten bieten. An diese kann so angeknüpft werden, dass die NutzerInnen im Fortgang der Erkenntnisgewinnung aktiv in die Lernpraxis integriert werden. Die Museen fördern die moralische Selbstentwicklung der NutzerInnen umso besser, je eher sie die Inszenierungen in Form produktiver Verunsicherung gestalten, den NutzerInnen also selbst nach anfänglich eventuell naiver vorbegrifflicher Erschließung des Präsentierten zu multiperspektivischer und methodisch kritischer Differenzierung sowie anschließender Zusammenfassung zu einer begrifflich fassbaren Einheit verhelfen. In der Auseinandersetzung mit den Bedingungen einer als problematisch erkannten sozialen Umwelt werden deren normative Kontexte erschlossen und mit anderen Interessenten erörtert. In der besonderen Atmosphäre eines Museums kann bei geeigneter Gestaltung ein problematisierter Sachverhalt also in „geschützter" und je nach Bedarf konzentrations-, reflexions- oder kommunikationsfördernder Umgebung erschlossen werden. Dies ist eine notwendige, wenngleich nicht hinreichende Bedingung dafür, dass sich die NutzerInnen ihren Wunsch erfüllen können, bestimmte komplexe Sachverhalte besser zu verstehen, um sie dann auch begründeter beurteilen zu können. Wenn dies so entworfen wird, dass thematische Klarheit auch bei komplexen Sachverhalten besteht und man sich auf das jeweilige Tun ohne unmittelbaren Zeitdruck konzentrieren kann sowie das Gefühl aufkommt, die Situation auch hinsichtlich der intellektuellen Anforderungen (ggf. unter Anstrengungen) beherrschen zu können, entsteht die Lust, sich damit weiter zu beschäftigen und mehr zu lernen. So ließe sich die auf Schule zielende Aussage, einen Raum zu schaffen, „in dem Menschen mit ihrer eigenen Intelligenz in ein libidinöses Verhältnis treten" (Sloterdijk 2001, 112), auch auf Museen beziehen.

Diese Möglichkeitsaussage gilt zwar grundsätzlich für Museen, wird aber insbesondere durch die technischen und medialen Entwicklungen seit Ausgang des letzten Jahrhunderts noch virulenter. Sie schaffen bei bewusstem Einsatz neue Möglichkeiten der Gestaltung von Exponaten und Präsentationssituationen. Sie erweitern den Zugang zu ästhetischer Praxis durch neue Wahrnehmungsangebote und die dadurch intensivierte Anregung zur reflexiven Verarbeitung des Aufgenommenen. Man kann sich besser von Konzepten der Wissensübertragung entfernen und sich darauf einlassen, dass das subjektive Konstruieren der Realität neben der Logik, d.h. dem Denken und den Verstandesregeln, auch die Ästhetik, d.h. die Anschauung und die Regeln der Sinnlichkeit, braucht. Deutlich werden diese neuen Optionen u.a. in Phänomenen wie Gaming, mobilen Anwendungen auf Geräten der NutzerInnen oder das Einschleifen in Social-Media-Kanäle, aber auch durch neue technische Möglichkeiten wie z.B. 3D-Brillen oder Räume zur Erzeugung von Virtual/Augmented Reality. Da diese Beispiele hier nicht umfassend dargestellt werden können, sollen mit Gaming und der Nutzung elektronischer Diskussionsforen die sich bietenden Möglichkeiten nur sehr kursorisch angedeutet werden.

Gaming steht bei Weitem nicht nur für Zeitvertreib, sondern beschreibt fast prototypisch Lernprozesse, die in Form eines sich weitgehend selbstständigen Bekanntmachens mit Neuem geschehen. Man muss sich im Spiel Mittel und Ziele erschließen, Taktiken und Strategien entwickeln sowie das Verhalten der MitspielerInnen als PartnerInnen und GegnerInnen analysieren. Man erlebt durch Ausprobieren, Scheitern, erneutem Versuchen und assoziativem Verbinden mit bisherigen Erfahrungen motivierende Fortschritte in der Fähigkeit dem Spiel zu folgen, sich dessen Regeln zu erschließen. Man strukturiert dabei das Erlebte, assoziiert und verbindet es mit dem bisherigen Wissen. Zudem lassen sich in solchen, wenig äußeren Zwängen unterliegenden Erfahrungsumgebungen Perspektiven- und Rollenwechsel bis hin zu imaginären Verletzungen normativer Regeln darstellen. Auf diese Weise entsteht ein autotelischer Prozess, d.h., ohne externe Belohnungen zu erwarten, werden Lernbemühungen unternommen, und es ergeben sich breitere, differenziertere oder in Varianten wiederholbare Zugänge zu einem Thema.

Mit diesem Instrument hat man ein deutlich erweitertes Repertoire an Darstellungsformen, die zu Anschauungen und im Fortgang zu Begriffen, also zu Erkenntnisgewinnen hinführen. Zugleich muss man sich dessen bewusst sein, dass ein unbedachter Einsatz auch negative Auswirkungen haben kann und sie deshalb gut überlegt eingesetzt werden sollten. Sie sind ein mögliches Mittel für die Erkenntnisgewinnung oder den Diskurs über bestimmte Themen, dürfen jedoch im Kontext des Museums nicht gänzlich zu dem werden, was sie als Instrument für den beabsichtigten Zweck ausmacht. NutzerInnen dürfen sich im Gegensatz zu originär eingesetzten Spielen nur begrenzt im Spiel verlieren, es darf kein Flow entstehen, der das eigentlich vom Museum inszenierte Thema in den Hintergrund rückt und die Distanzfindung bzw. die Reflexion erschwert oder verhindert. Hierdurch entstehen neue kuratorische Arbeiten und Verantwortlichkeiten, die z.B. sicherstellen, dass der Einsatz von Spielelementen in Museumsumgebungen nicht zum bloßen Spiel wird, das seine unbestrittene Berechtigung ja in seiner eigenen lebensweltlichen Sphäre hat.

Auch dort, wo sich Museen als öffentliche Räume zeigen, ergeben sich deutliche neue Optionen durch informationstechnische Entwicklungen. Sie bieten in ihrer aktuellen Erscheinungsweise zumindest formal die Möglichkeit zur Kontemplation im Sinne der Ermöglichung von ästhetischer Wahrnehmung und stiller theoretischer selbstreflexiver Erkenntnisgewinnung für jeden Interessierten. Sie erlauben auch die Fortsetzung dieser Form der Erkenntnisgewinnung in die diskursive Form des sich Abstimmens mit anderen interessierten NutzerInnen. In beiden Fällen kann man jedoch berechtigt die Frage stellen, ob die strukturelle oder formale Zugänglichkeit in der gesellschaftlichen Realität überhaupt stattfindet oder ob soziale und bildungsbiografische Hürden dies verhindern. Unabhängig davon, ob dieser sicherlich gewünschte Zustand der Museen als öffentliche Kristallisationspunkte für Kontemplation und Diskurs schon in hinreichendem Maße erreicht ist oder (wahrscheinlich) noch nicht, kann gesagt werden, dass die Möglichkeiten zur Schaffung einer zivilgesellschaftlichen Öffentlichkeit, die sich aus der Nutzung der verschiedenen Arten von sozialen Medien durch die Museen ergeben, trotz der Gefahr von Fehlentwicklungen sehr vielversprechend sind und unterstützt werden sollten. Zwar sind viele Bemühungen in diesem Bereich zu sehen, eine flächendeckende Aktivität stellen sie sicherlich aber noch nicht dar. Gleichwohl zeichnet sich ab, dass die Potenziale in Zukunft deutlich stärker genutzt werden.[2] Dies gilt sowohl für die Kommunikation zwischen Museen und NutzerInnen als auch für die der NutzerInnen untereinander. Erstere reicht von allgemeinen Werbe- und Marketingmaßnahmen über gezielte Ansprachen von Nutzungsgruppen für deren Interessen treffende Veranstaltungen bis zum direkten Austausch mit externen InteressentInnen und Fachleuten in der Vorbereitungs- oder Laufzeit von Angeboten der Museen.[3] Daraus ergeben sich fließende Übergänge zur zweiten Art der Kommunikationsbeziehungen. Diese können technische Unterstützung in Form von elektronischen Führern sein, aber auch die temporäre Einrichtung von geschlossenen oder offenen Chat-Möglichkeiten während einer Veranstaltung zwischen NutzerInnen (mit oder ohne Einbezug der MitarbeiterInnen). Eine andere Qualität ergibt sich, sobald der Kommunikationsschwerpunkt auf die Beziehungen zwischen den NutzerInnen von Museumsveranstaltungen bzw. Ausstellungen übergeht. Dies zeigt sich z.B., wenn man in Anlehnung an den Stadtsoziologen Ray Oldenburg den Begriff des Third Place[4] heranzieht. Er versteht darunter alle gemeinschaftlich genutzten und gut zugänglichen öffentlichen Orte; dies reicht vom Biergarten über öffentliche Plätze und Märkte bis zu Bibliotheken und Museen. Seiner Meinung nach sind sie die Orte, an denen sich die Öffentlichkeit und die Zivilgesellschaft konstituieren. Folgerichtig nennt er als erste der zehn wichtigsten Eigenschaften von Third Places die Förderung der Demokratie (Oldenburg o.J.). Obwohl er selbst dies ablehnt, kann man auch virtuelle Räume als Third Places sehen (so z.B. die California Association of Museums 2012). Damit wäre durch den Einsatz neuer Informationstechniken eine signifikante Erweiterung der oben beschriebenen Möglichkeiten von Museen gegeben, die Entwicklung der moralischen Urteilsfähigkeit zu fördern.

---

2 Da sich dieser Bereich momentan noch in einer bewegten Findungsphase befindet und Änderungen fast im Monatsrhythmus erfolgen, wird kein Bezug auf konkrete Programme, Apps oder spezielle Gruppen in den gängigen Social-Media-Kanälen genommen.

3 An dieser Stelle kann nicht weiter darauf eingegangen werden, wer von Museumsseite aus mit welcher Berechtigung und Kompetenz nach außen kommunizieren darf. Dies ist umso mehr ein Problem, weil die meisten Museen öffentliche, in Verwaltungsstrukturen eingebundene Einrichtungen sind.

4 First Place ist Zuhause; Second Places sind die Arbeitsstätte oder die Lernstätte; Third Places sind gemeinschaftlich genutzte öffentliche Orte.

Literatur:

Assheuer, Thomas (2012): Wie auf Wolken. In: Die Zeit 47/2012 vom 15.11.2012. https://www.zeit.de/2012/47/Kunst-Gegenwart-Gernot-Boehme-Atmosphaere, letzter Zugriff am 10.08.2019.

Böhme, Gernot/Legewie, Heiner/Seel, Hans-Jürgen (1993): Im Gespräch: Gernot Böhme mit Heiner Legewie und Hans-Jürgen Seel. In: Journal für Psychologie, 1(4), 34–43. https://nbn-resolving.org/urn:nbn:de:0168-ssoar-21452, letzter Zugriff am 14.08.2019.

California Association of Museums (2012): Museums as Third Place, http://art.ucsc.edu/sites/default/files/CAMLF_Third_Place_Baseline_Final.pdf, letzter Zugriff am 15.08.2019.

Gumbrecht, Hans Ulrich (2004): Diesseits der Hermeneutik. Über die Produktion von Präsenz. Frankfurt a.M.: Suhrkamp.

Habermas, Jürgen (1983): Moralbewußtsein und kommunikatives Handeln. Frankfurt a.M.: Suhrkamp.

Habermas, Jürgen (2012): Nachmetaphysisches Denken. Philosophische Aufsätze. Frankfurt a.M.: Suhrkamp.

Heibach, Christiane (2012): Atmosphären. Dimensionen eines diffusen Phänomens. München: Wilhelm Fink.

ICOM (2007): 22nd General Assembly in Vienna, Austria, on 24 August, 2007, http://www.icom-deutschland.de/schwerpunkte-museumsdefinition.php, letzter Zugriff am 20.07.2019.

Kant, Immanuel (1976): Kritik der reinen Vernunft, Bd. 1, 2. Aufl.. Frankfurt a.M.: Suhrkamp.

Laner, Iris (2016): Muße, Kontemplation, Wissen. Maurice Merleau-Ponty über die Möglichkeit ästhetischen Wissens. In: Figal, Günter/Hubert, Hans W./Klinkert, Thomas (Hrsg.): Die Raumzeitlichkeit der Muße. Tübingen: Mohr Siebeck, S. 29–59.

Oldenburg, Ray (o.J.): Interview mit Ray Oldenburg; Steelcase/360, https://www.steelcase.com/eu-de/forschung/artikel/themen/design-q-a/interview-mit-ray-oldenburg/, letzter Zugriff am 12.08.2019.

Sloterdijk, Peter (2001): Lernen ist Vorfreude auf sich selbst; Interview mit Reinhard Kahl, http://www.reinhardkahl.de/pdfs/neu%20110_113_mck14_Sloterdijk.pdf, letzter Zugriff am 30.07.2019.

Uwe Hochmuth

Autor

Prof. Dr. Uwe Hochmuth

Studium der Volkswirtschaftslehre, Soziologie und Philosophie in Marburg, Heidelberg, London. Geschäftsführer des Sonderforschungsbereichs 3 (Mikroanalytische Grundlagen der Gesellschaftspolitik) der DFG, dann des Instituts für Angewandte Wirtschaftsforschung Tübingen (IAW). Kämmerer der Stadt Karlsruhe, Prorektor für Forschung und Professor für Kulturökonomie an der Staatlichen Hochschule für Gestaltung Karlsruhe (HFG). Professur für Finanzwissenschaft an der HdWM, Mannheim. Forschung und Lehre an der London School of Economics, UC Berkeley, Columbia University, KIT – Universität Karlsruhe.

Medienintegrierte (Bildungs-)Konzepte

Digital Storytelling als Technik zur Wissens- und Kulturvermittlung (nicht nur) in Museen

Julie Woletz, Jelena Volkwein-Mogel
THM / Technische Hochschule Mittelhessen, Gießen

Narrative Wissensvermittlung

Erzählen ist eine kulturelle Praxis, die bis zu Höhlenzeichnungen zurückzuverfolgen ist. Das Festhalten und Wiedergeben von Erlebtem ist dabei Handlungsempfehlung, Wissensvermittlung und Identifikationsmöglichkeit zugleich (vgl. Sammer 2017, 20–23). Museen als Orte der Wissens- und Kulturvermittlung sind damit immer auch Schauplätze narrativer Praxis. Ausstellungskonzepte bedienen sich dabei unterschiedlicher Formen des Erzählens, die von klassischen Formen der linearen Fiktion bis hin zu einer eher losen, additiven Anordnung von Ausstellungsobjekten reichen.

> „Im Darstellungsschema der Narrativität wird ein Zusammenhang von Geschehen und Handlung in eine [...] Geschichte überführt. Zugleich wird diese Geschichte im Medium der Sprache konkretisiert und perspektiviert [...]. Jede Geschichte steht unter dem Prinzip ihrer relativen Abgeschlossenheit und stellt den Übergang zwischen dem (relativen) Ausgangszustand und dem (relativen) Endzustand einer thematisch erfaßten Identität dar. Sie ist zugleich eine temporale Interpretation der Differenz von Ausgang- und Endzustand und ihre Veranschaulichung in einem spezifischen Feld der Erfahrung" (Stierle 1984, 398).

Oder etwas eingängiger und kürzer formuliert: „A narrative has a story based on an action caused and experienced by characters, and a narrator who tells it" (Jahn 2005, N1.2).

Unabhängig von der Ausführung wird in diesen beiden Zitaten Folgendes deutlich: Geschichtenerzählen ist nicht bloßer Zeitvertreib, sondern eine Diskursform, mit der Handlungen, Ereignisse und Bedeutungen veranschaulicht und Erfahrungen organisiert werden. Die kommunikative Vermittlung von Erfahrungszusammenhängen in der Anschauungsform einer Geschichte stellt daher ein Paradebeispiel informellen Lernens in der Wissens- und Kulturvermittlung dar. Auch wenn in einigen Fällen auf die zu vermittelnden Werte und Verhaltensregeln explizit hingewiesen wird –

in der Art „und die Moral von der Geschicht" –, sind Narrative im Allgemeinen so komplex und vielschichtig, dass der Großteil des Wissens auf unterschiedlichen Ebenen und überwiegend implizit vermittelt wird.

Dabei wird der Begriff des „informellen Lernens" von Dohmen „auf alles Selbstlernen bezogen, das sich in unmittelbaren Lebens- und Erfahrungszusammenhängen außerhalb des formalen Bildungswesens entwickelt" (Dohmen 2001, 25). Narrative Vermittlungsformen sind somit nicht an Institutionen gebunden, sondern stellen im Gegenteil eine anthropologische Konstante dar. Narrativität gilt insofern als ein „Textschema, das in allen Kulturen für die Ordnung von Erfahrung und Wissen grundlegend ist" (Stierle 1984, 398). Kerstin Dautenhahn (1999) geht sogar so weit, Narrativität als die spezifisch menschliche Art sozialer Intelligenz auszuarbeiten. Gemäß ihrer „Narrative Intelligence Hypothesis" korreliert die evolutionäre Entwicklung von Geschichten und narrativer Wissensvermittlung mit einer zunehmenden sozialen Dynamik in größeren Gruppen, insbesondere mit der Anforderung, über Verbindungen zu Dritten zu kommunizieren. Die Notwendigkeit von direkten Kontakten oder die Anwesenheit bei Interaktionen Dritter und entsprechender eigener Erinnerungen wird dann überschritten, wenn Erinnerungen Anderer geteilt werden können. Evolutionär betrachtet entstehen komplexere Gesellschaften dann, wenn der Prozess, Erinnerung zu teilen, als Aktualisierung von Gedächtnis möglich wird. Sprache ermöglicht diese Aktualisierung in der spezifischen Form von Geschichten, in denen Repräsentationen von Handlungszusammenhängen geliefert werden (Dautenhahn 1999). Wie die narrative Psychologie nachweist, ist auch autobiografisches Erinnern demnach nicht angeboren, sondern ein kulturell vermitteltes Format. Kinder lernen Stück für Stück, wie man über Erinnerungen mit anderen spricht, indem sie sich selbst und anderen Geschichten erzählen (Weir 1962; Applebee 1989; Nelson 1989). Narrative weisen somit eine kulturelle Dimension (soziale Bindungen und Stabilität) und eine individuelle Dimension (Organisation von Erfahrung) auf (Mitchell/Thomas 1981; Bruner 1991).

Wenn auch das Geschichtenerzählen an sich eine kulturgeschichtliche Konstante darstellt, so ändern sich doch die jeweiligen Formen, Genres, Medien und Kulturtechniken. Im Anschluss soll daher anhand einiger früher und aktueller Beispiele dargestellt werden, wie sich die spezielle Form des Digital Storytellings entwickelt hat und die jeweiligen Technologien für narrative Wissensvermittlung genutzt werden können.

Zur Entwicklung digitaler Geschichten[1]

In der Informatik begann das Forschungsinteresse zu Erzähltheorie und narrativer Wissensrepräsentation um 1970 und im Rahmen der Forschung zur Künstlichen Intelligenz (KI) – Personal Computer und das Konzept privater, digitaler Medien sollten erst einige Jahre später folgen.[2] Im Zuge von Untersuchungen zur Informationsverarbeitung befasste man sich in der KI-Forschung nun auch mit der Frage, welche Wissensstrukturen und Prozesse nötig sind, um natürliche Sprache und Geschichten zu verstehen (Schank/Abelson 1977). Neben den formalen Formen (Logik, Mathematik) wurden Narrative als eine *nicht-formale Form von Wissen* aufgefasst; konkrete Anwendungsmöglichkeiten oder Medientechnologien wurden jedoch noch nicht entwickelt. Erst 1990, mit der Gründung der Narrative Intelligence Reading Group (NI) durch Marc Davis und Michael Travers, dehnte sich das Forschungsinteresse zu Narratologie und Wissensrepräsentation auch auf computerbasierte Medienformate aus (Davis/Travers 1999). Unter dem Titel „Narrative Intelligence" (Mateas/Sengers 1999; 2002) entstanden in der Folge die unterschiedlichsten theoretischen Beiträge und Anwendungen z.B. zu interaktivem Drama (Laurel 1993; Mateas 2002), zu textorientierten interaktiven Narrativen (Murray 1997) sowie pädagogische Systeme zur Unterstützung für das Geschichtenerzählen von und für Kinder und Jugendliche (Umaschi-Bers 1999). Eine Verbindung zu Wissensstrukturierung, -vermittlung und Bildung bestand somit schon zu Beginn der digitalen Geschichten und findet sich nach wie vor in aktuellen Projekten.

Multiperspektivisches Erzählen in Multimedia-Lernumgebungen

Eines der interessantesten frühen Beispiele ist das Guides-Projekt von Apple Computer und Abbe Don, in dem Konzepte des mündlichen Geschichtenerzählens mit Videos von Erzählerfiguren – den Guides – kombiniert wurden (Oren et al. 1999). In diesem Projekt konnte der ursprüngliche Ansatz der KI-Forschung, Narrative als nicht formale Wissensform aufzu-

---

1 Ausführlicher zur technik- und kulturgeschichtlichen Entwicklung des Digital Storytellings in Woletz (2007) und Woletz (2008).

2 Der ALTAIR 8800 von 1975 gilt als der erste Personal Computer und erst 1977 wurde mit dem ‚Dynabook' erstmals ein Konzept persönlicher, dynamischer Medien in der Größe eines Notebooks vorgestellt (Kay/Goldberg 1977).

fassen und für die Zugriffsstrukturierung auf große Datenbanken im Kontext der Wissensvermittlung zu nutzen (Schank/Riesbeck 1981; Davis/ Travers 1999), erstmals in einer *Multimedia-Lernumgebung* umgesetzt werden.

> „Narrative includes both the story being told (content) and the conditions of its telling (structure and context). Similarly, creating a multimedia knowledgebase involves selecting or generating information as well as representing the structure and the content to the user through the interface" (Don 1999, 384).

Um also Struktur und Inhalt der Multimedia-Datenbank – hier eine Enzyklopädie amerikanischer Geschichte – zu repräsentieren, wurden Zugriffsmöglichkeiten über folgende Kategorien implementiert: „Articles", „Pictures", „Sounds", „Timeline", „Historical Documents", „Maps", „Tours" und eben auch „Guides" (Oren et al. 1999). Neben freien Zugriffen boten diese Erzählerfiguren auch eine vorstrukturierte Navigation (guided tour) in Form von unterhaltsamen, aber dennoch lehrreichen Geschichten. Eigentlich waren die Guides in der ersten Version nur als Oberbegriffe für Artikel zu einem Thema gedacht. In den Benutzungstests stellte sich jedoch heraus, dass unbewusst kulturelle Muster informellen Lernens angewandt wurden: Die NutzerInnen gingen ganz selbstverständlich davon aus, dass Guides ‚Erfahrungszusammenhänge' vermittelten und insofern nicht neutral der bloßen Navigation dienten, sondern auch die von ihnen präsentierten Inhalte beeinflussten. Guides und ihre Geschichten wurden also wie ErzählerInnen mit einer spezifischen *Perspektive* auf die Inhalte wahrgenommen. Obwohl die perspektivische Anpassung der Inhalte in dem Projekt nie realisiert werden konnte, wurde den Nutzungserwartungen in späteren Versionen entsprochen und beispielsweise alle Erzählerfiguren in Kurzfilmen mit fiktiven ‚Lebensgeschichten' vorgestellt (Oren et al. 1999, 372).

Andere Projekte wie die historische Internet-Ausstellung „Raid on Deerfield: The Many Stories of 1704" (http://1704.deerfield.history.museum/home.do) der Pocumtuck Valley Memorial Association (PVMA) und des Memorial Hall Museums greifen speziell den Aspekt der Multiperspektivität wieder auf, um einer einseitigen, eurozentristischen Sicht auf historische Ereignisse entgegenzuwirken und BesucherInnen stattdessen zu einem tieferen Verständnis von Geschichte zu verhelfen (Spichiger/Jacobson 2005). In der Ausstellung wird der Überfall der Franzosen und verschiedener Gruppierungen amerikanischer Ureinwohner auf die englische Siedlung Deerfield, Massachusetts, aus den unterschiedlichen, teils widerstreitenden Blickwinkeln der fünf beteiligten Gruppen erzählt: Kanienkehaka (Mohawk), Wôbanakiak (Abenaki), Wendats (Huronen), Franzosen und Engländer. Das übergreifende Motto dieser vielschichtigen interaktiven Darstellung lautet: „Explore this website and hear all sides of the story – then *you* decide" (http://1704.deerfield.history.museum/home.do).

Aktuelle Projekte, wie die Ausstellung „Bruegel – Unseen Masterpieces" in den Royal Museums of Fine Arts of Belgium in Brüssel, erweitern die Erzählperspektive durch eine gelungene Verzahnung zwischen dem musealen Ausstellungsraum und der Nutzung des digitalen Raums. In Zusammenarbeit mit Google Cultural Institute und sieben internationalen Museen setzen die Royal Museums of Fine Arts of Belgium ein virtuelles Ausstellungskonzept um. Die kleinteiligen Meisterwerke Pieter Bruegel des Älteren werden auf großen Projektionsflächen in der virtuellen Realität erlebbar. Die Ausstellung erzählt so die Geschichte Pieter Bruegels anhand seiner eigenen Bilder. Die TeilnehmerInnen dieses interaktiven Erlebnisses sind dabei immer wieder gezwungen, die Perspektive zu wechseln. Die Erzählperspektive wechselt zwischen den ProtagonistInnen auf Bruegels Werken und Bruegel selbst. Und auch die Perspektive auf die Werke Bruegels wird durch den Wechsel zwischen einem Blick auf Originale einerseits und einer immersiven Betrachtung digitaler Abbilder andererseits dem Spannungsfeld zwischen analoger und digitaler Kunstrezeption unterzogen (vgl. Google Cultural Institute 2016).

Kulturerbe in vorverfassten interaktiven Geschichten

Die Abteilung für ‚Digital Storytelling' am Zentrum für grafische Datenverarbeitung (ZGDV) in Darmstadt entwickelt bereits seit 2003 ein eigenes Produkt- und Service-Portfolio speziell für Museen und „Cultural Heritage" (Göbel 2005). Die beiden Anwendungen ‚Dino-Sim' (ebd., 19) für den Einsatz im Museum und ‚DinoExplorer' (ebd., 24) für den mobilen Einsatz wurden entwickelt, um den Besuch im Senckenbergmuseum in Frankfurt mithilfe eines narrativen Suchspiels besonders für Kinder attraktiver zu machen (Sauer et al. 2004). Nach demselben Edutainment-Prinzip wurde auch ‚art-E-fact' entworfen. Der Prototyp einer interaktiven Geschichte zu einem Kunstraub soll auf unterhaltsame Art kunsthistorisches Wissen vermitteln. Dazu werden für die Präsentation Text, Grafik, Audio- und Videosequenzen sowie Gestenerkennung für den Input verwendet (Iurgel et al. 2004). Ein lerntheoretisch besonders interessantes Projekt des ZGDV ist ein Augmented-Reality-Szenario in Heidelberg zur Geschichte des Dreißigjährigen Krieges mit dem Namen ‚Geist' (Göbel 2005, 26). NutzerInnen konnten sich hier mit GPS-Geräten und head-mounted-Displays durch

Heidelberg bewegen. Historische Fakten und fiktive Informationen wurden in einer Geschichte präsentiert, in der die aktuelle Umgebung mit historischen Bildern überblendet wird, Dialoge mit virtuellen Charakteren möglich sind und die NutzerInnen selbst als ProtagonistInnen der Geschichte agieren konnten. Eine spezielle story engine[3] kontrollierte das interaktive Erzählen der vorverfassten Geschichte, bei der einzelne Ereignisse oder Figuren zwar beeinflusst werden konnten, ihre Funktion für die Erzählung und der kausale Zusammenhang jedoch unverändert bestehen blieben. So konnten Variationen derselben Geschichte erzählt werden, ohne den story plot zu verändern. Dadurch wurde garantiert, dass sowohl das zu vermittelnde Lernziel als auch der Spannungsbogen erhalten blieben. Einen vergleichbar technologisch aufwendigen Ansatz des Erzählens verfolgt auch das Teilprojekt ‚Migrationsgeschichte digital erleben‘ des Deutschen Auswandererhaus Bremerhaven (2019) aus dem Verbundprojekt museum4punkt0[4]. Mithilfe realer Familiengeschichten und durch die Rekonstruktion historischer Schauplätze in Virtual-Reality-Umgebungen sollen die vielschichtigen Facetten von Migration veranschaulicht und zugleich die Möglichkeiten und Grenzen von immersiven, digitalen Erzählformaten bei der kulturhistorischen Wissensvermittlung untersucht werden (https://www.museum4punkt0.de/teilprojekt/migrationsgeschichte-digital-erleben).

Private Geschichten und Medienarchive

Neben solchen digitalen Geschichten im Kontext von Museen und Bildungseinrichtungen finden sich bereits bei den ersten Projekten in der Entwicklungsgeschichte des Digital Storytellings auch Beispiele für *persönliche*, auf *privaten* Medienarchiven und *Alltagskulturen* beruhende Narrative. Abbe Dons Ausstellung ‚We Make Memories‘ von 1989 verwendete private Fotos, Audio- und Videostories in einer interaktiven Videoinstallation, in der NutzerInnen über eine Zeitleiste aus Familienfotos navigieren und so eine mosaikartige Repräsentation ihrer Familiengeschichte zusammensetzen konnten (http://www.judymalloy.net/newmedia/abbedon.html). Mit dem

---

3 Der Entwickler Norbert Braun hat hierfür das Modell aus Vladimir Propps „Morphologie des Volksmärchens" in eine story engine umgesetzt, nach der sich die Figurenkonstellationen und Ereignisse in Märchen als Variationen von maximal 31 Funktionen in einem Struktur-Modell darstellen lassen (Propp 1958).
4 Für mehr Informationen zum Verbundprojekt museum4punkt0 siehe auch den Beitrag von Krohn in diesem Band.

Folgeprojekt ‚Share With Me a Story' wurde dann ein Rahmen zur Verfügung gestellt, um NutzerInnen selbst in das Digital Storytelling zu integrieren. Hier konnte das Publikum zum ersten Mal eigene digitale Geschichten erzählen und mit anderen teilen. Über sehr einfache Funktionalitäten wurden in vier Schritten private Fotos gescannt und mit einer Bildunterschrift versehen, zu denen dann eine Geschichte aufgenommen und im Internet zur Verfügung gestellt wurde (Couey/Malloy 1995). Um Digital Storytelling für alle zugänglich zu machen, gründeten Dana Atchley, Joe Lambert und Nina Mullen in den frühen 1990er-Jahren das Center for Digital Storytelling und starteten *Storytelling Workshops* zur Produktion privater Videogeschichten (Atchley et al. 1994).

Auf aktuellen Social-Media-Plattformen wie *Instagram* (www.instagram.com) und *YouTube* (www.youtube.com) finden sich offensichtliche Bezüge zu den geistigen Vorläufern wie z.B. Dons ‚Share With Me a Story' und dem Center for Digital Storytelling. Auf diesen Plattformen und ähnlichen wie *Tumblr* (www.tumblr.com) und *Soundcloud* (www.soundcloud.com) etc. für das private Publizieren von Texten, Fotos, Podcast, Filmen usw. sind nicht einmal mehr Workshops für das digitale Geschichtenerzählen nötig. Digital Stories existieren in jeder nur denkbaren, der Vielseitigkeit digitaler Medien entsprechend wandlungsfähigen Form.

Im Kontext neuer Kommunikationsstrategien für Museen und Bildungseinrichtungen im Allgemeinen ist nun weniger interessant, welche ‚Geschichte(n)' von wem erzählt werden, sondern es stellt sich vor allem vielmehr die Frage, inwiefern diese mittlerweile überwiegend außerhalb von Institutionen praktizierte und gelebte Kulturtechnik wiederum in Museen und Bildungseinrichtungen integriert und für die Einbindung breiter Personengruppen genutzt werden kann. Soziale Medien eröffnen hier neue Möglichkeiten niederschwelliger Zugänge und einfacher Partizipation an narrativer Kulturvermittlung. „Social Media is a group of Internet-based applications that build on the ideological and technological foundations of Web 2.0, and that allow the creation and exchange of User Generated Content" (Kaplan/Haenlein 2010, 61). Die starke Betonung der einzelnen AutorInnen oder UrheberInnen auf der einen und die Möglichkeit des ständigen kollaborativen Austausches auf der anderen Seite, bietet für die traditionellen musealen Vermittlungskonzepte vielfältige Anknüpfungspunkte. Diese Anknüpfungspunkte eröffnen sich sowohl in der Funktion der Social-Media-Plattformen selbst – in Form einer logischen Erweiterung des Ausstellungsraumes – als auch in der Art der Vermittlung. Innerhalb der Erzählstruktur von privaten Geschichten, die innerhalb unterschiedlicher Formate in sozialen Medien geteilt werden, zeigt sich vor allem eines: Die Perspektive auf ein Objekt oder ein Ereignis ist abhängig vom Interesse der erzählenden Perspektive und der RezipientInnen. Für Museen und Bildungseinrichtungen stellt sich also die Frage: „Braucht es die ganz großen monoperspektivischen Erzählungen noch und wenn nein, wie sehen dann zeitgemäße Erzählungen aus? Wer ist eigentlich der Erzähler, und welche Rolle spielt die Kuration, welche Rolle das Publikum?" (Vogelsang et al. 2014, 11).

Dass Social-Media-Plattformen zudem als eigenständiger Ausstellungsraum genutzt werden können, zeigt das Instagram-Format des Regisseurs und Produzenten Mati Kochavi. Kochavis „Eva.Stories" zeigen – als Story auf Instagram – die Geschichte von Eva Heyman zum Zeitpunkt des Einmarsches der Wehrmacht in Ungarn bis zu ihrer Deportation nach Auschwitz (vgl. Eva.stories 2019). In insgesamt 70 Stories wird aus dem Blickwinkel der 13-Jährigen erzählt. Grundlage für das Projekt sind die Tagebücher der ungarischen Jüdin Eva Heyman, die 1944 im Konzentrationslager Auschwitz-Birkenau getötet wurde. Die Content-Community Instagram setzt seit 2016 auf die Story-Funktion, in der jedes Mitglied der Community Momente aus dem eigenen Leben oder dem Leben anderer teilen kann (vgl. Facebook 2019). Zu Beginn konnten hier Texte, Bilder oder 15-Sekunden-Videos für 24 Stunden mit der Community geteilt werden. Diese Funktion wurde durch ein Archiv erweitert, damit User die Möglichkeit erhalten, ihre Stories der Community längerfristig zur Verfügung zu stellen. Die „Eva.Stories" können so immer wieder rezipiert werden (vgl. Eva.stories 2019). Dadurch entsteht eine Geschichte, in die die RezipientInnen an jeder Stelle einsteigen können. Innerhalb der Stories ist ein Voran- und Zurückbewegen möglich. Dennoch folgt die Geschichte einem linearen Erzählstrang, der auf ein trauriges Ende hinsteuert. Die Rolle des Publikums ist in diesem Beispiel für Micro-Storytelling zentral. Denn der lineare Erzählstrang der Geschichte und die Einordnung durch wenige, aber eindeutige Hinweise auf dem eigentlichen Instagram-Profil verdeutlichen die Grundannahme, dass den RezipientInnen der Rahmen der Geschichte bereits bekannt ist. Die Eva.Stories stehen für eine neue Art der Erinnerungskultur, die sich an eine Zielgruppe richtet, die Informationen auch aus den sozialen Medien bezieht und für die das Erzählen persönlicher Geschichten in Social-Media-Formaten zu ihrer täglichen Unterhaltung gehört (vgl. JIM-Studie 2018, 52). Gleichzeitig reflektiert das Format den Aspekt des ZeitzeugInnen-Daseins neu. Soziale Medien können ein eindrückliches Mittel der Dokumentation von Gegenwart sein, weil die ErzählerInnen und RezipientInnen von Social-Media-Formaten bereits geprägt sind von einem emanzipatorischen Mediengebrauch. Dieser Teilhabeaspekt der Medien, der es grundsätzlich jeder Person ermöglicht, an einem gesellschaftlichen und vergesellschafteten Aspekt teilzunehmen, er-

möglicht auch einen gesellschaftlichen kollektiven Lern- und Produktions-
prozess (vgl. Enzensberger 1970, 7–8).

Neue Medien – bewährte Kulturtechniken

Wie anhand der Beispiele deutlich wurde, greifen Digital-Storytelling-Kon-
zepte sowohl den zentralen Ansatz der Web-2.0-Idee auf, NutzerInnenpar-
tizipationen bis hin zum User Generated Content in den Mittelpunkt zu
stellen, tun dies jedoch auf der Basis des Geschichtenerzählens – einem
kulturgeschichtlich etablierten Schema der Wissensvermittlung. Die Vorteile dieses kombinierten Verfahrens liegen auf der einen Seite darin, dass
das volle Potenzial digitaler Medien genutzt werden kann, auf der anderen
Seite Geschichten schlicht Spaß machen, unterhaltsam und gleichzeitig
lehrreich sein können. Dies sind Geschichten aber nicht per se. Um ihre
Möglichkeiten für informelle Lernprozesse auszuschöpfen, müssen die Geschichten nach den Interessen und Informationsbedürfnissen der BesucherInnen ausgerichtet werden, einen Spannungsbogen aufweisen und idealerweise diverse Informationseinheiten unterschiedlicher Detailgrade
transportieren, ohne ihre narrative Kohärenz oder ihre ‚Lernziele' zu verlieren.

Dies gelingt z.B. durch die Wahl zielgruppengeeigneter, auch informeller Darstellungsformen (Ich-Erzählung oder Charaktere mit Identifikati-
onspotenzial) und -medien (Anschauungsmaterial in Form von Audio-
und Videobeiträgen, Spiele). Sowohl die zu vermittelnden Lerninhalte als
auch ein Spannungsbogen, der das Interesse aufrechterhält, können durch
eine vordefinierte und vorverfasste Geschichte mit einem festen Plot garantiert werden. Im Digital Storytelling ist dies gesichert, da per Definition
keine neuen, emergierenden Geschichten kreiert werden – wie das z.B. in
offenen Hypertexten mit multiplen AutorInnen oder in Rollenspielen der
Fall ist –, sondern nur bereits bestehende interaktiv erzählt (Braun et al.
2002, 1; Spierling et al. 2002, 32). Digital-Storytelling-Systeme müssen allerdings vielseitige Möglichkeiten bereitstellen, möglichst unterschiedliche
Nutzungsgruppen in das interaktive Erzählen zu integrieren.

NutzerInnen werden beispielsweise involviert durch Informationszu-
griffe on-demand: Sie bestimmen den Zeitpunkt ihrer Beteiligung, treffen
ihre Auswahl selbst und stellen sich Inhalte nach ihrem Unterhaltungs-
oder Informationsbedürfnis zusammen. Nur so kann auch gewährleistet
werden, dass neue ‚bildungsferne' Personengruppen angesprochen werden
können, ohne damit das traditionelle Klientel zu verlieren. Außerdem
können NutzerInnen am Erzählen selbst partizipieren, je nach verwende-

ter Technik z.B. durch die Wahl der Präsentationsmedien (Breugel Unseen Masterpieces), durch das Auslösen oder Variieren von Ereignissen (ZGDV-Anwendungen), dem Verfolgen bestimmter Erzählstränge und in der Wahl des Detaillierungsgrads. Steven Johnson konstatiert eine Zunahme an verknüpften Haupt- und Nebensträngen, die ein dichtes Gewebe an immer komplexerer Narrativität erzeugen (Johnson 2005, 62). Darüber hinaus sind verstärkt multiperspektivische Erzählweisen zu beobachten, die sich auch visuell in vermehrtem Einsatz von Splitscreens für mehrere Perspektiven auf dieselbe Handlung oder für parallele Handlungsstränge zeigt. Neben individualisierten Perspektiven und Beteiligungsformen etablieren sich insbesondere in sozialen Medien Feedback und Partizipationsweisen unterschiedlichster Art. Geschichten – und nicht nur diese – werden kommentiert, bewertet (rankings), individuell geordnet (folksonomies oder favorites) usw. Kultureller Konsens entsteht nicht mehr so sehr über autoritär vermittelte Bildung und Werte, sondern über Aushandlungen und Diskussionen der verschiedenen Blickwinkel – wie auch die Zunahme von Diskussionsgruppen und Communities zu jedem noch so speziellen Interessengebiet eindrucksvoll belegten.

Der Schwerpunkt der Informatik, von Universitäten oder Museen lag bisher vor allem auf solchen Anwendungen, die Geschichten als Strukturmethode für Informationssysteme einsetzen (Braun 2002). Digital Storytelling wurde hier für die Zugriffsstrukturierung auf große Datenbanken genutzt bzw. ganz allgemein für Wissensrepräsentation im Rahmen *institutionalisierten Wissenstransfers*. Neben dieser Variante des Digital Storytelling hat Abbe Don bereits 1995 weitere informelle Nutzungsmöglichkeiten vorhergesehen: „So, for me, the exciting thing about the Web is the ability for other people to add their own stories, not just for me to 'push' content at them" (Couey/Malloy 1995). Deutlich wird damit vor allem eines: Es geht nicht darum, aus neuen technischen Entwicklungen und Medien kulturelle Problem- oder Anwendungsfelder zu konstruieren. Nicht die Medientechnologie soll „top down" über das Museum verbreitet werden – dies wäre nur ein Fortschreiben elitärer Zugangsbeschränkungen. Es geht im Gegenteil darum, bereits bestehende, außerhalb institutioneller Kontexte entwickelte Kulturtechniken der (inter-)aktiven Mediennutzungen wiederum in eben diese Institutionen zu integrieren.

Das, was sich in der Medienkultur Web 2.0 und einem Digital Storytelling „bottom up" (Woletz 2008), über Storytelling-Workshops oder durch Social-Media-Anwendungen schon längst etabliert hat, bietet auch Potenzial für Museen und andere Bildungskontexte, wie am Beispiel des Royal Museums of Fine Arts of Belgium gezeigt werden konnte (vgl. Google Culturale Institute 2016). Diese Medienkulturen orientieren ihre Nutzung an bereits etablierten kulturellen Praxen und an gebräuchlicher Medientechnologie – vorzugsweise zeitgemäße Smartphones. Für zukünftige Formen des Digital Storytellings, insbesondere im Kontext von Bildungseinrichtungen, sollten daher speziell diese Formen der Mediennutzung ins Zentrum der Überlegungen gestellt werden, die bereits aus der *Alltagspraxis* der BesucherInnen bekannt und etabliert sind und auf vorhandenen Medienkompetenzen und Technologien aufbauen. Dabei wird von folgender Hypothese ausgegangen: Die Kombination von narrativen Strategien und digitalen Medien im Digital Storytelling bildet durch den hohen Aufforderungscharakter bzw. die niedrige Hemmschwelle besonders bei gebräuchlichen Technologien und bereits bestehender Medienkompetenzen einen breiten Lösungshorizont für zentrale Aufgaben im gesamten Bereich der Bildung.

Literatur

Applebee, Arthur N. (1989): The Child's Concept of Story. Chicago: University of Chicago Press.

Atchley, Dana/Lambert, Joe/Mullen, Nina (1994): Center for Digital Storytelling. History. https://www.storycenter.org/history.html, letzter Zugriff am 11.06.2019.

Braun, Norbert (2002): Automated Narration – the Path to Interactive Storytelling. Darmstadt: ZGDV, 2002. In: Brna, Paul (Hrsg.): Narrative and Interactive Learning Environments. Conference Proceedings, 2002. S. 38–46.

Braun, Norbert/Schneider, Oliver/Habinger, Gregor (2002): Literary Analytical Discussion of Digital Storytelling and Its Relation to Automated Narration. In: HCI Europe 2002. Workshop Understanding User Experience: Literary Analysis meets HCI. London, UK.

Bruner, Jerome (1991): The Narrative Construction of Reality. In: Critical Inquiry 18, 1. Chicago: University of Chicago Press. S. 1–21.

Couey, Anna/Malloy, Judy (1995): A Conversation with Abbe Don. Item 71, Interactive Art Conference, Arts Wire. https://people.well.com/user/couey/interactive/abbe.html, letzter Zugriff am 11.06.2019.

Dautenhahn, Kerstin (1999): The Lemur's Tale – Story-Telling in Primates and Other Socially Intelligent Agents. In: Proceedings AAAI Fall Symposium 1999 on Narrative Intelligence. North Falmouth, MA, http://www.cs.cmu.edu/afs/cs.cmu.edu/user/michaelm/www/nidocs/Dautenhahn.pdf, letzter Zugriff am 11.06.2019.

Davis, Mark/Travers, Michel (1999): A Brief Overview of the Narrative Intelligence Reading Group. In: Proceedings AAAI 1999 Fall Symposium on Narrative Intelligence. North Falmouth, MA, http://www-2.cs.cmu.edu/afs/cs/user/michaelm/www/nidocs/DavisTravers.pdf, letzter Zugriff am 11.06.2019.

Dohmen, Günter/BMBF (Hrsg.) (2001): Das informelle Lernen – Die internationale Erschließung einer bisher vernachlässigten Grundform menschlichen Lernens für das lebenslange Lernen aller. Bonn: Bundesministerium für Bildung und Forschung (BMBF).

Don, Abbe (1999): Narrative and the Interface. In: Laurel, Brenda (Hrsg.) (1999): The Art of Human-Computer Interface Design. Reading, Massachusetts: Addison-Wesley. S. 383–391.

Enzensberger, Hans Magnus (1970): Baukasten zu einer Theorie der Medien, In: Kursbuch. H. 20. Jg. 5. S. 91–128.

Eva.stories (2019): eva.stories. In: Instagram. https://www.instagram.com/eva.storie s, letzter Zugriff am 11.06.2019.

Facebook (2019): Number of daily active Instagram Stories users from October 2016 to January 2019 (in millions). In: Statista – das Statistik-Portal. https://ww w.statista.com/statistics/730315/instagram-stories-dau/, letzter Zugriff am 11.06.2019.

Göbel, Stefan (2005): MuViPlan – Autorenumgebung für Museen und Besucher. Museumsanwendungen mit Storytelling. https://mai-tagung.lvr.de/media/mai_t agung/pdf/2005/goebelmuviplan05.pdf, letzter Zugriff am 11.06.2019.

Google Cultural Institute (2016): Bruegel. Unseen Masterpieces. https://www.googl e.com/culturalinstitute/bruegel, letzter Zugriff am 11.06.2019.

Iurgel, Ido/Hoffmann, Anja/Spierling, Ulrike (2004): Wissensvermittlung durch interaktives Erzählen – die Plattform „art-E-fact". In: Keil-Slawik, Reinhard/Gesellschaft für Informatik (GI) Fachausschuss Mensch-Computer-Interaktion (Hrsg.) (2004): Mensch & Computer 2004: Allgegenwärtige Interaktion. München: Oldenbourg. S. 147–156.

Jahn, Manfred (2005): Narratology: A Guide to the Theory of Narrative. Part III of Poems, Plays, and Prose: A Guide to the Theory of Literary Genres. English Department, University of Cologne, 2005. http://www.uni-koeln.de/~ame02/pppn. htm, letzter Zugriff am 09.06.2019.

JIM-Studie (2018): JIM-Studie 2018. Jugend, Information, Medien. Basisuntersuchung zum Medienumgang 12- bis 19-Jähriger. https://www.mpfs.de/fileadmin/f iles/Studien/JIM/2018/Studie/JIM_2018_Gesamt.pdf, letzter Zugriff am 19.03.2019.

Johnson, Steven (2005): Everything Bad is Good for You. How Popular Culture is Making Us Smarter. London: Penguin Books.

Kay, Allan/Goldberg, Adele (1977): Personal Dynamic Media. In: Computer 10(3), March, 1977. P. 31–41.

Kaplan, Andreas M./Haenlein, Michael (2010): Users of the world, unite! The challenges and opportunities of Social Media. In: Business Horizons (2010) 53, S. 59–68. http://michaelhaenlein.eu/Publications/Kaplan,%20Andreas%20-%20U sers%20of%20the%20world,%20unite.pdf, letzter Zugriff am 20.02.2019.

Laurel, Brenda (1993): Computers as Theatre. Reading, MA: Addison Wesley.

Mateas, Michael (2002): Interactive Drama, Art and Artificial Intelligence. Pittsburgh, PA: Carnegie Mellon University. Technical Report CMU-CS-02-206, www.cs.cmu.edu/afs/cs.cmu.edu/project/oz/web/papers/CMU-CS-02-206.pdf, letzter Zugriff am 06.06.2019.

Mateas, Michael/Sengers, Phoebe (1999): Narrative Intelligence. Introduction to the AAAI 1999 Fall Symposium on Narrative Intelligence. North Falmouth, MA. http://www.cs.cmu.edu/afs/cs/user/michaelm/www/nidocs/MateasSengers.pdf, letzter Zugriff am 06.06.2019.

Mateas, Michael/Sengers, Phoebe (Hrsg.) (2002): Narrative Intelligence. Amsterdam: John Benjamins Company.

Mitchell, William J. Thomas (Hrsg.) (1981): On narrative. Chicago u.a.: Univ. of Chicago Press.

Murray, Janet (1997): Hamlet on the Holodeck – The Future of Narrative in Cyberspace. Cambridge, MA: MIT Press.

Nelson, Katherine (Hrsg.) (1989): Narratives from the Crib. Cambridge, MA: Harvard University Press.

Oren, Tim/Salomon, Gitta/Kreitman, Kristee/Don, Abbe (1999): Guides: Characterizing the Interface. In: Laurel, Brenda (Hrsg.): The Art of Human-Computer Interface Design. Reading, MA: Addison-Wesley. S. 367–381.

Propp, Vladimir (1958): Morphology of the Folktale. In: International Journal of American Linguistics, 24(4). S. 1–106.

Sammer, Petra (2017): Storytelling: Strategie und Best Practices für PR und Marketing, 2. Aufl.. Köln: O'Reilly.

Sauer, Sebastian/Osswald, Kerstin/Göbel, Stefan/Feix, Axel/Zumack, Rene/Hoffmann, Anja (2004): Edutainment Environments. A Field Report on Dino-Hunter: Technologies, Methods and Evaluation Results. In: Bearman, David/Trant, Jennifer (Hrsg.): Museums and the Web 2004: Selected Papers from an International Conference. Toronto: Archives & Museums Informatic, S. 165–172, http://www.archimuse.com/mw2004/papers/sauer/sauer.html, letzter Zugriff am 11.06.2019.

Schank, Roger/Abelson, Robert P. (1977): Scripts, Plans, Goals and Understanding. Hillsdale, N.J.: Lawrence Erlbaum.

Schank, Roger/Riesbeck, Christopher K. (1981): Inside Computer Understanding: Five Programs Plus Miniatures. Hillsdale, N.J.: Lawrence Erlbaum Associates.

Spichiger, Lynne/Jacobson, Julliet (2005): Telling an Old Story in a New Way: Raid on Deerfield: The Many Stories of 1704. In: Bearman, David/Trant, Jennifer (Hrsg.): Museums and the Web 2005: Proceedings. Toronto: Archives & Museum Informatics, http://www.archimuse.com/mw2005/papers/spichiger/spichiger.html, letzter Zugriff am 11.06.2019.

Spierling, Ulrike/Grasbon, Dieter/Braun, Norbert/Iurgel, Ido (2002): Setting the scene: playing digital director in interactive storytelling and creation. In: Computers & Graphics, 26 (1). S. 31–44.

Stierle, Karlheinz (1984): Narrativ, Narrativität. In: Ritter, Joachim/Karlfried, Gründer (Hrsg.): Historisches Wörterbuch der Philosophie. Bd. 6: Mo-O. Darmstadt: Wissenschaftliche Buchgesellschaft, S. 398–402.

Umaschi Bers, Marina (1999): Narrative Construcion Kits: „Who am I? Who are you? What are we?" AAAI 1999 Fall Symposium on Narrative Intelligence, North Falmouth, MA., http://www-2.cs.cmu.edu/afs/cs/user/michaelm/www/nid ocs/Bers.pdf, letzter Zugriff am 26.04.2005.

Vogelsang, Axel/Kummler, Barbara/Minder, Bettina (2014): Social Media für Museen II. Der digital erweiterte Erzählraum. Ein Leitfaden zum Einstieg ins Erzählen und Entwickeln von Online-Offline-Projekten im Museum. Forschungsgruppe Visual Narrative der Hochschule Luzern, Design & Kunst in Zusammenarbeit mit dem Institut für Kommunikation und Marketing (IKM) des Departement Wirtschaft (Hrsg.), https://www.museumsverband-rlp.de/fileadmin/u ser_upload/PDFs/social_media_fuer_museen_II.pdf, letzter Zugriff am 11.06.2019.

Weir, Ruth (1962): Language in the Crib. The Hague: Mouton.

Woletz, Julie (2007): Zur Entwicklung des Digital Storytelling am Beispiel der Videostories im Internet. In: Kimpeler, Simone/Mangold, Michael/Schweiger, Wolfgang (Hrsg.): Die digitale Herausforderung. Zehn Jahre Forschung zur computervermittelten Kommunikation. Wiesbaden: VS Verlag für Sozialwissenschaften, S. 159–169.

Woletz, Julie (2008): Digital Storytelling from Artificial Intelligence to YouTube. In: Kelsey, Sigrid/St. Amant, Kirk (Hrsg.) (2008): Handbook of Research on Computer Mediated Communication. Information Science Reference. Chapter XLII. S. 587–601.

Verweise

Sämtliche Verweise zuletzt besucht am 11.06.2019.

Center for Digital Storytelling – http://www.storycenter.org

Instagram – http://www.instagram.com

Migrationsgeschichte digital erleben – https://www.museum4punkt0.de/teilprojekt /migrationsgeschichte-digital-erleben

Raid on Deerfield: The Many Stories of 1704 – http://1704.deerfield.history.museum/ home.do

Soundcloud – https://soundcloud.com

Tumblr – https://www.tumblr.com

We Make Memories – http://www.judymalloy.net/newmedia/abbedon.html

YouTube – www.youtube.com

Autorinnen

Prof. Dr. Julie D. Woletz

Julie Woletz hat vielfältige Erfahrung im Bereich Forschung und Entwicklung digitaler Medien in der Wirtschaft und an Hochschulen. Sie war als Leiterin der Abteilung User Experience Research+Consulting bei Phaydon spezialisiert auf nutzerzentrierte Medienentwicklung für Web, Mobile und Smart TV. An der Uni Lüneburg hat sie mit dem Media Uselab ein F&E Labor im EU Innovations-Inkubator „Digitale Medien" aufgebaut. Aktuell ist sie Professorin für Social Media an der Technischen Hochschule Mittelhessen (THM) und als Gutachterin für Fördermittel im Bereich digitale Medien tätig.

Jelena Volkwein-Mogel, M.A.

Studium der Kunstgeschichte, Neueren Geschichte und Klassischen Archäologie in Mainz und Gießen. Studium Social Media Systems an der Technischen Hochschule Mittelhessen. Lehrkraft für besondere Aufgaben am Fachbereich Mathematik, Naturwissenschaften und Informatik der Technischen Hochschule Mittelhessen. Erfahrung in der Konzeption von Ausstellungskonzepten digital und analog. Forschungsschwerpunkte: Methoden nutzerzentrierter Medienentwicklung, dysfunktionale Onlinekommunikation, Medienwirkungsforschung und Gender Studies in den Bildwissenschaften.

Kommunikation und Vermittlung im Museum. Überlegungen zur Museumskommunikation, kognitiven Lerntheorie und zum digitalen Storytelling

Hans W. Giessen, Universität Kielce, Polen
Werner Schweibenz, MusIS, Dokumentationsverbund der Staatlichen Museen
  Baden-Württemberg

Einleitung

Die These, dass das gesellschaftliche „Sein" das Bewusstsein präge, ist heute grundsätzlich akzeptiert. In verschiedenen Kontexten werden die Konsequenzen dieses Diktums aber immer wieder ignoriert. Ein Beispiel ist die Museumskommunikation, die der Kommunikationstheorie Shannons und Weavers verpflichtet ist, obgleich dieses Kommunikationsmodell zur Lösung technischer Probleme im Kontext der Massenkommunikation entstand, die durch die Spezifizität „point-to-multipoint" geprägt ist. Zwangsläufig tendiert demzufolge ein „Sender" dazu, seine Informationen zu normieren, damit sie von vielen „Empfängern" aufgenommen werden können (Shannon/Weaver 1949, 18 f.). Bereits in den Zeiten, als Massenkommunikation (noch) vorherrschend war, hat sich aber gezeigt, dass die „Empfänger" höchst differenziert mit Medienbotschaften umgehen (Blumler/Katz 1974). Die neuere Hirnforschung kann erklären, warum dies so ist. Bereits seit der zweiten Hälfte des letzten Jahrhunderts haben konstruktivistische Theorien versucht, diesen Umstand zu berücksichtigen (siehe Abschnitt „Die konstruktivistische Lerntheorie und die Museumspädagogik"). Inzwischen haben technische und mediale Entwicklungen das Insistieren auf „autoritären" Lösungen obsolet werden lassen. Im Folgenden werden Hintergründe dieser Entwicklung dargestellt. Zudem möchten wir zeigen, wie die Museumskommunikation diese Erkenntnisse berücksichtigen und zu einem publikumsfreundlichen und effizienteren Informationstransfer gelangen kann. Die von uns vorgeschlagenen Wege unterscheiden sich von der traditionellen Museumskommunikation dadurch, dass sie versuchen, die MuseumsbesucherInnen durch emotionale und narrative Vermittlungsformen zu involvieren. Da die beschriebenen gesellschaftlichen Veränderungen insbesondere durch die damals sogenannten Neuen Medien initiiert wurden, beziehen wir uns nicht nur auf die reale (physische), sondern auch auf die virtuelle Museumskommunikation im Internet.

Das traditionelle Kommunikationsmodell im Museum als Problem

Museumskommunikation findet traditionell im Rahmen einer Ausstellung statt. Die Ausstellung ist nach Maroevic (1998, 267 f.) der Ort, an dem Objekte und BesucherInnen zueinander in Beziehung treten. Die Ausstellung ist ein Kommunikationssystem, in dem Nachrichten zwischen Vergangenheit und Gegenwart, zwischen Museumswelt und realer Welt ausgetauscht werden. Dabei erfolgt jedoch nicht nur eine Präsentation, sondern zugleich eine Interpretation der Musealien, die dazu dienen kann, die Objekte für die BesucherInnen intellektuell zugänglich zu machen. Waidacher schreibt deshalb:

> „Interpretation ist verstehende Auslegung. Sie stellt den intellektuellen Zusammenhang für das Objekt entweder unausgesprochen oder ausdrücklich her, indem sie Informationen über bestimmte Aspekte seiner Herkunft und Bedeutung gibt. Sie geht von den Musealien aus und erleichtert den Zugang zu ihnen, indem sie versucht, Verständnis zu wecken und Einsichten zu ermöglichen. Sie ist freiwillig und hängt nur vom Interesse des Rezipienten ab" (Waidacher 1993, 262).

Die Annahme der Interpretation durch das Museumspublikum ist also ein freiwilliger Akt, auf den sich BesucherInnen einlassen – oder auch nicht. In Anlehnung an einen vielzitierten Satz der Kommunikationswissenschaft kann man in der Museologie von einer notwendigen Verlagerung des Blickwinkels von dem, was das Museum mit BetrachterInnen macht, zu dem, was BetrachterInnen mit dem Museum (und seinen Angeboten) macht, sprechen. Dabei werden BesucherInnen zumindest zu PartnerInnen in einem Kommunikationsprozess, denn „Ausstellen heißt zur Anschauung bringen. Jemandem etwas zeigen bedeutet etwas kognitiv mit jemandem zu teilen, etwas jemandem zur Erkenntnis, zur sinnlichen Wahrnehmung zur Verfügung stellen" (Waidacher 1993, 233). Allerdings ist, auch wenn Waidacher dies nicht hervorhebt, die Rolle der BesucherInnen als KommunikationspartnerInnen rein passiv, sie ist auf eine Empfängerrolle beschränkt und erlaubt keine aktive Teilhabe an der Kommunikation. Noch deutlicher wird diese kommunikative Rollenverteilung zwischen Sender und Empfänger bei Maroevic selbst, der die Ausstellung als „the result of a process of selecting and manipulating information, in which the visitor accepts the judgements and interpretations the museum determi-

nes" (Maroevic 1998, 268), definiert. Deutlicher lässt sich das Hierarchie-
verhältnis in der Museumskommunikation zwischen Museum und BesucherInnen nicht formulieren. Das Museum hat als Hüter der Objekte die
ausschließliche Interpretationshoheit über die Museumsobjekte und ihre
Bedeutungen – und die BesucherInnen haben dies zu akzeptieren (zu problematischen Aspekten dieses Anspruchs siehe Schweibenz 2006).

Dieser Autoritätsanspruch wird entsprechend des klassischen Kommu-
nikationsmodells umgesetzt. Es beruht auf dem theoretischen Unterbau
des mathematisch-nachrichtentechnisch orientierten Kommunikationsmo-
dells von Claude Shannon und Warren Weaver (Shannon/Weaver 1949).
In die englischsprachige Museologie wurde es Ende der 1960er-Jahre von
Duncan Cameron eingeführt, wobei es vergleichbare Entwicklungen auch
in anderen Ländern gab (siehe beispielsweise Rohmeder 1977, 27 ff.,
32 ff.). Cameron hatte als Museumsberater im Auftrag des *U.S. Office of
Education* eine Studie zum Museum als Kommunikationssystem und seinen Einsatzmöglichkeiten in und für Schulen durchgeführt. Dabei stellt
Cameron (1968, 34) das Objekt in den Mittelpunkt seiner Überlegungen,
denn für ihn unterscheidet das Objekt (the „real thing") das Kommunikationssystem Museum von allen anderen Kommunikationssystemen. Obwohl Cameron (ebd., 35) bewusst ist, dass die Empfänger eine inhomoge-
ne Gruppe darstellen, unternimmt er den Versuch, die Museumskommunikation mit einem Modell zu beschreiben, das lediglich aus Sender, Medium und Empfänger besteht. MuseumskuratorInnen übernehmen die Rolle
des Senders und wenden sich an die MuseumsbesucherInnen als Empfänger. KuratorInnen sind verantwortlich für die Inhalte, die kommuniziert
werden, und für die Form, in der kommuniziert wird. Als Medium für die
Kommunikation bedienen sie sich des Museumsobjekts als „real thing".
Durch die Auswahl der Objekte, die er in einer Ausstellung präsentiert,
zeigt er, dass er im Objekt den nonverbalen Code seiner intendierten
Nachricht erkennt und es als Medium einsetzt. Da jedoch das Museumspublikum nicht das spezialisierte Fachwissen des Kurators teilt, muss dieser
Hilfsmittel heranziehen, die den BesucherInnen dabei helfen, die nonverbale Sprache der Objekte zu dekodieren. Solche „Hilfsmedien", wie Cameron (ebd., 36) sie nennt, können Beschriftungen, Tonaufnahmen, Dia-
gramme, Fotografien und Filme sein. Sie dürfen aber nur unterstützend
eingesetzt werden, denn die Hauptrolle spielen die Objekte, deren nonverbale Sprache BesucherInnen verstehen lernen müssen.

Bemerkenswert ist, dass Cameron den Museumsbesuch durchaus als
Lernprozess ansieht, in dem BesucherInnen aktiv werden müssen. Sie müssen insbesondere lernen, die nonverbale Sprache der Objekte richtig zu in-
terpretieren, wobei sie einer ergänzenden, didaktischen Unterstützung be-

dürfen. Beiläufig erwähnt Cameron (ebd., 37) sogar, dass BesucherInnen die Möglichkeit zur Rückkopplung haben sollen. Der konkreten Ausgestaltung des Rückmeldungsprozesses widmet er jedoch keine konkreten Überlegungen; vor allem nicht, wie Rückmeldungen den Kurator erreichen und wie sie die Kommunikation beeinflussen sollen. Letztendlich bleibt Camerons Konzept auf ein reduziertes Sender-Empfänger-Modell beschränkt.

Dieses Modell der Museumskommunikation fand eine weite Verbreitung und hatte trotz kritischer Stimmen (wie beispielsweise Weil 1990, 78) lange Bestand. Noch Ende der 1990er-Jahre beklagt Walsh: „Museums are almost unique among educational institutions in that they still are using a one-sided method of communication" (1997, 73). Auch die britische Kommunikationsberaterin Susie Fisher kritisiert die Museumskommunikation nach wie vor als Einbahnstraße:

> „Communication is a two-way affair. The message goes out from one side but it is not communicated until it is received by the other.
> This is the aspect of communication that museums often overlook. They neglect to think about what their visitors will find worthwhile, or how they might approach this subject so that it makes sense to people. The assumption can be that the collections have an obvious story to tell, museum professionals have the expertise required to tell it and that this is what the visitor has come to hear. The visitor's own agenda is not taken into account. Many museums think that they are doing this, but in the main they are not" (Fisher 2002, 33).

Diese Klagen können semiotisch als Zeichen dafür interpretiert werden, dass die Kritik am die Museumskonzeption bislang prägenden Kommunikationsverhalten immer deutlicher wird.

Der Wandel in der Erwartungshaltung bezüglich dessen, was vom Museum akzeptiert oder gefordert wird, hat vor allem zwei Gründe. Einerseits sind dies die neueren Erkenntnisse der neurologischen Forschung, die sich unmittelbar auf das Lernen bzw. auf den Transfer von Informationen auswirken, denn Lernen ist effektiver, wenn die zu lernenden Inhalte adäquat aufgenommen, erfasst und verarbeitet werden können – dazu geben neuere Resultate der Hirnforschung (z.B. Cahill et al. 1994) wichtige Hinweise, die autoritäre Kommunikations- und Lernmodelle als eher uneffektiv erscheinen lassen. Eine Berücksichtigung der situativen, kognitiven und sozialen Voraussetzungen von MuseumsbesucherInnen führt dazu, dass das Kommunikationsangebot eines Museums erfolgreicher wird. Allgemeiner ausgedrückt: Ein Transfer von Informationen ist möglicherweise gar (lediglich) als Selbstzweck zu bezeichnen, wenn er nicht die Aspekte berücksichtigt, die ihn erfolgreich werden lassen – die also beim „Empfänger" die Aufnahme der übermittelten Informationen erleichtern oder gar erst ermöglichen. Um diese Änderung der Sichtweise zu verdeutlichen, schlagen wir einen Metaphernwechsel vor. Wir verstehen das Museum nicht mehr (vorrangig) als Medium in einem einseitigen Kommunikationsprozess, vielmehr betrachten wir es als „Kommunikationsort" im Sinne eines Erfahrungsaustauschs.

Damit wird auch der zweite Grund für die geänderte Sichtweise angedeutet: Die heute vorherrschenden Medien sind nicht mehr auf die (früher technisch bedingte) Variante „point-to-multipoint" begrenzt. Da Museen digitale Medien verstärkt einsetzen, wirken deren Charakteristika (Multimedialität, Interaktivität, Offenheit, demokratische Beteiligungsformen) auch im musealen Kontext und öffnen dort den Blick auf andere Kommunikationsformen. Da ein medialer Informationstransfer in seiner Wirksamkeit wie auch in der Art und Weise, wie er durch das und mit dem jeweiligen Medium erfolgen muss, vom Medium abhängt (Giessen 2004), führt der Einsatz der digitalen Medien zwangsläufig zu offeneren, vernetzteren und interaktiveren Kommunikationsformen und zu aktiver Rezeption.

Zudem sind in der Folge heutige Mediennutzer in weit stärkerem Maß an Medienwechsel, Vernetzungen und die Berücksichtigung ihrer spezifischen Bedürfnisse und Interessen gewohnt, als dies noch etwa in den 1980er-Jahren der Fall war.

Die Charakteristika des Computers wirken sich immer stärker auf andere Medien aus, da sich Kommunikations- und Lerngewohnheiten im Kontext und in der Folge neuerer Medien ändern. Damit prägt der Computer das Kommunikations- und Lernverhalten. In der Folge werden Darstellungsweisen und Charakteristika der computergestützten Medien auch in anderen Kontexten aufgegriffen – sei es, weil sie eben als „modern" gelten, sei es, weil sie in der Tat dem veränderten Rezeptionsverhalten entsprechen.

Medientheorie, Medienwirkungsforschung, Lerntheorie

Die digitalen Medien stärken aufgrund ihrer Charakteristika spezifische Formen des Informationstransfers, während andere Spezifika, die für traditionelle Medien und damit Formen des Informationstransfers typisch waren, in den Hintergrund treten (dazu und zum Folgenden: Giessen 2004, insbesondere 131 ff.). So führt die Offenheit digitaler Medien (die Möglichkeit des Medienwechsels wie auch der Nutzung von Rückkanaloptionen) dazu, dass *Feedback-Kommunikation* mit den NutzerInnen mithilfe von Formularen oder auch nur einer E-Mail-Adresse nicht nur möglich sind, sondern heutzutage zum Standard gehören. Auch das für die digitalen Medien charakteristische Phänomen der Interaktivität führt zu einer stärkeren Berücksichtigung der Interessen von NutzerInnen. Dies zeigt sich beispielsweise bei der Navigation, wo die NutzerInnen eine aktive Rolle einnehmen, indem sie Hyperlinks je nach Interessenlage verfolgen oder auch nicht. Dies wirkt sich nicht nur auf das Rezeptionsverhalten, sondern auch auf die Bedeutungsproduktion seitens der NutzerInnen aus (siehe Abschnitt „Die konstruktivistische Lerntheorie und die Museumspädagogik").

Des Weiteren führt die charakteristische Situation der NutzerInnen, wie auch das Charakteristikum der Multimedialität, zu einer Aufwertung visueller Vorgehensweisen beim Informationstransfer, was ein weiterer Grund für den immer häufigeren Einsatz digitaler Medien im Kontext der Museumskommunikation sein mag. Der Grund liegt auch hier im Medium selbst (zum Folgenden: ebd.2004): Der Computer-Monitor erschwert den Überblick über längere Texte. Ist der Text länger als die Bildschirmseite, muss man scrollen. Dies scheint zunächst einmal kaum anders zu sein als das Blättern in einem Buch; während es dort aber ein Leichtes ist, zurückzublättern, ist dies alles auf dem Computerbildschirm viel schwerer. Tatsächlich haben Experimente ergeben, dass sich fast alle ComputernutzerInnen, die längere Texte lesen, auf die aktuelle Bildschirmseite konzentrieren, und versuchen, den Überblick über den bis dahin gelesenen Gesamttext im Gedächtnis zu behalten (ausführlicher: ebd., 62). Das genaue Auffinden auf dem Monitor ist in der Regel zu mühsam, wenn es überhaupt gelingt. Denn oft wird es fast unmöglich, exakt die gewünschte Stelle zu finden – ein Problem, das umso größer wird, je länger der Text ist. Zudem gibt es bei HTML-Dokumenten keine Seitenzahlen, da die Darstellung der Seiten von den Einstellungen der NutzerInnen abhängt. Geht der Überblick verloren, fangen nur wenige NutzerInnen noch einmal von vorne an, denn nun ist die Lektüre ja mit einem Frustrationserlebnis verbunden. Bereits früh wurde daher deutlich, dass Texte im Kontext „Neuer Medien" anders gelesen und demzufolge auch anders geschrieben und dargestellt werden müssen.

Die Tatsache, dass am Computer-Monitor längere Texte nur selten zu Ende gelesen werden, hat weitere Gründe. Entscheidend ist, dass computergestützte Medien im Vergleich zu Druckwerken physiologische Probleme und Zwänge verursachen. Im Gegensatz zum Druck flimmert das Bild auf dem Monitor. Dieses Problem besteht bei LC-Displays nicht mehr. Dennoch ist die Zeichenauflösung sowohl bei LC-Displays als auch bei Röhrenmonitoren relativ gering. Physiologische Untersuchungen haben ergeben, dass es beim Betrachten des Computer-Monitors weniger Lid-schläge als normalerweise gibt – mit der Folge, dass die Augen weniger oft befeuchtet werden und daher rascher ermüden (ausführlicher: ebd., 67). Dies verstärkt die bereits genannten Nachteile des Flimmerns bzw. des Re-flexionseffekts und der geringeren Zeichenauflösung. Schließlich ist die Körperhaltung nahezu unveränderbar. Der Computer-Monitor kann nicht einfach verschoben werden, wenn die Sitzposition unbequem wird. Gera-de beim Lesen verkrampft sich die Körperhaltung ganz besonders, was die Ermüdungseffekte weiter verstärkt. Andererseits muss man relativ nah am Monitor sitzen, da in der Regel mit einer Tastatur bzw. einer Maus gear-beitet wird, mit der *Hyperlinks* exakt getroffen werden müssen.

In der Konsequenz ist die Lesegeschwindigkeit am Computer-Monitor ein Viertel bis ein Drittel langsamer als bei Druckwerken, die Behaltens-leistung ist deutlich geringer. Viele ComputernutzerInnen versuchen gar, Texte ganz zu vermeiden. Deshalb wird mitunter behauptet, dass man von einem traditionellen Lesen bei computergestützten Medien gar nicht mehr sprechen könne (Nielsen 2000). In jedem Fall müssen AutorInnen längere Texte vermeiden; der Text sollte allenfalls ein einmaliges *Scrollen* erzwin-gen. Damit entsteht die Notwendigkeit der *Zerlegung der Texte in einzelne Sinn-Schritte* bzw. *Module.* Dies wiederum bedeutet, dass Argumentations-stränge wesentlich schwerer als im Rahmen eines geschriebenen Textes dargestellt werden können. Hier funktionieren Bücher oder „Time Based Media" wie Filme oder Animationen besser.

Die Multimedialität erzwingt mithin nicht nur eine stärkere Visualität, sie erleichtert auch ihren Einsatz. Werden Bilder auf dem Computer-Moni-tor angesehen, wirken sich die beschriebenen Phänomene nicht so stark aus, denn hier kann man ja mit den Augen „spazieren gehen". Zudem führt die spezifische Form der multimedialen Darstellung mithilfe digita-ler Medien (zumindest im Fall eines gezielten und didaktisch überlegten Einsatzes) zu neuen charakteristischen Mehrwerten.

Wenn bereits ein bestimmtes Vorwissen über die visuell dargestellten Gegenstände oder Handlungen vorhanden ist (dies ist allerdings die Vor-aussetzung: das Gezeigte kann zunächst nicht beschrieben oder erklärt werden, sondern muss sofort erkannt und eingeordnet werden können, vgl. Abschnitt „Die konstruktivistische Lerntheorie und die Museumspäd-agogik"), ermöglicht die visuelle Darstellung eine wesentlich schnellere In-formationsübermittlung (weil verschiedene Informationen gleichzeitig präsent sind und ohne Decodierungszeit verarbeitet werden können, vgl. Sowa 1983). Zudem entstehen spezifische neue Mehrwerte. Insbesondere werden Beziehungen zwischen den gezeigten Objekten sowie Entwicklun-gen im Zeitverlauf leichter verständlich.

Mit der Fokussierung auf Relationen ändert sich auch die Art und Weise der Darstellung von Inhalten. So gewinnt die Tatsache, dass Beziehungen, Relationen und Verbindungen mit digitalen Medien leichter dargestellt werden können als theoretische Analysen (die sich besser in der Schriftform darstellen lassen) und komplexe Argumentationsketten vermieden werden müssen, da sie in diesem Medium uneffektiv und weitgehend wirkungslos sind, bei komplexen Themen und insbesondere bei kulturellen, historischen oder gesellschaftlichen Inhalten ein stärkeres Gewicht.

Nun ist ebenfalls charakteristisch, dass Beziehungen, Relationen und Verbindungen in der menschlichen Psyche regelmäßig mit Emotionen gekoppelt sind; auch dies ist bei analytischen Darstellungen weniger stark der Fall. Die digitalen Medien setzen also eine Entwicklung fort, die bereits beobachtet werden konnte, als vermehrt Filme bzw. das Fernsehen zum Zwecke des Informationstransfers eingesetzt wurden: Bereits damals gab es Untersuchungen, wie ein stärker emotional geprägter Informationstransfer von BetrachterInnen aufgenommen wird. Dass Emotionen medienabhängig sind, hat Sturm bereits in den 1970er-Jahren herausgefunden, als sie emotionale Eindrücke von FernsehzuschauerInnen und HörfunkrezipientInnen miteinander verglich (Sturm 1978). Andere frühe Resultate der Arbeitsgruppe um Sturm (z.B. Sturm/Haebler/Helmreich 1972) lassen vermuten, dass emotionale Eindrücke wesentlich länger und detailreicher erhalten bleiben als kognitiv erworbenes Wissen, das im Zeitablauf verloren geht – das sich aber leichter behalten oder reaktivieren lässt, wenn es mit emotionalen Konnotationen verknüpft ist.

Jüngere Forschungen der Neurowissenschaft haben diese Befunde bestätigt. Mehr noch: Die neuere Hirnforschung hat zeigen können, dass Informationen und Wissen je nach Stimmung und Emotionsrichtung unterschiedlich gut erfasst werden (z.B. Erk et al. 2003). Demnach werden Informationen, die mit positiven Emotionen verknüpft sind, über den Hippocampus aufgenommen und anschließend in der Gehirnrinde weiterverarbeitet, während Informationen, die mit negativen Emotionen verbunden sind, vom Mandelkern aufgenommen werden. Der Mandelkern ist ein an der Spitze des Temporallappens unmittelbar vor dem Hippocampus gelegenes Areal, sein Name leitet sich von der griechischen Bezeichnung ‚Amygdala‘ = ‚Mandel‘ ab, welche die Form dieses Areals charakterisiert, die eben mandelförmig ist. Der Mandelkern stellt den Körper auf schnelle Reaktionen ein: Beispielsweise bereitet er auf einen Konflikt oder eine Flucht vor. Seine Aktivierung führt zu einem Anstieg des Blutdrucks und des Pulses; man kann sogar nachweisen, dass es zu einer allgemeinen Muskelanspannung kommt. Da die Aktivierung des Mandelkerns mit vielfältigen körperlichen Vorgängen gekoppelt ist, werden schnelle Reaktionen möglich. In der Evolutionsgeschichte war es ein Vorteil, bei Gefahr schnell fliehen oder sich wehren zu können. Dabei ist nicht hilfreich (in der konkreten Situation sogar kontraproduktiv), wenn lange nachgedacht wird. Der Mandelkern hilft demnach nicht dabei, wenn Erfahrungen oder bereits erworbenes Faktenwissen gesucht oder Wissen verarbeitet wird. Zum Überleben der Menschheit in früheren Zeiten war die Existenz des Mandelkerns unerlässlich; seine spezifische Funktionsweise führt aber heute zu Problemen, da seine Aktivierung längerfristige Speichervorgänge von Informationen erschwert. Wenn in einer komplexen Gesellschaft Zusammenhänge erfasst und Mechanismen durchschaut werden sollen, sind mithin Angst oder Aggression schlechte Ratgeber. Da die Aktivierung des Mandelkerns nicht dazu führt, Informationen zu speichern und kreativ weiterzuverarbeiten, kann sie bei der Informations- und Wissensvermittlung sogar kontraproduktiv sein. Dass man mit Prüfungsangst und -stress nicht zu guten Denkergebnissen kommt, ist bekannt; die Hirnforschung zeigt, warum dies so ist. Natürlich ist ein Museumsbesuch nicht mit einer Prüfungssituation vergleichbar, aber es ist einleuchtend, dass er weniger effektiv ist, wenn Langeweile, Unwillen oder Widerstand entstehen.

Im Gegenteil muss versucht werden, explizit positive Emotionen zu evozieren. Dies geschieht idealerweise, indem die Informationen an positive Emotionen gekoppelt werden. Positive Emotionen erreicht man durch Beteiligung, indem auf die Person der RezipientInnen eingegangen, indem sie ernst genommen und zu Eigenleistung motiviert wird. Daher ist es sinnvoll, Informationen an Geschichten zu koppeln (siehe Abschnitt „Narrative Vermittlung").

In einem angenehmen emotionalen Kontext wird nicht der Mandelkern aktiviert, sondern der Hippocampus. Dieses Gehirnareal ist nicht an schnellen (körperlichen wie geistigen) Reaktionen beteiligt, was beim Informations- bzw. Wissenstransfer ein Vorteil ist. Der Hippocampus gibt die aufgenommenen Informationen an die Gehirnrinde weiter, wo sie langfristig gespeichert werden. „Lernen" funktioniert daher nur mit dem Hippocampus effektiv, auch Kreativität kann nur so entstehen.

Es gibt also neurologische Gründe dafür, dass auch der „Lernort Museum" seine Informationen nicht vorrangig neutral und auf das Objekt bezogen präsentieren, sondern umgekehrt das Objekt in eine emotionale, interessante, spannende Darstellungsweise einbinden sollte. Aus diesem Grund plädieren wir dafür, emotionale Formen des Storytellings im Rahmen der Museumskommunikation verstärkt und gezielt einzusetzen und so den Übergang von der eher autoritären Darstellung zum zeitgemäßen „Kommunikationsort" zu leisten. Im Folgenden wollen wir zeigen, wie dies geschehen kann.

Unabhängig von den neueren Erkenntnissen der Hirnforschung haben die Konvergenzprozesse im Kontext digitaler Medien dazu geführt, dass Überlegungen hinsichtlich einer stärkeren Emotionalisierung und einer Einbindung von Metaerzählungen bereits seit einigen Jahren in verschiedenen Bereichen diskutiert werden, nicht zuletzt von PädagogInnen und im Rahmen der Museumskommunikation. Dabei hat sich gezeigt, dass die Vorteile, die durch eine Aktivierung der InformationsempfängerInnen entstehen, durchaus bestechend sein können. Dies zeigt vor allem die konstruktivistische Lerntheorie.

Die konstruktivistische Lerntheorie und die Museumspädagogik

Vor allem in den englischsprachigen Ländern hat die konstruktivistische Lerntheorie in den letzten Jahren die Museumspädagogik erreicht (Hein 1998). Dieser Ansatz akzeptiert, dass die menschliche Wahrnehmung der Umwelt nicht als ein Abbildungsprozess von Wissen zu sehen ist, sondern als aktiver Konstruktionsprozess (beispielsweise Harms/Voermanek 1994, 248).

Letztlich geht auch die Konzeption konstruktivistischer Lerntheorien auf neurologische Erkenntnisse zurück. Bereits in den 1950er-Jahren formulierte Maturana eine Theorie, wie Lebewesen Sinneseindrücke von außen aufnehmen und verarbeiten. Offensichtlich ist dies nicht immer gleich; zumindest wissen wir nicht, wie sich für andere Lebewesen die Wirklichkeit darstellt. So besteht die Möglichkeit, dass die Welt von jedem Lebewesen anders erlebt wird. Auf Maturana geht die Vermutung zurück, dass lebendige Systeme als autonome dynamische Einheiten verstanden werden müssen (siehe Maturana/Varela 1972). Diese Einheiten sind nicht statisch, sondern entwickeln sich ständig weiter, indem sie vor dem Hintergrund individueller Möglichkeiten und spezifischer Erfahrungen Informationen über die Welt aufnehmen und verarbeiten. Dies bedeutet erstens, dass es kein objektives Bild der realen Welt gibt, sondern nur subjektive Konstruktionen, die die Informationen auf die vorhandenen Erfahrungen und Verarbeitungsmöglichkeiten beziehen. Zweitens bedeutet dies, dass Informationen nicht passiv aufgenommen werden. Vielmehr gleicht das Gehirn (aktiv) bereits vorhandene mit neuen Informationen ab. In der radikalen Form der konstruktivistischen Theorie, die insbesondere von Glasersfeld (1995) vertreten hat, wird sogar postuliert, dass das Gehirn gar nicht der Erkenntnis dient, sondern lediglich der Organisation der eigenen Erfahrungswelt, dass mithin (auch) dort Sinn „konstruiert" wird, wo in der „realen Welt" kein Sinn existiert. Zusätzlich ist das Gehirn bestrebt, seine „Sinnkonstruktion" konsistent zu halten. Sie wird nur dann aufgegeben, wenn sie überhaupt nicht mehr zur Realität passt, und selbst dann nur mit einem gewissen Widerstand. Dafür hat Niklas Luhmann (2006) schon in den 1980er-Jahren die Bezeichnung „Selbstreferenz" eingeführt. Dies würde erklären, warum Museen so sehr an ihrer Deutungshoheit festhalten; umgekehrt erklärt es aber auch, warum MuseumsbesucherInnen kognitiv kaum erreichbar sind, wenn eine Präsentation nicht ihren Erwartungen und Bedürfnissen entspricht.

Im Gegensatz zu einem populären Missverständnis bezüglich des Konstruktivismus ist die individuelle Wirklichkeitskonstruktion nicht willkürlich, sondern wird durch einen gesellschaftlichen Konsens bestimmt, der durch Kommunikation als Interaktion mit Anderen entsteht (Harms/Voermanek 1994, 249). Übertragen auf das Museum heißt dies, dass die Bedeutung der Ausstellung von den kuratierenden und besuchenden Personen gemeinsam konstruiert wird (Lepenies 2003, 71). Das Hauptaugenmerk der konstruktivistischen Museumspädagogik muss sich mithin auf den Bezugsrahmen des Objekts richten und ihn an die Interessen, Vorerfahrungen und das Vorwissen der BesucherInnen anbinden, denn diese Faktoren bestimmen deren Verhalten. Wie der Museumssoziologe Treinen (1993) feststellt, versuchen MuseumsbesucherInnen typischerweise im Rahmen eines spezifischen Zeitbudgets möglichst viel zu sehen. Dies führt dazu, dass sie die Ausstellungen quasi im Schnelldurchlauf durchstöbern, vergleichbar mit einem Schaufensterbummel; deshalb bezeichnet Treinen dieses Verhalten als „cultural window shopping" (ebd., 90). Eine Lernerfahrung stellt sich während dieses ,Schaufensterbummels' nur dann ein, wenn die BesucherInnen an Vorwissen und Vorerfahrungen anknüpfen und mithin die Museumsobjekte in ihre persönlichen Wissensstrukturen einordnen können. Eine Vorbedingung für den erfolgreichen Museumsbesuch ist deshalb die Herstellung einer kommunikativen Beziehung zu den BesucherInnen, die von deren Vorwissen und Vorerfahrungen ausgeht. Dies kann durch Gesprächssituationen oder durch den Einsatz interaktiver Medien erreicht werden. Allerdings ist es keine einfache Angelegenheit, pädagogisch wirksame kommunikative Beziehungen herzustellen, wenn sich die BesucherInnen gegen allzu offensichtlich gestaltete Lernanmutungen wehren (Treinen 1980, 30). In jedem Fall muss man vermeiden, einen offensichtlichen Lernzwang auszuüben. Diese Forderung gilt umso mehr, als Museumsbesuche mit Freizeitverhalten assoziiert werden und nicht mit formalem Lernen wie in der Schule, das von BesucherInnen häufig mit negativen Assoziationen verbunden wird (und deshalb oft überraschend ineffektiv ist).

Aus der Kombination der Anknüpfung an Bekanntes bei gleichzeitigem Bedürfnis nach Stimulation der Neugier ergibt sich für die Museumspädagogik ein besonderes Dilemma (Treinen 1993, 91 f.). Den BesucherInnen müssen Informationen in einer Weise bzw. auf einem Niveau angeboten werden, das ihrem heterogenen Vorwissen und ihren Vorerfahrungen entspricht. Dies gestaltet sich jedoch schwierig, weil die aus der Medienforschung bekannte *knowledge gap theory* (Tichenor/Donohue/Olien 1970) auch für Museen gilt. Darunter versteht man Unterschiede in Wissen und Vorbildung zwischen Mitgliedern von verschiedenen Besuchsgruppen, die zu unterschiedlichen Möglichkeiten im und Ausformungen des Rezeptionsverhaltens und damit unterschiedlichen Wissenszuwächsen führen. Museen müssen deshalb ihre Vermittlungsangebote so gestalten, dass sie ein heterogenes Publikum erreichen und ansprechen. Ein möglicher Weg könnte die narrative Vermittlung sein.

Narrative Vermittlung

Das Erzählen von Geschichten ist eine sehr verbreitete Form der Tradierung von Wissen. Ihr besonderes Kennzeichen ist, dass sie sich zu jeder Zeit, in jeder Kultur und in jedem Medium findet. Spierling schreibt dazu:

> „Erzählte Geschichten haben in jeder Kultur die Funktion der Wissensvermittlung zwischen Individuen, Gruppen und Generationen. Sie finden in jedem Medium statt, das je erfunden wurde. Das vermittelte Wissen beschränkt sich dabei nicht nur auf Fakten, sondern schließt implizite kulturelle Werte, Meinungen, Emotionen und Problemlösungen mit ein. Eine Erzählung liefert zum einen die Form der narrativen Abbildung von Inhalten auf eine Reihenfolge sowie eine Zeitachse und ihre Repräsentation durch lineare Sprache. Zum anderen beruhen erfolgreiche Geschichten auf einer überlieferten dramaturgischen Strukturierung von Inhalten, die ihre Wurzeln bei alten Mythen haben und Zusammenhänge mit tiefenpsychologisch erklärbaren emotionalen Bedürfnissen des Menschen aufweisen" (Spierling 2005, 255).

Deshalb existieren traditionelle Formen des mündlichen Erzählens, multimediale Narration in den Massenmedien und digitales Storytelling im Internet nebeneinander, ohne dass die althergebrachten mündlichen Formen ihren Reiz für ErzählerIn und ZuhörerIn verlieren. Dieser Reiz besteht vor allem in der subjektiven Perspektive einer Erzählung, die das Publikum in ihren Bann zieht. Diese subjektive Perspektive ist damit ein Attraktivitätsfaktor, aber auch ein besonderes Problem der narrativen Vermittlung. Gerade weil sich jede Geschichte durch eine subjektive Perspektive auszeichnet, können Geschichten keinen Anspruch auf die Vermittlung einer objektiven Wahrheit erheben, wie die Narrationsforscherin Murray feststellt: „A story is an act of interpretation of the world, rooted in the particular perceptions and feelings of the writer" (1997, 204). In der Folge stellt beispielsweise *transfusionen – die lockere Gesellschaft* ihre narrativ gestalteten hypermedialen Museumsproduktionen unter das provozierende Motto „Es gibt keine Wahrheit, es gibt nur Geschichten" *(www.tran sfusionen.de).*

Dies bedeutet für das Museum einen Verzicht auf seine Interpretationshoheit. Das heißt aber keineswegs, dass das Museum den Anspruch auf die Vermittlung von verlässlicher Information aufgeben muss. Vielmehr bedeutet es, dass die Vermittlung auf eine einzige institutionelle Perspektive ohne erkennbare AutorInnen verzichtet. Das Museum kann zwar seine bevorzugte Perspektive hervorheben, muss dabei aber einräumen, dass sie nur eine Geschichte unter vielen darstellt, die im besten Fall den Status einer offiziell anerkannten Version genießt und im Idealfall von einem breiten gesellschaftlichen Konsens getragen wird (vgl. die sogenannte Meistererzählung in der Geschichtsdidaktik).

KritikerInnen erheben hier häufig den Vorwurf des Relativismus. Diesem Vorwurf kann man mit dem konstruktivistischen Geschichtsbegriff begegnen, der den Konstruktionscharakter von Geschichte sowie die daraus resultierende Kontroversität hervorhebt. Beispielsweise haben sich Danker und Schwabe mit diesem Problem auseinandergesetzt. Sie argumentieren, „dass Geschichte nie den völligen Wahrheitsanspruch erreichende, gegenwärtige (Re-)Konstruktion vergangenen menschlichen Lebens ist" (Danker/Schwabe 2007, 8). Daraus folgt, dass verschiedene Deutungen vor- und gegenübergestellt werden müssen, ohne dass es deshalb zu einem völligen Relativismus aller Deutungen kommen muss. Bei der Präsentation dieser divergierenden und kontroversen Perspektiven spielt die Narration „in – zielgruppengerecht – verständlicher, ansprechender und trotzdem hinreichend präziser Form und Sprache sowie klarer und nachvollziehbarer Argumentation" (ebd., 9) eine zentrale Rolle.

Zusammenfassung

Der heutige Kenntnisstand zur Hirnforschung und Medienwirkungsforschung legt narrative und emotionale Herangehensweisen an das (virtuelle wie reale) Museum nahe. Es scheint sinnvoll zu sein, physische und virtuelle MuseumsbesucherInnen nicht nur kognitiv anzusprechen, sondern ihnen auch handlungsorientierte und emotionale Erfahrungen zu ermöglichen. Kognitive Lernleistungen wirken stärker und sind nachhaltiger, wenn sie mit emotionalen Konnotationen oder Eigenhandlungen verknüpft sind. Auf diese Weise können unterschiedliche Geschichten verschiedene Stimmen zu Wort kommen lassen. Gleichzeitig können die RezipientInnen bei der vergleichenden Betrachtung und Bewertung der Geschichten ihre eigenen Erfahrungen einbringen und ihre eigenen Bedeutungen konstruieren. Diese Form der Einbeziehung der RezipientInnen als MitautorInnen ist essenzieller Bestandteil der Hypertexttheorie (Dillon 1994, 125 ff.; Hammwöhner 1997, 46 ff., 50 ff.) und lässt sich durchaus auf die Narration und das digitale Storytelling übertragen.

Literatur

Blumler, Jay G./Katz, Elihu (1974): The Uses of Mass Communication. Newbury Park: Sage.

Cahill, Larry/Prins, Bruce/Weber, Michael/McGaugh, James L. (1994): Beta-adrenergic Activation and Memory for Emotional Events. In: Nature, No. 371, 1994, S. 702–704.

Cameron, Duncan F. (1968): A Viewpoint: The Museum as a Communication System and Implications for Museum Education. In: Curator, 11 (1), 1968, S. 33–40.

Danker, Uwe/Schwabe, Astrid (2007): Historisches Lernen im Internet. In: Geschichte in Wissenschaft und Unterricht, 01/2007, S. 4–19.

Dillon, Andrew (1994): Designing usable electronic text: Ergonomic aspects of human information usage. London/Bristol: Taylor & Francis.

Erk, Susanne/Kiefer, Markus/Grothe, Jo/Wunderlich, Arthur P./Spitzer, Manfred/ Walter, Henrik (2003): Emotional context modulates subsequent memory effect. In: Neuroimage, Vol. 18, 2003, S. 439–447.

Fisher, Susie (2002): Objects are not Enough. In: Museums Journal (UK), June 2002, S. 32–35.

Giessen, Hans W. (2004): Medienadäquates Publizieren. Von der inhaltlichen Konzeption zur Publikation und Präsentation. Heidelberg: Spektrum.

Glasersfeld, Ernst von (1995): Radical Constructivism, A Way of Knowing and Learning. London: Falmer.

Hammwöhner, Rainer (1997): Offene Hypertextsysteme. Das Konstanzer Hypertextsystem (KHS) im wissenschaftlichen und technischen Kontext. Konstanz: UVK.

Harms, Ilse/Voermanek, Achim (1994): Interaktiv heißt die Zukunft. In: Medienpsychologie, 4/1994, S. 241–251.

Hein, George E. (1998): Learning in the Museum. London: Routledge.

Lepenies, Annette (2003): Wissen vermitteln im Museum. Wien: Böhlau.

Luhmann, Niklas (2006): Soziale Systeme: Grundriss einer allgemeinen Theorie. Frankfurt a.M.: Suhrkamp [Nachdr.].

Maroevic, Ivo (1998): Introduction to Museology – The European Approach. München: MüllerStraten.

Maturana, Humberto Romesin/Varela, Francisco J. (1972): De maquinas y seres vivos. Santiago: Editorial Universitaria.

Murray, Janet H. (1997): Hamlet on the Holodeck. The Future of Narrative in Cyberspace. New York: Free Press.

Nielsen, Jakob (2000): Designing Web Usability. Indianapolis: New Riders.

Rohmeder, Jürgen (1977): Methoden und Medien der Museumsarbeit. Pädagogische Betreuung der Einzelbesucher im Museum. Köln: DuMont.

Schweibenz, Werner (2006): Sprache, Information und Bedeutung im Museum. Narrative Vermittlung durch Storytelling. In: Giessen, Hans W./Harms, Ilse/Luckhardt, Heinz-Dirk (Hrsg.): Information und Sprache. München: Saur, S. 75–83.

Shannon, Claude E./Weaver, Warren (1949): The Mathematical Theory of Communication. Urbana: University of Illinois Press.

Sowa, John F. (1983): Conceptual Structures: Information Processes in Mind and Machine. Reading: Addison-Wesley.

Spierling, Ulrike (2005): Interactive Digital Storytelling als eine Methode der Wissensvermittlung. In: Eibl, Maximilian/Reiterer, Harald/Stephan, Peter Friedrich/Thissen, Frank (Hrsg.): Knowledge Media Design. Theorie, Methodik, Praxis. München: Oldenbourg, S. 249–283.

Sturm, Herta (1978): Emotionale Wirkungen – das Medienspezifische von Hörfunk und Fernsehen. Ergebnisse zweier Untersuchungen und Weiterführungen. In: Fernsehen und Bildung, Vol. 12, Heft 3, 1978, S. 158–167.

Sturm, Herta/Haebler, Ruth von/Helmreich, Reinhard (1972): Medienspezifische Lerneffekte. München: TR Verlagsunion.

Tichenor, Philipp J./Donohue, George A./Olien, Clarice N. (1970): Mass Media Flow and Differential Growth of Knowledge. In: Public Opinion Quarterly, Vol. 34, 1970, S. 159–170.

transfusionen: die lockere gesellschaft – Transfusionen, Wien/Berlin. In: http://www.transfusionen.de, letzter Zugriff am 06.07.2007.

Treinen, Heiner (1980): Das Museum als Massenmedium – Besucherstrukturen, Besucherinteressen und Museumsgestaltung. In: CECA/ICOM (Hrsg.): Museumsarchitektur für den Besucher, 13–32.

Treinen, Heiner (1993): What Does the Visitor Want Form A Museum? Mass-media Aspects of Museology. In: Bicknell, Sandra/Farmelo, Graham (Hrsg.): Museum Visitor Studies in the 90s. London: Science Museum, S. 86–93.

Waidacher, Friedrich (1993): Handbuch der Allgemeinen Museologie. Wien: Böhlau.

Walsh, Peter (1997): The Unassailable Voice. In: Museums and the Web 1997. Pittsburgh: Archives & Museum Informatics, 1997, S. 69–76.

Weil, Stephen E. (1990): Rethinking the Museum: An Emerging New Paradigm. In: Anderson, Gail (Hrsg.): Reinventing the Museum. Historical and Contemporary Perspectives on the Paradigm Shift. Walnut Creek: Alta Mira, S. 74–79.

Verweise

Sämtliche Verweise zuletzt besucht am 11.06.2019.

Transfusionen – http://www.transfusionen.de

Autoren

Prof. Dr. Hans W. Giessen

Studium FU Berlin, Universität des Saarlandes, Saarbrücken und Université de Metz, Frankreich. Zunächst journalistische Berufstätigkeit in Saarbrücken und Luxemburg; Erich-Voltmer-Preis für eine TV-Reportage auf 3Sat. Promotion und Habilitation an der Universität des Saarlandes, dort apl. Professor. Projekttätigkeit u.a. für BMBF, DFG, EU-Kommission; wiss. Mitarbeit Universität Heidelberg, dann Professor in Częstochowa, Polen. Seit 2015 Universität Helsinki, Finnland, seit 2018 zudem Universität Kielce, Polen. Chevalier de l'ordre national du Mérite.

Dr. Werner Schweibenz

Nach dem Studium der Informationswissenschaft an der Universität des Saarlandes war er u.a. als wissenschaftlicher Mitarbeiter der Fachrichtung Informationswissenschaft tätig, wo er zum Thema virtuelles Museum promoviert wurde. Seit 2007 arbeitet er bei MusIS, dem Dokumentationsverbund der Staatlichen Museen Baden-Württemberg. Seine Aufgaben sind die Betreuung der MusIS-Museen im Bereich Dokumentation, digitale Kataloge im Internet und Kultur-Portale.

Entschleunigung, Schlichtheit und gute Geschichten. Aneignungen szenischen Designs für die hypermediale Wissensvermittlung

Harald Kraemer, City University of Hong Kong

Angesichts der vorherrschenden ergonomischen Museums-Webseiten und zahlreicher mittelprächtig gestalteten hypermedialen Anwendungen (Kraemer/Kanter 2004, Kraemer 2011b, Prehn 2004, Schulze 2001, Vidal 2006, Wohlfromm 2002) im musealen Vermittlungsangebot ist festzustellen, dass die Prinzipien einer Konzeption, welche Dramaturgie, Navigation und Design als Gesamtheit verstehen, eher die Ausnahmen bilden. Um einer visuellen Kakophonie entgegenzusteuern, bedarf es jedoch kreativer Strategien, die mit den Worten „Entschleunigung", „Schlichtheit" und „Erzählung" umschrieben sein wollen. Das Bekenntnis zur Muße und Einfachheit wird in den kommenden Jahren verstärkt unser Design in allen Bereichen betreffen und verändern (Schöpf/Stocker 2006). Dies ist zudem wahrhaft keine neue Erkenntnis, wie Maeda es in seinem Buch „The Laws of Simplicity" an zahlreichen praktischen Beispielen vorführt (Maeda 2006). Wer erzählen mag, muss erst das Zuhören lernen, denn diese Entdeckung ist im Grunde eine Rückbesinnung auf alte Tugenden und findet im Motto des *Festina Lente* (Eile mit Weile) ihre philosophische Grundlage.[1] Dieses Sprichwort kombiniert sinngemäß den Wartezustand der reiflichen Überlegung, die einer Entscheidung vorangeht, mit dem raschen Handeln, nachdem eine Entscheidung getroffen wurde. Auf die Konzeption von Hypermedia-Anwendungen übertragen, hieße dies, in den dahinfließenden Prozess interaktiver Anwendungen innehaltende Momente der Vertiefung einzubauen und so eine abwechslungsreich gestaltete Dramaturgie zu erhalten.

Gestaltungsregeln, insbesondere hypermediale, sollen grundsätzlich inhaltlich motiviert sein, denn nur so kann Navigation zugleich auch Inhalt werden und sich das Design der Informationsarchitektur bestmöglich ent-

---

1 Nach Sueton (Leben des Augustus, 25) eines der Lieblingssprichworte des Kaisers Augustus, bezeichnet Erasmus von Rotterdam (Adagia, 142) *Festina Lente* „mit voller Berechtigung" als „königlich", da es sich auf alle Belange des Lebens anwenden lässt.

falten. Trotz zunehmender Normierung durch die ergonomischen Regeln der „Accessibility" und „Usability" (Schweibenz/Thissen 2003) liegen den hypermedialen Spielfeldern Regeln zugrunde, die keineswegs statisch festgeschrieben sind, sondern je nach zu lösender Aufgabenstellung immer noch neu definiert werden können. Und in diesem Zusammenspiel von Dramaturgie und Narration, Navigation und Design liegen die Herausforderungen. Die mannigfaltigen Gestaltungswerkzeuge der Hypermedia erlauben ein kreatives, originelles, hypermedial intelligentes Informationsdesign, welches sich unmittelbar im Gebrauch entfaltet. Inwieweit diese Einsicht als Strategie der Konzeption hypermedialer Anwendungen Gebrauch finden kann, soll auf den folgenden Seiten anhand einiger Beispiele thematisiert werden.

Systemisches, szenisches und szenografisches Design

Die Entscheidung für ein bestimmtes Design entwickelt sich im Zusammenspiel verschiedener unterschiedlicher Ebenen, die nach Jesse James Garrett[2] wie folgt unterteilt wurden und sich als „strategy", „scope", „sceleton", „structure" und „surface" aufeinander aufbauen (Garrett 2003; Khazaeli 2005, 14–15). George Olsen erweiterte Garretts Fünf-Stufen-Plan schließlich um die Begriffe „choreography", „mise-en-scène" und „sensory design" und brachte somit den Aspekt des „web as interactive multimedia"[3] ein (Olsen 2003; Khazaeli 2005, 16–17). Khazaeli wies in seinem eigenen erweiterten Entwurf auf die starke wechselseitige Beeinflussung von Informationsarchitektur und Design hin: „Wenn visuelle Ideen verstärkt in einem frühen Stadium der Konzeption mit einfließen, können Verteilungen der Information und Abläufe in der Interaktion von vornherein origineller und insgesamt homogener gelöst werden" (ebd., 18). Die Gestaltung „steht nicht fest, es ist nicht von vornherein existent. Es ist potenziell vorhanden. Das Design verschiebt sich, ontologisch formuliert, vom Modus der Existenz in den Modus der Potenz" (ebd., 245). Indem Khazaeli das Design interaktiver Anwendungen als System auffasste, welches aus der visuellen Gestaltung eines Informationssystems, der Konzeption desselben, der Definition seiner Elemente und der Entwicklung seiner

---

2 http://jjg.net/elements/pdf/elements.pdf.
3 http://boxesandarrows.com/expanding-the-approaches-to-user-experience/.

Regeln besteht, prägte er den Begriff des „systemischen Informationsdesigns".[4]

Der Idee des szenischen Designs liegen Prinzipien zugrunde, die der szenografischen Gestaltung entstammen.[5] Bereits 1969 schuf „Domus"-Herausgeber Gio Ponti ein Bild der Szenografie, indem er das Erlebnis Ausstellung vom Erlebnis Kino abgrenzte.

> „Im Gegensatz zum Kino, wo der Besucher sich im Ruhezustand befindet und eine Reihe von Bildern und Handlungen an sich vorüberziehen lässt, bewegt sich der Besucher von Ausstellungen durch den bewegungslosen Raum. Er erzeugt durch seine Fortbewegung eine Wechselfolge von Szenen. Dieser Tatsache muss der Gestalter einer Ausstellung Rechnung tragen: Farben, Formen, Raumeinheiten, Decken in verschiedenen Höhen, Flucht der Perspektive – alle diese Elemente entfalten sich im Laufe des Rundgangs durch die Ausstellung. Soll aber eine Ausstellung nach diesen Gesichtspunkten entworfen werden, so muss weiterhin bedacht werden, dass der Besucher auch stehen bleibt, dass er sich wendet und zurückgeht, dass also das Schauspiel, das der Gestalter ihm bietet, von verschiedenen Blickpunkten her wirksam sein muss" (Ponti 1969, zit. n. Schwarz/Teufel 2001, 12).

Leitsysteme

Insbesondere der letzte Teil dieser Beobachtung Pontis lässt sich auf die Konzeption und Gestaltung von Hypermedia-Anwendungen übertragen. Ebenso wie in einer Ausstellung die Gestaltung einzelner Räume einem übergeordneten Konzept untergeordnet ist, gilt es, die einzelnen modularen Elemente zu einem homogenen Ganzen zu entwickeln (Hentschläger/Wiener 2002). Hierbei trägt eine gelungene Informationsarchitektur den unterschiedlichen Benutzungsverhaltensweisen Rechnung, denn ebenso wie es in der Ausstellung BesucherInnen gibt, die neugierig flanieren, spielerisch entdecken oder gezielt strukturiertes Wissen abfragen, lässt sich die-

---

4 Der Begriff des „Systemischen" ist seit Luhmann keineswegs neu, deshalb sei hier auf Luhmann (2001), Luhmann/Baecker (2006) und Baraldi et al. (1998) verwiesen.

5 Die Begriffe „szenisches Design" und „digitale Szenografie" entsprechen einander (Nietzky 2005; Hahn 2002). In ihrer Magisterarbeit „Vom Ausstellungsraum ins World Wide Web. Potentiale und Grenzen der Online-Vermittlung im Museumsbereich" (Universität Lüneburg, 19.08.2005) widmet Petra Nietzky den beiden Begriffen das Kapitel 4.3.

se Typologie auch auf Hypermedia anwenden (Kraemer 2011b). Den Fla-
neurInnen entspricht eine vernetzte Struktur, die assoziativ erfahren sein
will: diejenigen, die an Erzählungen interessiert sind, bevorzugen eher li-
near bzw. interaktiv narrative Formen und die eher an Faktenwissen Interessierten eine hierarchisch stark strukturierte Informationsarchitektur. Diese Einteilung – Murray nennt dies „digital environments" (Murray 2000,
71–90) – entspricht in gewisser Weise derjenigen von Bode, der die „multimedialen Informationssysteme" wie folgt einteilte: „spielorientierte Edu-
tainment-Applikationen hohen Interaktionsgrades", eine „lineare Baum-
struktur des Informationsweges mit relativ geringen Interaktionsmöglichkeiten" und ein „hypertextbasierendes System, das vielschichtige eigenständige Recherchen ermöglicht" (Bode 1995, 340).

Nur allzu häufig wird die Navigation als hierarchisch strukturiertes
Leitsystem wie beispielsweise in den Produkten der DISKUS-Reihe des
Saur-Verlags verstanden, welches als bloße navigatorische Metaebene zu
den Inhalten hinführt. Inhalt, Navigation und Interface-Design driften
dann auseinander. Andererseits können AnwenderInnen den Zugriff auf
die Inhalte aber auch als gestalterisch und navigatorisch gelungene Symbi-
ose erfahren, wie es bei „William Kentridge", „Joseph Cornell" und „William Forsythe" für monographische Anwendungen, „Kidai Shoran", „Exploring Picasso's La Vie", „Les Carnets de Picasso" für objektbezogene
bzw. „Visionäre im Exil", „Navegar" oder „Lewis & Clark" für themenbe-
zogene Anwendungen gelten darf.

Voyeurismus

Bereits einer der hypermedialen Klassiker, die CD-ROM „The Marguerite
and Aime Maeght Foundation. A stroll in XXth century art", nimmt dieses
Besuchsverhalten als Leitbild ihrer Navigation.

> „Die Folge in idealtypischer Überhöhung ausgedrückt, ist weder Spiel-
> noch Lernverhalten, sondern eine Handlungsweise, die der Befriedi-
> gung von Neugierde dient. [...] Der Großteil der Besucher scheint eher
> vom dringenden Wunsch nach Zerstreuung als dem der Weiterbil-
> dung getrieben" (Treinen 1996, 117).

BenutzerInnen werden in die Rolle der EntdeckerInnen, umherstreifen-
der, mit einer Videokamera bewaffneter BesucherInnen versetzt, die um-
herlaufen, die Objekte streifen und dann Informationen über diese erhalten (Abbildung 1).

*Abbildung 1:   The Marguerite and Aime Maeght Foundation/Gartenspazier-
gang (Videowalk)*

Die virtuellen BesucherInnen der Foundation werden somit zu gemäch-
lich umherwandernden BeobachterInnen, und die Herausforderung besteht im voyeuristischen Vergnügen des Entdeckens und Erspürens der
Objekte im Gelände der Sammlung. So liegt der Schwerpunkt der Präsentation eindeutig auf der Darstellung des Ortes der Sammlung im südfran-
zösischen St. Paul de Vence. Angesichts der gesellschaftlichen Rolle der
Foundation Maeght – man erinnere sich nur an Ella Fitzgeralds Auftritt
anlässlich der Eröffnung einer Ausstellung von Joan Miró – wirken die
kunstwissenschaftlichen Angaben jedoch eher etwas mager.

In anderer Form umgesetzt wurde die Idee der VoyeurInnen auf der
CD-ROM „Wanäs". Hier ist es ein joggender Avatar, der an den Kunstwerken des Schlosses Wanäs vorbeiläuft und so zu den Inhalten hinführt. Mittels Screenshot lässt sich das auf den Wegen subjektiv Entdeckte fotogra-
fisch festhalten, ablichten und in einem Album als Souvenir ablegen.

Die Reise durch das „Museum Insel Hombroich" bietet Zwischenräu-
me, die als Zusammenspiel von Kunstraum und Naturraum, als perma-
nenter Wechsel zwischen innen und außen definiert sind. Die gewöh-

nungsbedürftige Navigation wird zum Selbstzweck und somit die Wege selbst zum Inhalt und Ziel dieser preisgekrönten Anwendung (Abbildung 2).

Abbildung 2: Museum Insel Hombroich

© ilumi interaktive erlebniswelten 2002

Dieses eher ungewöhnliche Konzept entspricht dem Charakter des Museums und dem Erlebnis, die in den zwölf Pavillons des Bildhauers Erwin Heerich aufbewahrten asiatischen Kunstgegenstände in der Gegenüberstellung moderner Malerei zu erkunden. Leider endet das Erlebnis mit dem Erlebnis. Weitere Informationen zu den ausgestellten Objekten bleiben den BenutzerInnen vorenthalten. Somit bleibt neben einer gelegentlichen Orientierungslosigkeit das Gefühl, doch etwas Entscheidendes übersehen zu haben. Mit diesem hoch assoziativen Navigationszugang ist „Hombroich" durchaus vernetzten Applikationen wie beispielsweise „The Crystal Web" zuzuordnen.

Assoziativ vernetzt

„Liquid. am ende des suchens. am anfang des wissens. Die experimentelle Navigation durch die Sammlung von the crystal web. Gestalten Sie nach Ihren Vorstellungen Ihre eigene kristalline Wissenslandkarte" (www.thecr ystalweb.org). Mit diesen Sätzen wirbt das Projekt „The Crystal Web" für den Zugriff auf seine Informationen. Der experimentellen Navigation mit dem Namen „Liquid" liegt das Prinzip eines visuellen Thesaurus zugrunde, wie er bereits von Karl E. Scherer in Java-Script im Rahmen des von Science Wonder Productions geschaffenen interaktiven Films „Vienna Walk Demo" 1998 entwickelt wurde und auch bei „Thinkmap", dem Vorgängerprodukt des von Plumb Design geschaffenen „Visual Thesaurus", zum Einsatz kam. Diese sternförmigen Navigationen, die auf Schlüsselwörtern beruhen, helfen, komplexe Strukturen in größeren Mengen unterschiedlicher Medienformate sinnfällig zu organisieren, zu visualisieren und schlussendlich deren Relationen und Zusammenhänge zu verstehen. Ganz anders als bei Suchmaschinen werden die Ergebnissets hier als dreidimensionales Beziehungsgeflecht nahezu organisch miteinander verknüpft dargestellt. Bei *Liquid* setzt dies die Kenntnis des Umgangs mit CONAV (= CONcentric NAVigation), CLUSTER, PRÄSENTATOR und GEONAVIGATOR voraus. Neben den reinen Ergebnissen erhalten AnwenderInnen auf einen Blick mittels der Verbindungslinien zwischen den Einzelinformationen bzw. deren Gruppierung einen Eindruck von der Menge der gefundenen Ergebnisse und deren Zusammengehörigkeit. Mit Erfolg wurde der „Visual Thesaurus" bereits 1998 im Projekt „Revealing Things" des Smithsonian National Museum of American History eingesetzt. Für ungeübte AnwenderInnen sind sowohl die sternförmige Navigation des „Visual Thesaurus" als auch die miteinander zu vernetzenden Sets bei *Liquid* zuerst ungewohnt.

Zu den durchaus experimentellen Formen eines spielerisch assoziativen Wissenszugangs dürfen Anwendungen wie „Sigmund Freud", „Die Wiener Gruppe" oder „Bruno Taut" gezählt werden. Gestalterisch im Dunstkreis der Medienkunst angesiedelt, bieten diese Produkte partiell ein Zuviel an Interaktivität. Die BenutzerInnen werden nicht zum Verweilen eingeladen, um sich maßvoll Informationen anzueignen, sondern durch den betont visuell lustvoll verspielten Umgang mit den vorgegebenen Möglichkeiten zu einem unentwegten Entdecken animiert. Ein Innehalten zur Reflexion ist kaum vorgesehen. Dieser Beobachtung entspricht auch das Sound-Design der genannten Anwendungen (Kraemer 2013).

Auch der Klassiker „Visionäre im Exil" gehört zu diesen Hybriden zwischen einer hierarchisch strukturierten und einer assoziativ vernetzten

Struktur (Kraemer 2001, 202). Unter Verwendung der Ergebnisse eines wissenschaftlichen Forschungsauftrages gelang es Science Wonder Productions, durch zahlreiche Querbezüge ein abwechslungsreiches, dichtes Netzwerk zwischen den Biografien der emigrierten Architekten, deren Werken, den historischen Randfiguren und Ereignissen zu schaffen. BenutzerInnen folgen keiner stringenten logischen Abfolge, sondern springen dank der Hypertext-Struktur fragmentarisch durch ein Netz von Assoziationen. Die Vorgangsweise gleicht einem suchenden Vorantasten, einem Entdecken und einem sich bereits Entdecktem oder Bekanntem erinnernd. Die Wertigkeiten der einzelnen Informationen und Fakten verschwimmen letztendlich zu einem unterhaltsamen Einerlei. Somit ist diese CD-ROM zwar nur bedingt für eine seriöse Wissenschaft tauglich, spiegelt jedoch ausgezeichnet unseren gegenwärtigen Umgang mit Wissen, Wahrnehmung und deren Stellenwert in unserer Gesellschaft wider.

Erzählung

Strategien der Narration oder des Storytellings haben einen wesentlichen Anteil an der Vermittlung von Inhalten (Murray 1997; Marable 1999; Meadows 2006, 21–24; McKee 2000). Durch ihren subjektiven Ansatz vereinnahmen Geschichten RezipientInnen stärker, und so gibt es zahlreiche Hypermedia-Applikationen, die auf narrativen Konzepten aufgebaut sind. Hierbei kommen sowohl Personen, aber auch Artefakte und sogar Ereignisse als Erzählende zum Einsatz. Die Personifizierung trägt zur Identifikation mit den Inhalten bei. So ist es bei „Villard de Honnecourt" der Architekt und Historiker Roland Bechmann, der anhand von sieben Themenbereichen, wie beispielsweise der Stereometrie, fachkundig in das komplexe Werk des legendären Baumeisters des 13. Jahrhunderts einführt.

In „William Forsythes" Tanzlehrstück mutiert der Choreograf vom Lehrmeister zum Moderator und Interpreten seines eigenen Schaffens. Die von Forsythe ganz im Sinne der Oral History gegebenen Erläuterungen tragen nicht nur zu einem erweiterten Verständnis der seiner Choreografie zugrunde liegenden Gedanken bei, sondern ermöglichen auch die Begegnung mit dem Original. Das Medium des Hypervideo wird bestens genutzt. Nicht die überbordende Fülle an Informationen wird geboten, sondern eine Reduktion auf das Wesentliche. Die filmischen Elemente (Mikos 2003) der Slow Motion, des Filmstill, der Repetition, des Loops und der Verkürzung tragen zur prägnanten Klarheit einer einzigen inhaltlichen Aussage, der Analyse von Forsythes Choreografie, bei.

Die DVD-ROM „That's Kyogen", die nach ähnlichen Prinzipien wie die CD-ROM über „William Forsythe" aufgebaut ist, führt in die heiter-humorvolle Welt des japanischen Kyogen-Theaters ein. In Kooperation mit Nomura Mansai, dem Waseda University Theatre und dem Institut für Bildmedien des ZKM unter der Leitung von Jeffrey Shaw entstand eine hypermediale Anwendung, die als Dokumentation und zugleich als Lehrstück angewendet werden kann. Allen fünf Modulen *Acting, Characters, Plays, Stage* und *Index* liegt die sternförmige Navigation zugrunde, die bereits vom „Visual Thesaurus" bekannt ist. In *Acting* erläutert Kyogen-Darsteller Nomura Mansai auf Japanisch mit englischen Untertiteln die Formenvielfalt schauspielerischer Ausdrucksmöglichkeiten, in *Characters* werden die unterschiedlichen Rollen, wie beispielsweise Lord, Dämon, aber auch Donner, Moskito, Krabbe oder Affe vorgestellt und deren Kostüme erklärt (Abbildung 3).

Abbildung 3: That's Kyôgen/Character/Kaminari (Thunder)

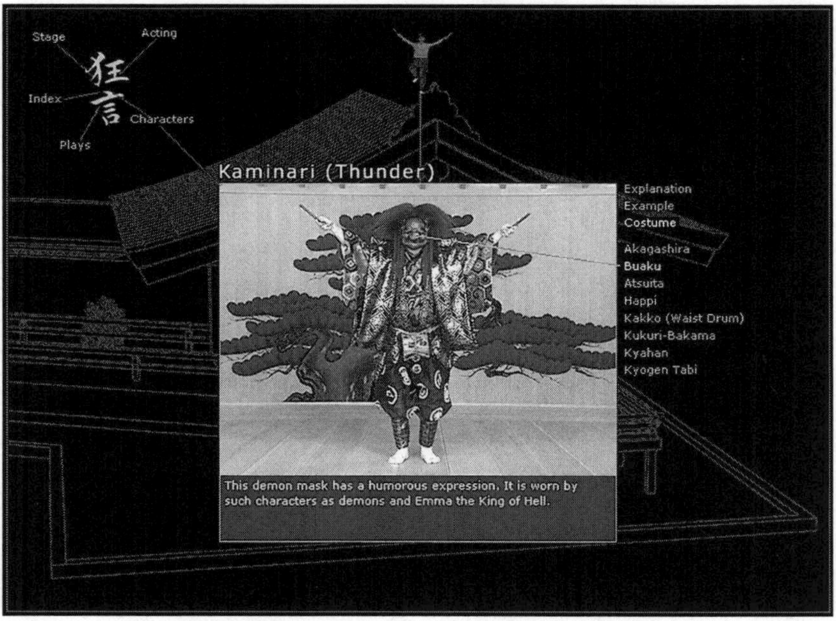

© Mansaku & Mansai Numora/Waseda University/ZKM Karlsruhe/Tokio Media Connections 2001

Plays enthält 13 Filme von Kyogen-Bühnenstücken, die neben dem Ablauf und den Credits auch eine kurze Inhaltsangabe (Synopsis) beinhalten. Von den einzelnen Stücken, von denen „Ka-Zumo" (The Wrestling Mosquito) und „Kusabira" (Mushrooms) als wahre Augenweiden hervorstechen, sind die jeweiligen Rollen des Spiels, wie beispielsweise der Dämon oder die Prinzessin Pilz, mit dem Modul *Characters* verlinkt. Unter *Stage* findet sich die Bühne nebst Panorama Quicktime VR und 3D-Modell. Weitere Informationen zu den Funktionen der mitarbeitenden AssistentInnen, den Accessoires der SchauspielerInnen und den Instrumente der MusikerInnen runden dieses Modul ab. Im alphabetischen *Index* haben alle japanischen Begriffe eine kurze Texterläuterung und sind mit dem jeweiligen Modul verlinkt.

Dialoge

Häufig findet sich das Konzept dialogischer Gesprächsführung zur Wissensvermittlung. Ob Bürgersfrau und Tochter auf „Kidai Shoran" beim Bummel durch die Straßen von Edo oder das Gespräch zwischen Großvater Vitalis und Enkeltochter Artula im römischen „Augusta Treverorum" oder die Erläuterungen des Schweizer Historienmalers August Weckesser an seinen Auftraggeber auf der CD-ROM „Museum Schloss Kyburg" – zumeist funktioniert diese Strategie nach einem simplen Frage-Antwort-Schema. In der fiktiven Fernsehsendung „Wissen ohne Grenzen" auf obiger CD-ROM der Kyburg, fordert kein Geringerer als der Moderator Dr. Gugel sein historisches Gegenüber, den Ersteller des Allgemeinen Helvetischen Lexikons, Johann Jakob Leu, aus dem 18. Jahrhundert, zu einem Wettkampf besonderer Art heraus, in dessen Folge die zwei Wissenssysteme Lexikon vs. Suchmaschine gegeneinander antreten (Abbildung 4).

Abbildung 4: Museum Schloss Kyburg/Talkshow Wissen ohne Grenzen/Johann Jakob Leu und Dr. Gugel

© Verein Schloss Kyburg/Transfusionen 2004

Im ehemaligen Arbeitszimmer des Landvogts installiert, greift diese Medienstation eine spätestens seit der PISA-Studie brisante Thematik auf: Inwieweit benötigen SchülerInnen und StudentInnen heutzutage angesichts des im WWW abrufbaren Wissens noch eine klassische Bildung? An den Beispielen der Begriffe „Minerva", „Kartoffel" und „Geburtshelferkröte" werden Recherche der Fakten und die Methoden der Analyse und Genese simuliert. Und spätestens wenn in der zweiten Folge der Fernsehsendung die Resultate präsentiert werden, wird im abschließenden Zwiegespräch ersichtlich, dass beide Systeme ihre Vor- und Nachteile haben.[6]

---

6 Johann Jakob Leu: „Fakten verwalten ist eine Sache, aber neues Wissen daraus gewinnen ist eine ganz andere. Dafür braucht es schon etwas mehr. Wissen muss nicht nur verwaltet werden, sondern Wissen muss gelebt werden." Woraufhin Dr. Gugel entgegnet: „Heutzutage muss man nicht mehr alles wissen; es reicht, wenn man weiß, wie man an die Informationen rankommt, denn diese sind immer verfügbar" (Museum Schloss Kyburg 2004).

Harald Kraemer

Linear narrativ

Im Rahmen des in den Jahren 2002–2004 am Schweizerischen Landesmuseum in Zürich realisierten Projektes „Virtueller Transfer Musée Suisse" wurden unterschiedliche Formen der Narration durchgespielt. Während der durch den Neubau und die Sanierung des Altbaus entstandenen Umbauphase des Museums sollte der „Virtuelle Transfer" als eine Art Online-Agentur mit den BesucherInnen via Internet kommunizieren und jede Woche neue Geschichten ausstrahlen (Kraemer/Jaggi 2003). Im Mittelpunkt des fünfsprachigen Projektes, welches über 600 Sammlungsobjekte beinhaltet, steht die Wiederentdeckung von Charme und Charisma der Sammlungsobjekte, ihrer Geschichten und ihrer Auswirkungen den BetrachterInnen gegenüber. Interaktiv zu erforschende Orte und Geschichten, ausgewählte Objekte, subjektiv-personalisierte Formen der Ansprache, anregende Dramaturgien, zeitlose und zeitgemäße Fragestellungen – all dies dient dazu, starke Impulse zu geben und die Eigenkreativität der BenutzerInnen anzuregen. Informationen zum Objekt, sogenannte gute Nachbarn aus dem Sammlungsumfeld, weiterführende Literatur und gezielte Links runden das Angebot ab. Insbesondere die Bereiche „Wunderkammer", die „Zeitzeugen" und die als „Anekdoten" getarnten Hörstücke bieten eine Fülle experimenteller Strategien der Narration (Kraemer 2006; Nietzky 2005). Die „Wunderkammer", gegliedert in „Meisterwerke", „Lieblingsstücke" und „Kuriositäten", weist neben Kurzfilmen mit dem klassischen erläuternden Kommentar aus dem Off (Beispiel „Madonna von Chur") über Mittel der Verfremdung (Beispiel „Postkutsche", „Mohrenautomat"), des Paradoxons (Beispiel „Graubündner Sargtuch"), der Einladung zum Entdecken (Beispiel „Kachelofen") bis hin zu verschiedenen Gesprächsformen wie Monolog (Beispiel „Gynaikomorphes Gefäss"), Dialog mit sich selbst (Beispiel „Langobardisches Kreuz") oder dem Wort-Bild-Spiel (Beispiel „Palmesel") und dem humorvollen Texten und Versenden elektronischer Postkarten (Beispiel „Wirt und Gast") abwechslungsreich unterschiedliche Konzepte der Narration auf. Im Bereich der „Zeitzeugen" wird stärker mit Stellungnahmen historischer, fiktiver und heutiger AugenzeugInnen gearbeitet, denen Sammlungsgegenstände zugrunde liegen. Während eine Gruppe junger elfjähriger Pioniere der Mikromobilität Auskunft über die Vorzüge ihres Mini-Scooters („Trottinett") gibt, sinniert der 1456 gestorbene Rudolf von Ringoltingen in „Memento Mori" vor dem Jahrzeitbehang seiner Familie über die Vergänglichkeit des Lebens und die Herausforderung des Glaubens. Auch können mittels ZeitzeugInnen sozialkritische Botschaften thematisiert werden (Abbildung 5).

Abbildung 5:   Virtueller Transfer Musée Suisse/Zeitzeugen/Mauritius Ehrlich: Notzimmer

Die durch Mauritius Ehrlich 1945 erbrachte vorbildhafte Erfindung des *Notzimmers* zur Linderung der Flüchtlingsnot appelliert zum Nachahmen und gibt Auskunft über die Flüchtlingspolitik der Schweiz in den Jahren 1933–1945. Das Modul *Namenlose Arbeiter* widmet sich der Problematik Kinderarbeit und beinhaltet Links zu Hilfs- und Spendenorganisationen.

Wird das gesellschaftsrelevante Potenzial eines Sammlungsobjekts erkannt, kann dieses, über seine Funktion als Artefakt hinaus, zum Impulsträger einer zielgerichteten, durchaus auch politischen Botschaft werden. So trifft Genettes getroffene Erkenntnis, dass die „Erzählung immer weniger sagt, als sie weiß, aber sie einen oft mehr wissen lässt, als sie sagt", in bestimmter Weise auch auf hypermediale Anwendungen zu (Genette 1998, 140). Indem sich die narrativen Konzepte in eine Zeit der ErzählerInnen, eine Zeit des Erzählens und eine Zeit der Erzählung einteilen lassen, kann auch die Frage nach dem historisch korrekten Zusammenhang von Quellenmaterial und dessen Umsetzung oder nach der wissenschaftlichen Belegbarkeit des vorgefundenen Materials gestellt werden. Beim Problem der Authentizität handelt es sich mehr oder weniger um die Glaubwürdigkeit des Dargestellten, die inhaltliche Korrektheit des Gezeigten oder Gehörten. Durch die Mischung von historischen und zeitgenössischen Aufnahmen verschwimmen die einzelnen Ebenen der Inhalte miteinander. Für BenutzerInnen sollte jedoch eindeutig nachvollziehbar sein, ob es sich bei dem benutzten Material um historische Dokumente, die als Quelle zitiert werden, oder um reine Stilmittel handelt, die der Erzeugung von Atmosphäre dienen.

Objekt als Erzähler

Neben der bereits erwähnten Vielfalt an unterschiedlichen Einsatzmöglichkeiten von Sammlungsobjekten als Erzähler soll hier die CD-ROM „Kidai Shoran" des Berliner Museums für Ostasiatische Kunst beispielhaft besprochen sein. Die Anfang des 19. Jahrhunderts entstandene querformatige Bildrolle zeigt auf etwa zwölf Metern Länge Alltagsgeschehen in der Stadt Edo (Tokyo) und bildet mehr als 1.000 Menschen und Tiere ab. Das Interface-Design ist in seiner Farbigkeit an die Bildrolle angelehnt. Schlichtheit in der Gestaltung und eine überzeugende Navigation, die mit einer Fülle von Schlagwörtern, simultan eingeblendeten Textfeldern und intertextuellen Links spielen, heben die CD-ROM als vorzügliches Beispiel szenischen Designs hervor. Ein schneller Zugriff ist schlecht möglich, die Bildrolle lädt geradezu zum längeren Verweilen ein. Als anregende Entdeckungsreise bietet sie mittels der fünf *Spaziergänge* durch Samurai, Bürger, Bürgersfrau mit ihrer Tochter, Mönch mit kleinem Novizen und Hund geführte, stark narrative Touren aus unterschiedlichen Perspektiven an (Abbildung 6).

Trotz des ausgewogenen Bild-Text-Verhältnisses im Interface-Design ist „Kidai Shoran" sehr textlastig, und die mitunter hohe Anzahl an zu verlinkenden Begriffen führt zu einer gewissen Ermüdung und gegebenenfalls dem Verlaufswegweiser zum Trotz auch zur Desorientierung. Die *Spaziergänge* werden musikalisch untermalt, doch die mitunter seltsam wirkenden Dialoge („Wenn du aus allen Nähten platzt, sieht dich bald kein Mann mehr an!") zwischen den ProtagonistInnen sind wiederum nur zu lesen. Eine Lösung in Form gesprochener Dialoge hätte das Bild gestärkt und zudem einen stärkeren Kontrast zu den übrigen textlastigen Kapiteln hergestellt. Hinter *Texte* verbirgt sich ein mehrfach abgestufter Thesaurus, der in Form eines Glossars kürzere Erläuterungen zu den Themen *Zur Bildrolle Kidai Shoran, Stadtführung, Infrastruktur, Alltagskultur* und *Arbeitswelt* enthält. Begriffe innerhalb der *Spaziergänge* sind mit diesem Glossar verlinkt. „Kidai Shoran" kommt durch seine unterschiedlichen Strategien des Zugriffs auf Bildrolle und Textinformationen den Bedürfnissen der AnwenderInnen bestens nach, indem es Angebote zum Entdecken, Erzählen und strukturierten Suchen bereithält. Nur wer sich auf die einem Stadtbummel gemäße Geschwindigkeit einlässt, hat die Möglichkeit, die Feinheiten dieser hervorragenden und vielschichtigen Applikation in all ihrer Fülle zu entdecken.

Abbildung 6: Kidai Shoran/Spaziergänge/Bürgersfrau mit ihrer Tochter

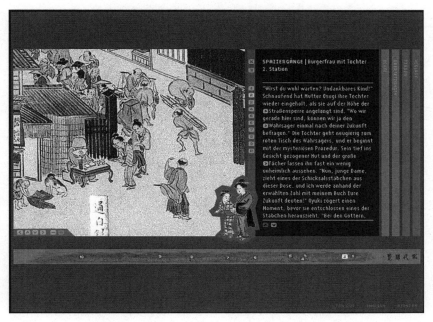

© Museum für Ostasiatische Kunst, Staatliche Museen zu Berlin/Projektteam Jeannot Simmen 2000

Komplexität

Zu den komplexeren Narrationen zählen die virtuelle Rekonstruktion der Erkundungsreise durch „Lewis & Clark" den Missouri River entlang ebenso wie die im Rahmen der Expo'98 produzierte CD-ROM „Navegar" oder auch die Geschichte des Wiener k. k. Museums für „Kunst und Industrie" als Vorgängerinstitution des Museums für angewandte Kunst. Alle drei genannten Anwendungen verknüpfen auf höchst effektvolle Art und Weise historische Fakten und Sammlungsgegenstände zu einem narrativen Spannungsbogen. Bei „Lewis & Clark" (Marable 2004; Nietzky 2005) folgen BenutzerInnen dem Verlauf der Reise und lernen anhand spielerischer Anwendungen, wie beispielsweise in *Discovering Language*, die Problematik der Kommunikation mit indigenen Völkern kennen.

Bei „Navegar" sind Fakten, Objekte und Erzählstränge durch gezeichnete Animationen miteinander verbunden; die gezeichneten Figuren erzählen als historische Persönlichkeiten die portugiesischen Entdeckungsfahrten aus ihrer eigenen Perspektive (Abbildung 7).

Abbildung 7: Navegar/Voyages/Vasco da Gama/Lisbon 1497

© Comissao Nacional para a Comemoraçao dos Descobrimentos Portugueses/Oda Edition/Réunion des Musées Nationaux 1998

Hierdurch wird zwar eine persönliche, unmittelbare Nähe hergestellt, doch diese ist zugleich problematisch, da das Fehlen einer neutralen Erzählinstanz auch die Vorurteile der damaligen EntdeckerInnen mitführt. Anders hingegen die durch zwei Stimmen sachlich erzählte chronologische Geschichte des Wiener Museums für „Kunst und Industrie". Diese greift auf museumseigene Sammlungsobjekte zurück, um den Stilpluralismus des Historismus zu erklären (Kraemer 2000).

Interaktiv narrativ

Innerhalb der Vielzahl narrativer Konzepte bilden Anwendungen wie das interaktive Märchen „Le Livre de Lulu" oder das Modul *Johannes Grün von Kauffbüren* des „Museum Schloss Kyburg" eine Ausnahme, da sie ebenso wie bei „Kidai Shoran" mehrere Vermittlungsstrategien parallel einsetzen. Eigentlich werden die Abenteuer der Prinzessin Lulu und des vom Planeten Solus stammenden Roboters Mnemo konventionell in Form eines bebilderten Buches erzählt bzw. als Hörbuch vorgelesen (Abbildung 8).

Abbildung 8: Le Livre de Lulu/Prinzessin Lulu und Roboter Mnémo

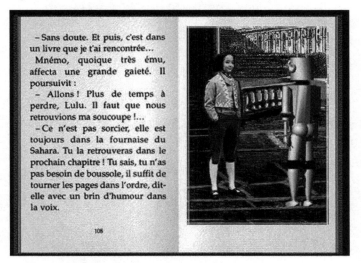

© Romain Victor-Pujebet/Organa, 1995

Doch genau hier liegt die Herausforderung verborgen; denn ebenso wie bestimmte Wörter im Text, beinhalten auch die Bilder eine Fülle von versteckten Links, die eine reichhaltige Vielfalt unterschiedlichster Animationen starten. Dieses Entdecken entschleunigt so stark, dass die interaktiv-visuellen Reize in eine gewisse Rivalität mit der Erzählung treten. Indem der Autor Romain Victor-Pujebet geschickt einen visuellen Gestaltungsmix von diversen Medien und Materialien geschaffen hat, gelingt es ihm, die Aufmerksamkeit der BenutzerInnen über lange Zeit zu fesseln.

Beim 1725 auf der Kyburg durch Landvogt Johann Jakob Holzhalb verhandelten Kriminalfall *Johannes Grün von Kauffbüren* werden die Protokolle aus dem Malefizbuch einer spielfilmartigen Rekonstruktion gegenübergestellt. Der 15-minütige Film erlaubt BenutzerInnen, die Sachlage zu beurteilen und an ausgewählten Stellen zu interagieren (Abbildung 9).

Des Weiteren können Ausschnitte der Gerichtsakten und des authentischen Protokolls von 1725 nachgelesen werden.

Aus dem Protokoll: Landvogt zum Angeklagten: „Er solle wüsen, das mann ihne ansehe und halte für einen Dieben und Mörder, darumb er Red unf Bescheid geben müse. Er werde beser thun, wann er sein Herz frey raumen, als wann er müese dar zu gezwungen werden und hiermit frey bekennen, wer seine Conhorten was für Einbrüch er guthan."

Aus dem Film: Landvogt zu den anwesenden Richtern: „Ihr alle wisst aber, dass wir für seine Verurteilung ein Geständnis brauchen. Wenn wir kein Geständnis von ihm erhalten und die Indizien ausreichen, dann sollten wir doch die Folter androhen." Fürsprecher zum Landvogt: „Territio verbalis ... mmh, ja die Folter androhen, dass können wir schon tun, aber um die Tortura dann wirklich durchzuführen, muss ein massiver Tatverdacht bestehen."

Abbildung 9: Museum Schloss Kyburg/Johannes Grün von Kauffbüren

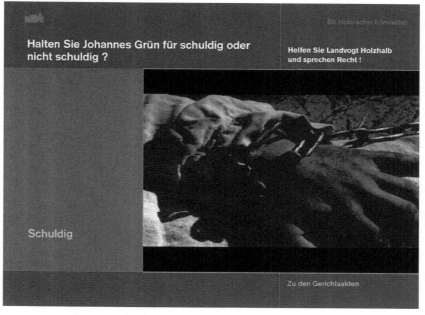

© Verein Schloss Kyburg/Transfusionen 2004

So treten die Authentizität der stattgefundenen Wirklichkeit und die Rekonstruktion des Verhandlungsverfahrens aus heutiger Sicht in ein anregendes Zwiegespräch und ergänzen einander, da das Medium des Films ausgehend von den Akten das Verfahren für uns nachvollziehbar macht. Eine Einführung in das Gerichtswesen des 18. Jahrhunderts und eine Beurteilung des umstrittenen Rechtsfalls aus unserer Zeit erweitert die heikle Thematik der Anwendung von Folter als Mittel zur Wahrheitsfindung. Zitate aus der Allgemeinen Erklärung der Menschenrechte (Artikel 5) und die Definition von Folter gemäß den UN-Konventionen (Artikel 1) führen das Thema in die Gegenwart und bieten so breitgefächerte Perspektiven für Diskussionen in Unterricht und Lehre.

Noch einen Schritt weiter geht „Vienna Walk". Hierbei handelt es sich um den Prototyp eines interaktiven Films auf Grundlage der Möglichkeiten, die Internet, Hypermedia und die DVD-Technologie bieten (Kraemer 1999; 2001, 215–223). Drei AgentInnen haben ihre Missionen zu erfüllen. Als Agentin Pauline auf ihrer Suche nach Kunst und Kultur das erste Mal den Säulenhof des Österreichischen Museums für angewandte Kunst betritt, lauscht sie dem Eindruck, hält inne, flaniert aktiv durch die Räume, schaut sich Objekte an und reflektiert laut über das Gesehene. Dies hat mit „kulturellem window-shopping" (Treinen 1996, 117) nur auf den ersten Blick etwas gemein, denn manche Sammlungsobjekte bieten vertiefende wissenschaftliche Informationen, die je nach Bedarf von BenutzerInnen abgerufen werden können (Abbildung 10).

Schließlich begegnet der menschliche Avatar Pauline einem weiteren Besucher, der per Mausklick zum Gespräch aktiviert werden kann. So entwickelt sich ein Gespräch zwischen ihr und dem Naturwissenschaftler Werner Schimanovich über den Zweck der Kunst und den Wert der Kultur. Da Paulines Gesprächspartner direkt aus dem Film heraus über E-Mail kontaktiert werden kann, wird an diesem Beispiel ersichtlich, wie durch die Gesprächsführung im Film mittels interaktiver Kommunikationshilfe ein realer Gedankenaustausch zwischen BetrachterInnen und dem Protagonisten des Films hergestellt werden kann. Gerade für die Vermittlung von Inhalten oder abstrakten Begriffen bieten sich somit ungeahnte Möglichkeiten, denn BenutzerInnen werden durch die Frage selbst geleitet und lernen unterschiedliche Ansichten zu einem bestimmten Thema, Objekt oder einer Fragestellung kennen. Durch die Option, mit dem gefilmten Wissenschaftler direkt und real zu kommunizieren, verlassen die BenutzerInnen den Cyberspace und sind in der gegenwärtigen Welt angelangt.

Abbildung 10: Vienna Walk Demo/Pauline im Gespräch

© Science Wonder Productions, 1998

Dramaturgie

Als Grundlage einer erfolgreichen Vermittlung von Museumsinhalten gilt „stets die Herstellung einer kommunikativen Beziehung" (Treinen 1996, 120). Primäres Ziel ist es demnach, durch Strategien eine Identifikation mit dem Vermittlungsinhalt zu schaffen, in dem die zu vermittelnden Inhalte an eigene Erfahrungen der RezipientInnen knüpfen. Am besten geschieht dies durch ein „Gefühl der Verbundenheit" (Mothes 2001, 78 f.), welches sich im Rahmen der Fiktionalisierung von Personen oder im Umgang mit Themen und Artefakten ergeben kann. Die Methode hierzu lautet: Dramaturgie. So erläutert Ulla Mothes vorbildlich die Grundfunktionen der Dramaturgie und deren Mittel, die zur Gestaltung von narrativen Spannungsbögen zur Verfügung stehen; es ist jedoch Janet H. Murrays Verdienst, die Begriffe der „Multiform Story" und der „Multicharacter environments" als deren Potenziale an polyperspektiven Lesarten auf die vernetzten Erzähltechniken der Hypermedia übertragen zu haben (Murray

2000, 30–38; 233–237). Doch – und dessen ist sich auch Murray bewusst, indem sie den Begriff des „Cyberdrama" (Murray 2000, 207) benutzt – können weder die im Theater noch die Filmen zugrunde liegenden dramaturgischen Methoden ohne Weiteres auf Hypermedia übertragen werden. Der starken linearen Ausrichtung in der Abfolge der Ereignisse, die in Theaterstücken (Laurel 2000, 2003), Filmen und Hörspielen (Mikunda 2002; Kraemer 2013) dazu dient, die Handlung der Geschichte voranzutreiben, stehen bei Hypermedia-Anwendungen erstens ein Netz von modular vernetzten Informationseinheiten diverser Vertiefungsebenen, zweitens eine Vielzahl von Vermittlungszielen und drittens unterschiedlichste Einsatzbereiche gegenüber, die sowohl Besuchsleitsysteme, Audioguides, Bild- und Text-Datenbanken, als auch zielgruppendifferenzierte Lern- und Spielapplikationen umfassen können. Hinzu kommt die Kommunikation mit Bildern, die im Print-Design und in der Werbung zusehends einer Bildsprache folgt, welche verbale Rhetorik mit visueller Rhetorik kombiniert, um starke Aufmerksamkeit zu schaffen. Da diese Rhetorik, wie anschaulich für das Werbedesign gezeigt wurde (Bonsiepe 1999; Pricken 2005), vornehmlich mit der Mehrdeutigkeit der Aussage von Bild und Text spielt, ist sie als ein rein semantisches Modell zu verstehen. Für die Anwendung im hypermedialen Bereich hingegen würde diese Form der Bildsprache jedoch zu kurz greifen.

Um Design, Navigation und Inhalt zusammenzuführen, bedarf es nicht nur der visuellen Intelligenz, sondern auch der hypermedialen Kompetenz der BenutzerInnen. „Da sich das systemische Design darum bemüht, das technische und inhaltliche Verständnis bereits auf der visuellen Ebene zu erhöhen, ist es kognitives Design" (Khazaeli 2005, 247).

Am treffendsten wird diese Herausforderung im binären Meisterwerk „Continue" von Dieter Kiessling deutlich (Kraemer 2001, 214–215). Als vierte CD-ROM der „Artintact"-Reihe des ZKM 1997 herausgegeben, versetzt das interaktive Drama BenutzerInnen in eine herkulische Scheidewegsituation, indem der Künstler die BenutzerInnen zwischen *quit* und *continue* wählen lässt (Abbildung 11).

Abbildung 11: Dieter Kiessling: continue

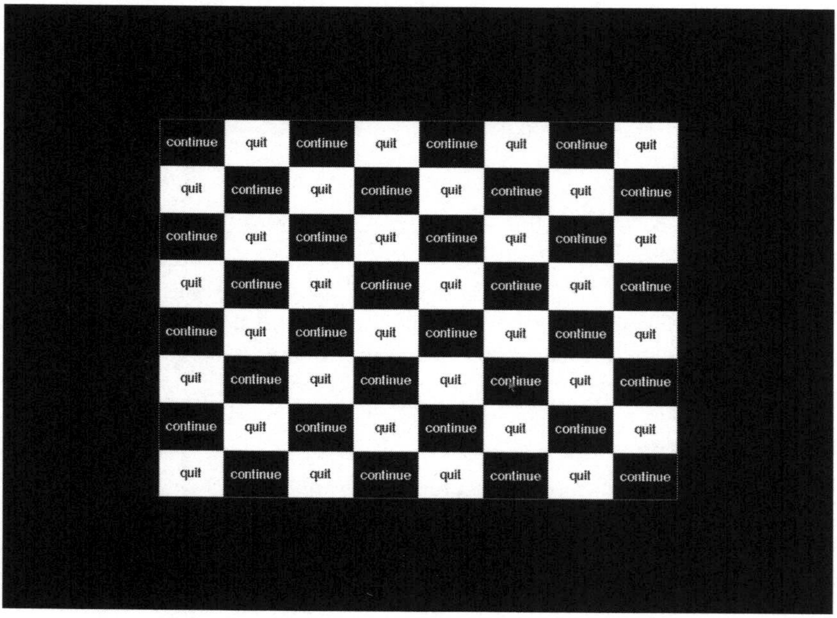

© Dieter Kiessling / ZKM Karlsruhe, Artintact 4, 1994

Die Wahl von *continue* zieht die Verdoppelung der vorgegebenen Befehle nach sich, sodass, dem Logarithmussystem der Weizenkornlegende folgend, der Bildschirm nach einer Weile mit mikroskopisch kleinen Befehlsfeldern gefüllt ist, die keine gezielte Vorgabe, sondern nur mehr Zufallstreffer erlauben und somit die Befehle ad absurdum führen. Die Freiheit der interaktiven Auswahl kehrt sich ab einem gewissen Zeitpunkt gegen die BenutzerInnen. Willentliche Entscheidungen werden durch den Moment des Zufalls aufgehoben. Das Programm nimmt den BenutzerInnen die Entscheidung ab. Die Interaktivität wird zufällig und somit hinfällig. Das Bewusstwerden dieser Ohnmacht angesichts der durch das Programm vorgegebenen Entweder-oder-Möglichkeit führt zu einem Erkennen der wahren Grenzen der BenutzerInnen innerhalb eines programmierten Systems. Entschleunigung, Vereinfachung und eine gute Geschichte, bei der es sprichwörtlich um Leben oder Tod geht – all dies wurde von Kiessling in purer Essenz auf den Punkt gebracht.

Eine gute Navigation bildet den Inhalt nicht nur ab, sondern ist zugleich Inhalt. Insofern erzeugt Informationsarchitektur gezielt Sinnzusammenhänge und ermuntert BenutzerInnen zur selbstständigen Konstruktion von Bedeutung. Das Angebot der Lesbarkeit und des Informationsflusses steht in einer direkten Abhängigkeit vom Erfahrungsschatz und von den persönlichen Bedürfnissen der einzelnen Person. Zeitlose Fragen verlangen nach zeitgemäßen, in unserem Falle hypermedialen Antworten (Kraemer 2006). Somit wird deutlich, dass es mehr bedarf, als nur Geschichten zu erzählen. Im fiktionalen Film wird der Rhythmus der Handlung und somit auch dessen Dynamik von der Länge der Szenen bestimmt (McKee 2000, Rieser 2002). Ebenso wie das Auge wiederkehrende Einstellungen als visuell langweilig erkennt, stellt sich auch bei Hypermedia-Anwendungen die Frage nach abwechslungsreicher Gestaltung. Die besondere Herausforderung hierbei liegt in der gestalterischen Differenzierung einzelner Module bei Beibehaltung eines übergeordneten visuellen Gesamtkonzepts. Im Grunde genommen geht es darum, das Prinzip der Gleichzeitigkeit in der Ungleichzeitigkeit auf Inhalt und Navigation, Design und Sound zu übertragen. Hierbei dienen alle Formen medialer Gestaltung als einzusetzende dramaturgische Mittel, um die AnwenderInnen für die zu vermittelnden Inhalte zu gewinnen. Doch nicht so sehr der Inhalt, als vielmehr die Art und Weise des Erzählens sind entscheidende Faktoren für die Identifikation der RezipientInnen mit dem Gesehenen und Gehörten. Für die Konzeption solcher Dramaturgien stellen sich mehrere Herausforderungen: Wie kann die Dynamik entschleunigt werden? Wie kann die Komplexität vereinfacht werden? Und wie kann der gesamte Spannungsbogen gehalten werden? Im richtigen Moment zu entschleunigen, bedeutet, die dramaturgische Setzung der Strategie von Pausen und somit auch das Prinzip des *Festina Lente* verstanden zu haben. Ziel ist, die Ästhetik des Ganzen zu beherrschen, um ein hypermedial einprägsames, aber dennoch schlichtes System zu schaffen, das nachhaltige Aufmerksamkeit verdient. Originalität war und bleibt hierbei das wesentliche Kennzeichen herausragender hypermedialer Anwendungen. An dieser Stelle sollte nicht unerwähnt bleiben, dass die hier vorgestellten Meisterwerke einer angewandten Medienkunst im Verschwinden begriffen und derzeit für die Forschung nur rudimentär erschlossen sind (hierzu: Kraemer, 2014, 2016, 2017, 2018).

Literatur

Baraldi, Claudio/Corsi, Giancarlo/Esposito, Elena (1998): GLU: Glossar zu Niklas Luhmanns Theorie sozialer Systeme. Frankfurt a.M.: Suhrkamp, [1997, 2. Aufl. 1998].

Bode, Stephan (1995): Multimedia in Museen – weder Königsweg noch Guillotine. In: Fast, Kirsten (Hrsg.): Handbuch der museumspädagogischen Ansätze. Opladen: Leske und Budrich, S. 335–362.

Bonsiepe, Gui (1999): Interface. Design neu begreifen. Mannheim: Bollmann.

Garrett, Jesse James (2003): The Elements of User Experience. User-Centered Design for the Web. New York: American Institute of Graphic Arts; New Riders Publishing.

Genette, Gerard (1994): Die Erzählung. München: Fink (UTB 8083), [1994, 2. Aufl. 1998].

Hahn, Hans-Dieter (2002): Digitale Szenografie für Kunst & Kultur: Konzepte & Praxisbeispiele für den dynamischen Aufbau digitaler Lernwelten. In: EVA Berlin 2002, Electronic Imaging and the Visual Arts, Conference Proceedings. Berlin, S. 87–92.

Heller, Steven (Hrsg.) (2001): The Education of an E-Designer. New York: Allworth Press.

Hentschläger, Ursula/Wiener, Zelko (2002): Webdramaturgie. Das audio-visuelle Gesamtereignis. München: Markt und Technik.

Khazaeli, Cyrus Dominik (2005): Systemisches Design. Intelligente Oberflächen für Information und Interaktion. Reinbek bei Hamburg: Rowohlt.

Kraemer, Harald (1999): Vienna Walk – über den Prototyp eines interaktiven Films. In: Museen im Rheinland, 1, S. 13–15.

Kraemer, Harald (2000): Kunst und Industrie – Ausstellung und Multimediales Paradigma. In: EVA Berlin 2000, Electronic Imaging and the Visual Arts, Conference Proceedings: Berlin, S. 27–31.

Kraemer, Harald (2001): CD-ROM und Digitaler Film – Interaktivität als Strategie der Wissensvermittlung. In: Gemmeke, Claudia/John, Hartmut/Kraemer, Harald (Hrsg.): Euphorie digital? Aspekte der Wissensvermittlung in Kunst, Kultur und Technologie. Bielefeld: transcript, S. 199–228.

Kraemer, Harald (2006): Museums are storytellers! New perspectives of education and hypermedia. In: The New Media Consortium et al. (Hrsg.): Understanding the New Dynamic: Art, Technology, and the Mind, Readings, S. 165–172.

Kraemer, Harald (2011a): „Connect with Us!" Social Media-Anwendungen einiger amerikanischer Museums-Webseiten. In: Klein, Armin (Hrsg.): Taten.Drang. Kultur. Kulturmanagement in Deutschland 1990–2030. Wiesbaden: VS Verlag, S. 219–246.

Kraemer, Harald (2011b): Interdependence and Consequence. En Route toward a Grammar of Hypermedia Communication Design. In: Grau, Oliver/Veigl, Thomas (Hrsg.): Gazing into the 21st Century. Cambridge MA: MIT Press, S. 289–312.

Kraemer, Harald (2013): Durch Hören sehend. Aspekte der Navigation via Sound-Design in Film und in Hypermedia-Anwendungen. In: EVA Berlin 2013, Conference Proceedings. Berlin: GFaI, S. 17–33.

Kraemer, Harald (2014): What is less or more than a touch? Multimedia Classics – Hypermedia Hermeneutics. In: Curator. The Museum Journal, Vol. 57, No. 1, S. 119–136.

Kraemer, Harald (2016): Sammeln ohne Zugriff: Sammeln ohne Sinn! Über den zunehmenden Verlust hypermedialer Wissensräume im Zeitalter ihrer elektronischen Speicherbarkeit. In: Schmidt, Sarah (Hrsg.): Sprachen des Sammelns. Literatur als Medium und Reflexionsform des Sammelns. München: Fink, S. 295–311.

Kraemer, Harald (2017): The Phantoms of Multimedia. About the Increasing Loss of Digital Cultural Heritage and some Challenges for Museums and Archives. In: Grau, Oliver/Coones, Wendy/Rühse, Viola (Hrsg.): Museums and Archives on the Move. Berlin: De Gruyter, S. 248–258.

Kraemer, Harald (2018): Media are – first of all – for fun. The Future of Media determines the Future of Museum. In: Bast, Gerald/Carayannis, Elias G./Campbell, David F.J. (Hrsg.): The Future of Museums, Heidelberg/Berlin: Springer, 81–100.

Kraemer, Harald/Kanter, Norbert (2004): Dramaturgie – Navigation – Interaktivität: Komponenten gelungener Kommunikation mittels Hypermedia. In: Schöppinger Forum der Kunstvermittlung (Hrsg.): Versuche im Zwischenraum. Experimentelle Kunstvermittlung im digitalen Zeitalter, Tagung 2003. Schöppingen: Verlag Stiftung Künstlerdorf Schöppingen, S. 36–57.

Kraemer, Harald/Jaggi, Konrad (2003): The Virtual Transfer Musée Suisse. Digital Technology reshaping the strategy of the Swiss National Museum/Le TRANSFERT VIRTUEL MUSÉE SUISSE – une stratégie interactive pour le Musée National Suisse du 21e siècle. In: ICHIM International Cultural Heritage Informatics Meeting, L'Ecole du Louvre, Paris, 8.–12. September 2003, Conference Proceedings on CD-ROM.

Laurel, Brenda (2000): Computers as Theatre. Reading: Addison-Wesley Longman [1991, 8. Aufl. 2000].

Laurel, Brenda (Hrsg.) (2003): Design Research. Methods and Perspectives. Cambridge, Massachusetts: The MIT Press.

Luhmann, Niklas (2001): Soziale Systeme – Grundriss einer allgemeinen Theorie. Frankfurt a.M.: Suhrkamp Wissenschaft [1984, 9. Aufl. 2001].

Luhmann, Niklas/Baecker, Dirk (Hrsg.) (2006): Einführung in die Systemtheorie. Heidelberg: Carl Auer Systeme Verlag [2002, 3. Aufl. 2006].

Maeda, John (2006): The Laws of Simplicity. Cambridge, Massachusetts: The MIT Press.

Marable, Bart (1999): Once upon a Time: Using New Narratives in Educational Web Sites. In: Museums and the Web, 1999, New Orleans, LA, https://www.museumsandtheweb.com/mw99/papers/marable/marable.html, letzter Zugriff am 30.08.2019.

Marable, Bart (2004): Experience, Learning And Research: Coordinating The Multiple Roles Of On-Line Exhibitions. In: Museums and the Web, 2004, Arlington, VA, https://www.museumsandtheweb.com/mw2004/papers/marable/marable.html, letzter Zugriff am 30.08.2019.

McKee, Robert (2000): Story. Die Prinzipien des Drehbuchschreibens. Berlin: Alexander Verlag [1997, 3. Aufl. 2000].

Meadows, Mark Stephen (2006): Pause & Effect. The art of interactive narrative. Indianapolis: New Riders [2002, 7. Aufl. 2006].

Mikos, Lothar (2003): Film- und Fernsehanalyse. Konstanz: UVK.

Mikunda, Christian (2002): Kino spüren. Strategien der emotionalen Filmgestaltung. Wien: WUV Universitätsverlag.

Mothes, Ulla (2001): Dramaturgie für Spielfilm, Hörspiel und Feature. Konstanz: UVK.

Murray, Janet H. (2000): Hamlet on the Holodeck. The Futures of Narrative in Cyberspace. Cambridge, Massachusetts: The MIT Press [1997, 3. Aufl. 2000].

Nietzky, Petra (2005): Dramaturgie, Narration, Digitale Szenografie – Kriterien für eine gelungene Online-Vermittlung. In: EVA Berlin 2005, Electronic Imaging and the Visual Arts, Conference Proceedings. Berlin, S. 27–32.

Olsen, George (2003): Expanding the Approaches to User Experience. In: boxes and arrows, 10.03.2003, http://boxesandarrows.com/expanding-the-approaches-to-user-experience, letzter Zugriff am 30.08.2019.

Ponti, Gio (1969): Mailand 1954. In: Internationale Ausstellungsgestaltung, Haus Neuburg, Zürich. Zit. n. Schwarz, Ulrich/Teufel, Philipp (Hrsg.) (2001): Handbuch Museografie und Ausstellungsgestaltung. Ludwigsburg: AV Edition.

Prehn, Andrea (2004): Digitale Museumswelten. Das CD-ROM Archiv des Instituts für Museumskunde. In: Schöppinger Forum der Kunstvermittlung (Hrsg.): Versuche im Zwischenraum. Experimentelle Kunstvermittlung im digitalen Zeitalter, Tagung 2003. Schöppingen: Verlag Stiftung Künstlerdorf Schöppingen, S. 58–73.

Pricken, Mario (2005): Kribbeln im Kopf. Mainz: Hermann Schmidt [2001, 2. Aufl. 2005].

Rieser, Martin (Hrsg.) (2002): New Screen Media: cinema, art, narrative. London: British Film Institute.

Rotterdam, Erasmus von (1984): Adagia. Vom Sinn und vom Leben der Sprichwörter. Zürich: Manesse Verlag, 1984, S. 142.

Schöpf, Christine/Stocker, Gerfried (Hrsg.) (2006): Simplicity – the art of complexity, Ars Electronica 2006 Katalog. Ostfildern: Hatje Cantz.

Schulze, Claudia (2001): Multimedia in Museen. Wiesbaden: Deutscher Universitäts-Verlag.

Schweibenz, Werner/Thissen, Frank (2003): Qualität im Web. Benutzerfreundliche Webseiten durch Usability Evaluation. Berlin: Springer.

Sueton, Kaiserbiographien, hier: Kapitel Cäsar Octavianus Augustus, 25, in: https://www.projekt-gutenberg.org/sueton/kaiserbi/chap003.html, letzter Zugriff am 10.03.2020.

The New Media Consortium/CASE Western University/Cleveland Museum of Art (Hrsg.) (2006): Understanding the New Dynamic: Art, Technology, and the Mind, Readings. Cleveland. Ohio.

Treinen, Heiner (1996): Das Museum als kultureller Vermittlungsort in der Erlebnisgesellschaft. In: Landschaftsverband Rheinland (Hrsg.): Vom Elfenbeinturm zur Fußgängerzone. Opladen: Leske und Budrich, S. 111–121.

Vidal, Genevieve (2006): Contribution à l'etude de Tinteractivite. Les usages du multimedia de musee. Pessac: Presses Universitaires de Bordeaux.

Wohlfromm, Anja (2002): Museum als Medium – Neue Medien in Museen. Köln: Herbert von Halem Verlag.

Verweise

Augusta Treverorum Treveris. Das römische Trier entdecken!, CD-ROM, Rheinisches Landesmuseum/Virtuelle Welten, 1998.

Bauen im Licht. Das Glashaus von Bruno Taut, CD-ROM, mib Gesellschaft für Multimediaproduktionen in Berlin mbH, 1996.

Dieter Kiessling: continue, CD-ROM, ZKM Karlsruhe, Artintact 4, 1994.

Die Wiener Gruppe. Ein Moment der Moderne, CD-ROM, Supplement zum Katalog des Österreichischen Pavillons der Biennale di Venezia, Kipcak/Springer, 1997.

http://www.visualthesaurus.com, letzter Zugriff am 30.08.2019. http://jjg.net/elements/pdf/elements.pdf, *letzter Zugriff am 24.06.2007.*

http://boxesandarrows.com/expanding-the-approaches-to-user-experience/, *letzter Zugriff am 30.08.2019.*

Kidai Shoran. Vortrefflicher Anblick unseres prosperierenden Zeitalters/Kidai Shoran. Excellent View of Our Prosperous Age, CD-ROM, Museum für Ostasiatische Kunst, Staatliche Museen zu Berlin/Projektteam Jeannot Simmen, 2000.

Kunst und Industrie – Die Anfänge des Museums für angewandte Kunst in Wien, CD-ROM, MAK – Museum für angewandte Kunst Wien/Cantz Verlag/Transfusionen, 2000.

Le carnet de Villard de Honnecourt – L'art et les techniques d'un constructeur gothique, CD-ROM, *Bibliothèque nationale de France/Hexagramm/SDI, 2001.*

Les Carnets de Picasso, CD-ROM, Réunion des Musées Nationaux/Mosquito, 2005.

Exploring Picasso's La Vie, Medienstation, Cleveland Museum of Art/Cognitive Applications, 2002.

Le Livre de Lulu, CD-ROM, Romain Victor-Pujebet/Organa, 1995.

Lewis & Clark. The National BicentennialExhibition, Missouri Historical Society/Terra Incognita Productions, 2004, http://www.lewisandclarkexhibit.org, letzter Zugriff am 30.08.2019.

Harald Kraemer

Museum Schloss Kyburg, CD-ROM, Verein Schloss Kyburg/Transfusionen, 2004.

Navegar, CD-ROM, Pavilhao de Portugal Expo'98, Comissao Nacional para a Comemorajao dos Descobrimentos Portugueses/Oda Edition/Réunion des Musées Nationaux, 1998.

Sigmund Freud – Archäologie des Unbewussten, CD-ROM, Freud Museum Wien/ Nofrontiere, 1999.

That's Kyogen, DVD-ROM, Mansaku & Mansai Numora/Waseda University/ZKM Karlsruhe/Tokio Media Connections, 2001.

The Magical Worlds of Joseph Cornell, DVD-ROM, The Voyager Foundation/Cognitive Applications, 2003.

The Marguerite and Aime Maeght Foundation. A stroll in XXth century art, CD-ROM, The Foundation Maeght, 1995.

William Forsythe. Improvisation Technologies. A Tool for the Analytical Dance Eye, CD-ROM, Zentrum für Kunst- und Medientechnologie Karlsruhe/Deutsches Tanzarchiv Köln, 1999.

Vienna Walk Demo, CD-ROM/DVD-ROM, Science Wonder Productions, 1998.

Visionäre im Exil. Österreichische Spuren in der modernen amerikanischen Architektur, CD- ROM, Organa/Science Wonder Productions, 1995.

Wanäs. Contemporary Art in the Castle Woods of Wanäs, CD-ROM, Wanäs Foundation, 1998.

William Kentridge, CD-ROM, William Kentridge/David Krut Publishing, 1997.

Zwischenraum. Eine Reise durch das Museum Insel Hombroich, CD-ROM, Stiftung Insel Hombroich/ilumi - interaktive erlebniswelten, 2002.

Autor

Dr. Harald Kraemer

Dr. phil., Studium der Kunstgeschichte, Geschichte und Klassischen Archäologie an den Universitäten Trier, Wien und Witten/Herdecke | 1990–1992 Dipl. Kurator, Institut für Kulturwissenschaft Wien | seit 1993 als Konsulent für Museumsinformatik und seit 1998 als Produzent/Regisseur für Hypermedia-Applikationen im kulturellen Bereich tätig (www.transfusionen.de) | 1999–2001 SFB/FK 427 Medien & kulturelle Kommunikation, Universität Köln, Teilprojekt „Dokumentation zeitgenössischer Kunst" | 2002–2003 Projektleitung „Virtueller Transfer Musée Suisse" am Schweizerischen Landesmuseum, Zürich | Lehrbeauftragter an den Universitäten Bern, Konstanz, Krems, Lüneburg und Zürich | seit 2014 Associate Professor an der City University of Hong Kong.

Museumskommunikation mit Podcasts und Blogs

Podcasting – Kommunikationstool für die Museumscommunity

Claudia Schallert, NOUS Wissensmanagement GmbH

Das Grundproblem jeder neuen Medienentwicklung ist, dass sie, bevor sie ihr eigenes Potenzial erkennt, nur bereits existierende Medien imitieren kann. So wetterte einst Bertolt Brecht, dass der Hörfunk lediglich ein „kolossaler Triumph der Technik" sei, der sich seine „Daseinsberechtigung erst beweisen" müsse: „Man hatte plötzlich die Möglichkeit, allen alles zu sagen, aber man hatte, wenn man es sich überlegte, nichts zu sagen" (2005, 1–6).

Heute hat das Radio seine Aufgabe gefunden und es mangelt weder an der Anzahl der ZuhörerInnen noch an der Vielfalt der Themen oder dem Angebot an Sendern. Brechts Vision, das Radio von einem Distributionsapparat in einen Kommunikationsapparat zu verwandeln, der es HörerInnen ermöglicht, auch zu SenderInnen zu werden (vgl. ebd., 7), ist allerdings aktueller denn je. Podcasting, das sich im Gegensatz zum Radio aus einem gesellschaftlichen Bedürfnis heraus entwickelt hat, gibt den NutzerInnen nicht nur die Technik, sondern auch die dezentrale Struktur und das breite Publikum, um über jedes noch so spezielle Themengebiet zu berichten. Das macht Podcasting neben dem World Wide Web zu einem weiteren idealen Kanal für die Museumskommunikation.[1] Jedoch ist es ein Medium der NutzerInnen. Das birgt für Institutionen wie Museen die Herausforderung, ihre spezifischen Potenziale für sich nutzen zu lernen, anstatt mit der neuen Technologie nur alte Inhalte über neue Kanäle zu verschicken.

In der aktuellen Bildungsdiskussion rund um Bologna, PISA und die neue Mittelschule können Museen mit dem Angebot von medial aufbereiteten Inhalten in mehrfacher Hinsicht eine zentrale Rolle einnehmen: einerseits als kulturelle *Information Provider*,[2] die eine Demokratisierung des

---

1 Die Möglichkeiten, die das World Wide Web Museen für die Kommunikation und Online-Vermittlung bietet, diskutiert Nietzky (2005) anhand beispielhafter Webprojekte.
2 Kraemer (2001) unterscheidet zwischen *Content Providern* und *Information Brokern* als Museumsrollen.

Wissens unterstützen, andererseits weil sie mit dem Einsatz von neuen Medienanwendungen ein breiteres Publikum erreichen und durch die aktive Auseinandersetzung mit neuen Medien die Entwicklung grundlegender Schlüsselkompetenzen fördern.

Welche Hürden gibt es auf dem Weg zur Bildungsinstitution für die Informationsgesellschaft zu bewältigen, und welche Rolle spielt Podcasting dabei? Die Beantwortung dieser Frage erfordert eine Beschäftigung mit den aktuellen technologiebasierten gesellschaftlichen Entwicklungen sowie den spezifischen Potenzialen des Mediums.

Aktuelle Trends und neue Herausforderungen

Neue Technologien und die soziale Revolution im World Wide Web verändern die Art und Weise, wie wir Informationen abrufen und wie wir miteinander kommunizieren. Um in der Informationsgesellschaft eine zentrale Rolle zu spielen, müssen Museen auf diese Entwicklungen reagieren. Dodsworth et al. (2006) identifizieren in einer qualitativen Untersuchung sieben technologiebasierte gesellschaftliche Trends und beschreiben, wie in erster Linie US-amerikanische Museen mit diesen umgehen:

- *Sofortiger Zugang zu Information:* Der durch das Internet habitualisierte sofortige Zugang zu Information wird in Museen mit mobilen Technologien ermöglicht. BesucherInnen sollen Kontextinformationen bekommen, wann sie diese brauchen, nämlich dann, wenn sie vor dem Objekt stehen.
- *Anpassung des Angebots an kundschaftsspezifische Anforderungen:* Was wir von erfolgreichen Online-Märkten und Suchmaschinen kennen, wird teilweise auch auf Museumswebseiten und mit maßgeschneiderten medialen Erfahrungen vor Ort realisiert.
- *Neue Kommunikationsnetzwerke:* Mobiltelefonie und das Versenden von Sofortnachrichten sind zu erweiterten Organen geworden und haben auch im Museum Einzug gehalten.
- *Partizipation und persönlicher Ausdruck:* Mit der Web-2.0-Bewegung ist das World Wide Web dem ein Stück nähergekommen, was es ursprünglich sein sollte,[3] und hat sich zu einem sozialeren Ort mit mehr nutzungsgeneriertem Inhalt entwickelt. Auch Museen öffnen dement-

---

3 Die Vision des US-amerikanischen Soziologen Theodor Holm Nelson (2005) ist ein Netzwerk bestehend aus digitalen Dokumenten, in dem jedes Zitat mit seiner Originalquelle verbunden bleibt und alle Dokumente und Kommentare mit ihren

sprechend ihre virtuellen Pforten und ermöglichen es der Museumscommunity, sich in Weblogs und Podcasts einzubringen.

- *Barrierefreier Zugang:* Der Zugang zu und die Mitwirkung in Wissenschaft und Forschung werden durch Angebote wie Simulationen, Web-
kameras, Webcasts und Videokonferenzen erleichtert.
- *Technologie als Werkzeug:* Technologien dienen nicht nur als Distributi-
ons- und Kommunikationsapparate, sondern sind auch Werkzeuge, die
wir verwenden, um Probleme zu lösen. Museen können den kreativen
Umgang mit Technologie und Problemlösungskompetenzen in Workshops fördern.
- *Digitale Technologien als Spurensuchgeräte:* NutzerInnen hinterlassen
Spuren, wenn sie digitale Technologien benutzen. Museen können diese nutzen, um ihr Publikum besser zu verstehen.

Diese Serviceorientiertheit und Offenheit gegenüber den BesucherInnen
ist in Museen neu. Während lange der instruktivistische Ansatz, der von
passiv Lernenden ausgeht, welchen didaktisch aufbereitetes Material angeboten wird, die Museumskommunikation geprägt hat, ist seit einiger Zeit
eine Verlagerung hin zu einem kulturalistischen und konstruktivistischen
Denken in den Museen erkennbar, das die aktive Rolle des Menschen an-
erkennt. Das heißt, die Informationen werden nicht vom Museum vorge-
geben. Stattdessen sind alle Individuen in den Prozess der Bedeutungskon-
struktion involviert, indem sie ihre eigenen Bedeutungen aktiv aufgrund
ihres bereits vorhandenen Wissens konstruieren. Die Rolle der VermittlerInnen ist zu vergleichen mit der von ModeratorInnen (vgl. Hooper-
Greenhill 1999, 68–71).

Eine erfolgreiche Ausstellung kann demnach nur jene sein, die nicht
vom Museum oder KuratorInnen allein gestaltet wird, sondern in Zusammenarbeit mit den (potenziellen) BesucherInnen entsteht. Neue Kommunikationstechnologien bieten ganz andere Möglichkeiten der individuellen
Erarbeitung von Bedeutungen und aktiven Mitgestaltung. Im Zuge der
Web-2.0-Bewegung wird vermehrt versucht, Interfaces zu designen, die
diesen sozialen Aspekt unterstützen. Die dadurch entstehende Dynamik
und Transparenz kann schließlich eine stärkere Bindung der BesucherInnen an das Museum bewirken. Vicki Porter, Web-Managerin des Getty, beschrieb diesen Trend zu einer Zeit, als Museen gerade erst begannen, mit
Weblogs und Wikis zu experimentieren, folgendermaßen:

Verknüpfungen in einem dreidimensionalen Raum angezeigt werden können. Ein
solches System nützt die Potenziale des World Wide Web und bildet die Grundlage für das kollaborative Erarbeiten von Inhalten.

„To me the big trend in the future for museums is going to be bottom-up interpretation with museums finding ways to supplement, and to augment, and to keep their voice but to make it a lot more participatory. Once you do that I think people – once they own material – when they have a stake in it, they become more passionate about it and to me that's a way to inject real life into a museum where in fact you could say the definition of a museum is, where you put stuff that's from a dead culture, that's gone in a way" (Porter 2005).

Die Herausforderungen, mit denen Museen als Bildungsinstitutionen in der Informationsgesellschaft konfrontiert sind, drehen sich vor allem um die Integration von medial gestützten Lernerfahrungen und traditionellen Museumserfahrungen. Larry Friedlaender (2005), ehemals Co-Direktor des Stanford Learning Lab und Pionier im Einsatz hypermedialer Anwendungen in Museen, nennt vier konzeptuelle Probleme:

- *Museen sind Massenmedien, interaktive Technologien sind individuell:* Museumsbesuche sind soziale Phänomene, während interaktive Technologie diesen sozialen Aspekt oft unterbindet. Wie kann man also diese beiden unterschiedlichen Medien miteinander verknüpfen?
- *Persönlicher Kontakt vs. mediatisierte Erfahrung:* Mobile Technologien sind einerseits ideal für eine Museumserfahrung, weil sie den BesucherInnen erlauben, sich wie gewohnt durch die Ausstellungsräume zu bewegen. Auf der anderen Seite wird der nach der traditionellen Auffassung eines Museums wichtige persönliche Kontakt zu den Objekten zu einer mediatisierten Erfahrung, bei der die BesucherInnen in einen ganz anderen Prozess involviert werden.
- *Integration der Technologie in die Kommunikation mit dem Kunstwerk:* Museumserfahrungen beinhalten eine persönliche und eine soziale Komponente. Vor allem in Kunstmuseen gibt es neben der sozialen Erfahrung auch die individuelle Auseinandersetzung mit dem Kunstwerk. Wie kann man Technologien in die persönliche Kommunikation mit dem Objekt integrieren, um sie zu unterstützen, aber ohne sie zu stören?
- *Reale Objekte und mediatisierte Kontexte:* Das reale Objekt wird in unserer mediatisierten Gesellschaft immer wichtiger. Das Museum wird dabei zum quasi letzten Ort, an dem es solche echten, einzigartigen Objekte noch gibt. Während neue Technologien hingegen nur Abbilder von realen Objekten sein können, bringt die Integration dieser Objekte mit Kontextinformation einen enormen Vorteil mit sich.

Ein Schritt vor und zwei zurück?

In der Museumswelt wurde man auf Podcasting aufmerksam, als StudentInnen des Marymount Manhattan College in New York im Rahmen des Projekts „ArtMobs" alternative Podcast-Audioführungen zu ausgewählten Kunstwerken des Museum of Modern Art produzierten und auch andere Kunstinteressierte dazu einluden, mit eigenen Podcasts an dem Projekt mitzuwirken. Das Ziel war es, die Menschen dazu zu bringen, Kontrolle über ihren Informationskonsum zu übernehmen und von passiven KonsumentInnen zu aktiven MitgestalterInnen zu werden (vgl. ArtMobs 2005).

Podcasting ist eine Methode, um Audio- und Video-Dateien über das Internet zu verbreiten. Der Begriff „Podcasting" setzt sich aus dem Namen des tragbaren MP3-Players von Apple, dem iPod, und dem englischen Wort „broadcasting" (Rundfunk, Ausstrahlung) zusammen. Ein echter Podcast unterscheidet sich von anderen Möglichkeiten der Verbreitung von Mediendateien im Internet, wie z.B. dem Herunterladen von Dateien, durch sein Abonnement-Modell. Genauso, wie LeserInnen eine Zeitung abonnieren, wird ein Podcast den AbonnentInnen durch eine automatische Einspeisung über RSS geliefert. Eine Software, der Podcast-Client, übernimmt dabei für die BenutzerInnen die Suche, das Herunterladen und die Verwaltung der Mediendateien. Die einzelnen Titel können direkt am Computer oder mit einem MP3-Player abgespielt werden.

Im Vergleich zu anderen bereits früher von Museen eingesetzten Anwendungen, die eine hypermediale Darstellung der Inhalte ermöglichen wie Webseiten und PDAs, scheinen Podcasts, die über iPods oder andere MP3-Player abgespielt werden, allerdings eher einen Rückschritt darzustellen. Für einen interaktiven Zugriff auf multimedial aufbereitete Informationen fehlt ihnen die grafische Benutzungsoberfläche. Wenn überhaupt ein Bildschirm vorhanden ist, reduziert dieser die Darstellungsmöglichkeiten auf einen kurzen Text und abhängig vom Gerät auf eine kleine Bildvorschau.

Darüber hinaus ergeben sich für den Einsatz von Podcasting im Museum einige weitere Hindernisse (vgl. Samis/Pau 2006): MP3-Player sind zwar mobile, aber lineare Ausgabegeräte, die dafür gemacht sind, einen Titel nach dem anderen abzuspielen. Ein individueller, interaktiver Zugang, der mittlerweile bei traditionellen Audioführern gang und gäbe ist, ist hier nur über Umwege in der Produktion zu erreichen.

Die Produktion von Podcasts ist zeit-, energie- und personalaufwendig. Während anfänglich unprofessionelle Produktionen überwogen, setzt sich bei institutionellen Podcasts ein gewisser Qualitätsstandard durch, der sich sowohl auf die audiotaugliche Aufbereitung der Inhalte als auch auf die

Tonqualität bezieht. Viele Museen haben nicht die Erfahrung, um audiotaugliche Inhalte intern zu erstellen. Der pure Mitschnitt einer persönlichen Führung vor Ort ist zwar ressourcensparend, aber nicht für eine reine Audiowiedergabe geeignet, da Orientierungshinweise und Basisinformation fehlen.

Podcasts können traditionelle Audiotouren nur teilweise ersetzen, besser eignen sie sich für die Außenrepräsentanz des Museums und Vorinformation der BesucherInnen. Sie sind dazu gedacht, schon zu Hause heruntergeladen und ins Museum mitgebracht zu werden. Die Rechnung, dass Museen damit keine teuren und wartungsintensiven Leihgeräte mehr zur Verfügung stellen müssen, geht allerdings nur teilweise auf. Wer den Podcast schon zu Hause heruntergeladen hat und ins Museum mitbringt, ist auf der sicheren Seite. Prinzipiell können auch MuseumsbesucherInnen, die erst vor Ort auf diese Möglichkeit aufmerksam werden, mithilfe von Ladestationen bedient werden, allerdings mit der Gefahr, dass ihre gesamte Musikbibliothek dabei gelöscht wird. Das Walker Art Center rät dazu, zusätzlich Leihgeräte zur Verfügung zu stellen und das Angebot in der Museums- und Podcast-Community verstärkt bekannt zu machen (vgl. Gustafson 2006).

Mit dem Einzug neuer technischer Geräte in die Ausstellungsräume wird auch der barrierefreie Zugang zu Informationen ein Thema. MP3-Player sind nicht für alle NutzerInnen geeignet. Insbesondere die Bedienung der Benutzungsoberfläche eines iPods ist gewöhnungsbedürftig und gerade für ältere Personen schwierig, was Hilfestellungen vor Ort notwendig macht.

Potenziale

Worin liegen neben all diesen Schwierigkeiten die Potenziale von Podcasting? Was macht die Neuerung im Vergleich zu anderen Medienanwendungen aus? Samis und Pau (2006) definieren vier medienspezifische Charakteristika von Podcasts, die den oben angeführten gesellschaftlichen Entwicklungen entsprechen:

- Als Medium der Internetgeneration zeichnen sich Podcasts durch ihren informellen, spontanen Tonfall aus und eignen sich insbesondere für alternative Zugänge zu den Ausstellungsinhalten.
- Podcasting steht entsprechend des oben formulierten gesellschaftlichen Trends der Partizipation für die Anregung von Dialog sowie Einbindung unterschiedlicher Stimmen und Standpunkte.

- Podcasts stellen eine Kombination aus Struktur und Flexibilität dar, die es ermöglicht, spontan entstandene Inhalte mit archivierten Inhalten zu verknüpfen und das Museumspublikum laufend mit aktuellen Informationen zu versorgen.
- Ein Podcast ist gleichzeitig mobiler Außenrepräsentant des Museums und mitgebrachter sowie mitgestalteter Ausstellungsbegleiter. Auf diese Weise ermöglicht Podcasting eine Öffnung des Museums hin zur Museumscommunity.

Werden Museen über das Angebot von Podcasts auch ihr Publikum erweitern können? Um die vieldiskutierte Frage nach der Erschließung von neuen Besuchsgruppen zu beantworten, fehlen derzeit noch Forschungsergebnisse. Das Potenzial, über neue Kommunikationskanäle wie Podcasting Personen zu erreichen, die bisher nur selten oder nie ins Museum gingen, scheint jedoch vorhanden zu sein.

Im Rahmen einer Studienreihe zur technischen Außenrepräsentanz von Museen ging Gernot Wersig gemeinsam mit dem Institut für Museumskunde in Berlin bereits in den Jahren 1998 und 1999 der Frage nach, wer diese Angebote überhaupt nutzt. Eine im Rahmen der Studie in Zusammenarbeit mit dem Marktforschungsinstitut FORSA durchgeführte repräsentative Umfrage zur Nutzung von Museen und Internet in Deutschland widerlegt die Annahme von Wersig, dass Technik und Museen zwei Welten repräsentieren, die der Zwei-Kulturen-These zufolge nicht viel miteinander zu tun haben. MuseumsbesucherInnen und InternetnutzerInnen weisen sehr wohl Ähnlichkeiten auf. Die Merkmale der InternetnutzerInnen sind nur noch etwas ausgeprägter: Sie sind jünger, gebildeter und innovativer als die typischen MuseumsbesucherInnen (vgl. Wersig 2000, 26–28). Mehr als zwei Drittel der InternetnutzerInnen sind MuseumsbesucherInnen. Diese Gruppe lässt sich als überwiegend männlich, zwischen 33 und 44 Jahren, berufstätig und hoch gebildet beschreiben (vgl. Schuck-Wersig 2000, 149–153).

Die Demografie der Podcasting-NutzerInnen in Deutschland ist mit den InternetnutzerInnen von 1998/99 vergleichbar. Zwei aktuelle Podcasting-Studien beschreiben die befragten NutzerInnen als überwiegend männlich, im Schnitt rund 30 Jahre alt und hoch gebildet (vgl. Breßler/Martens 2007; Wunschel 2007).

Für die Museen bedeutet das in erster Linie, die besonders wichtige innovative Zielgruppe mithilfe von neuen Technologien intensiver an das Museum heranzuführen und daran zu binden, denn nach Angabe der oben beschrieben Umfrage von 1998/99 geht der Großteil der InternetnutzerInnen nur gelegentlich ins Museum. Abgesehen davon können Museen auch einen Beitrag dazu leisten, dass ihr bisheriges Publikum über sie den Weg zu neuen Technologien findet. Andererseits kann aber auch die Gelegenheit genutzt werden, neue Besuchsgruppen zu erreichen, nämlich jene NutzerInnen neuer Technologien, die nicht ins Museum gehen.

Best Practices

Ein Großteil der Museen, aber auch andere Kultur- und Bildungsinstitutionen, beschränkt sich weiterhin auf die Nutzung des Podcasts als zusätzlichen Distributionskanal, um dem Publikum bereits vorhandenes Material zur Verfügung zu stellen. Daneben gibt es einige Innovative, die mit den Potenzialen des Mediums experimentieren und versuchen, neue Möglichkeiten für die Kommunikation mit der Kunst- und Kultur-Community zu finden.

BA-CA Kunstforum PODCAST

Das BA-CA Kunstforum hat als eine der ersten Kulturinstitutionen Österreichs zu Beginn des Jahres 2006 begonnen, Podcasts mit Zusatzinformationen anzubieten. Der zu jeder Wechselausstellung neu erscheinende Podcast gleicht einer Radiosendung mit Interviews, Musikbeiträgen und Moderation. Für die Produktion hat das Ausstellungshaus einen lokalen Kulturjournalisten engagiert und stellt so automatisch eine Beziehung zur Kunst- und Kultur-Community her. Das Format hebt sich durch zahlreiche musikalische Stellungnahmen und Bezüge zur Ausstellung sowie seinen ungewöhnlich frechen Tonfall von anderen Museums-Podcasts ab. Die einzelnen Episoden sind mit rund 50 Minuten Laufzeit überdurchschnittlich lang.

SFMOMA Artcasts

Die Podcast-Reihe des San Francisco Museum of Modern Art erhielt den Best of the Web Award 2007 in der Kategorie „Innovative or Experimental Application". Nach ersten Gehversuchen mit intern realisierten Podcasts produziert das SFMOMA seit November 2005 in Zusammenarbeit mit Antenna Audio die Podcast-Reihe SFMOMA „Artcasts" bestehend aus zwei unterschiedlichen Formaten: ein Audio-Magazin für zu Hause und unterwegs sowie eine Audiotour zur jeweils aktuellen Ausstellung für den Museumsbesuch als Bonus.

Das Magazin besteht aus einem Grundgerüst mit einem Intro, welches die von den Interactive Programs bekannte musikalische Kennung enthält, mehreren Inhaltssegmenten und einem Outro. Die einzelnen Segmente sind ein Potpourri aus Interviews mit KünstlerInnen, künstlerischen Beiträgen und Stimmen von BesucherInnen zur aktuellen Ausstellung. Die Gesamtlaufzeit des Angebots beträgt rund 15 Minuten. Das Magazin-Format zeichnet sich insbesondere durch seinen informellen Tonfall, kurzweiligen Charakter durch Abwechslung von Themen, Perspektiven und Stimmen und die kreative Einbindung der Museumscommunity aus. Das SFMOMA hat dafür die Formate „Vox Pop" (Interviews mit MuseumsbesucherInnen während sie die ausgestellten Werke betrachten), „Guest Takes" (Gastbeiträge von KünstlerInnen abseits der bildenden Kunst) und „Artcast Invitational" (eigenständige Podcasts der Museumscommunity) ins Leben gerufen. Hervorgehoben wurde von der Jury des Best of the Web Awards außerdem, dass der Podcast einerseits durch einen starken Bezug zum Museum geprägt ist, während er gleichzeitig auch für sich selbst stehen kann.

Die zweite Komponente ist eine locker strukturierte Ausstellungstour, bestehend aus Interviews mit KünstlerInnen und KuratorInnen. Orientierungshilfen werden einerseits durch den Moderator in der Einführung gegeben, zusätzlich stehen eindeutige Titelbenennungen auf der Anzeige des MP3-Players und ein Raumplan zur Verfügung. Darüber hinaus gibt es wahlweise Audio-Unterstützung für jene, die Hilfe bei der Anwendung des iPod benötigen.

Über den Podcast-Feed werden mehrere Medientypen angeboten: Audio-Magazin und Audiotour gibt es sowohl im MP3-Format als auch in einem mit Bildern erweiterten Format (AAC), eine Karte als Orientierungshilfe für die Audiotour wird ebenfalls mitgeliefert.

Auch bei der Bekanntmachung seiner Podcasts geht das SFMOMA neue Wege. Neben traditionellen Kommunikationskanälen haben sich insbesondere Weblogs als effektives Mittel der Informationsverbreitung bewährt. Wer den „Artcast" ins Museum mitbringt, erhält eine Ermäßigung auf den Eintrittspreis.

Treffen wir uns bei 10° kunst

„Treffen wir uns bei 10° kunst" (2006, Hamburger Kulturbehörde & ways of wondering, Hamburg/Wien) ist eine Audioführung, die anlässlich des

25. Jubiläums des Hamburger Programms „Kunst im öffentlichen Raum" entstand. Der Titel bezieht sich auf eine Strecke entlang des zehnten Längengrads, der quer durch Hamburgs Kunstszene verläuft. Die in einem Wettbewerb „10° kunst: Wege in die HafenCity" ausgewählten KünstlerInnen hatten die Aufgabe, mit ästhetischen Strategien PassantInnen von der Innenstadt, dem zehnten Längengrad folgend, zu einem Besuch der HafenCity zu motivieren, um das Stadtentwicklungsgebiet stärker ins Bewusstsein der HamburgerInnen und ihrer BesucherInnen zu rücken. Begleitend zu den künstlerischen Arbeiten sollte der Podcast den BesucherInnen eine informative akustische Führung entlang der Projekt-Routen bieten, die sowohl die KünstlerInnen und ihre Projekte vorstellt, als auch auf die Historie und Architektur der Areale verweist.

Die Podcast-Audioführung fällt vor allem durch ihr dramaturgisches Konzept auf, mit dem sie es schafft, einen Bogen über diese unterschiedlichen inhaltlichen Anforderungen zu spannen. Als verbindendes Element für die multiplen Themengebiete und Erzählperspektiven dient eine fiktive Rahmengeschichte rund um einen Protagonisten, der seiner Verabredung bei „10° kunst" nachkommt und auf seinem Weg unterschiedlichen Personen begegnet. BesucherInnen werden auf dem Weg von der Innenstadt zur HafenCity von diesem fiktiven Charakter begleitet und werden so ZeugInnen von Gesprächen mit den KünstlerInnen, StadtpolitikerInnen, beteiligten ArchitektInnen und ProjektentwicklerInnen, historischen Figuren, einem Pastor und PassantInnen. Die Aufmerksamkeit der HörerInnen wird in dieser Fülle von Informationen durch Momente von Spannung und Überraschung, Abwechslung und Anteilnahme aufrechterhalten. HörerInnen werden immer wieder direkt angesprochen und mit Fragen und Unerwartetem zum aktiven Mitdenken angeregt. Insgesamt besteht die Audioführung aus 22 Stopps, die als einzelne Podcast-Episoden gezielt anwählbar sind und je nach Interesse als Gesamtführung angehört oder übersprungen werden können.

Im öffentlichen Raum stellt die Benutzerführung eine besondere Herausforderung dar. Den HörerInnen wurden zur Orientierung mehrere Hilfestellungen angeboten: Wegbeschreibungen durch den Protagonisten und interviewte Personen, akustische Hinweise sowie visuelle Unterstützungen in Form einer Karte, kurzen Standortbeschreibungen und repräsentativen Bildausschnitten auf dem Bildschirm des MP3-Players.

Die Audioführung wurde während des Projektzeitraums über die Webseite der Kulturbehörde Hamburg als Podcast und Download kostenlos angeboten und konnte von NutzerInnen auf ihr eigenes MP3-Abspielgerät geladen werden. Bekannt gemacht wurde das Angebot über Printmaterialien und Pressetexte des Kunstprojekts „10° kunst" sowie über diverse Podcast-Verzeichnisse (vgl. Nietzky/Schallert/Claussen 2006).

Teacher Institute: Dutch Art in the Golden Age

„Dutch Art in the Golden Age" (2006, National Gallery of Art, Washington D.C.) ist ein jährlich im Sommer stattfindendes Seminar für Lehrende, die sich in der Kunsterziehung und Einbindung von Kunst in den Unterricht weiterbilden möchten. Das ambitionierte Projekt der National Gallery of Art wurde im Rahmen der „Museums and The Web"-Konferenz im Frühjahr 2007 vorgestellt. Vor dem Hintergrund der wachsenden Beliebtheit von MP3-Playern bei Jugendlichen ist es das Ziel des Museums, Lehrende zur Umsetzung eines Podcasting-Projekts mit ihren SchülerInnen zu befähigen, das sich mit darstellender Kunst auseinandersetzt. Das Potenzial eines solchen Projekts sehen Julie Springer und Paula White im Lernerzentrierten Ansatz, den Podcasting unterstützt. Die Erstellung eines Podcasts kann fächerübergreifend durchgeführt werden und spricht gleichzeitig mehrere Lernstile an (vgl. Springer/White 2007).

Conclusio

Podcasts sind neben Weblogs und Wikis ein kreatives Instrument, um neue und stärkere Beziehungen zur Museumscommunity aufzubauen. Die Einsatzbereiche reichen vom Marketinginstrument über die Vorabinformation vor dem Museumsbesuch bis zum Ausstellungsbegleiter und ermöglichen es, über regelmäßige, aktuelle Informationen eine permanente Bindung zwischen Museum und BesucherInnen herzustellen.

Die Erschließung neuer Besuchsgruppen durch Museums-Podcasts ist bislang allerdings nur Spekulation und wird es bei jeder neuen technischen Entwicklung wieder sein. Anstatt sich auf derartige Annahmen zu verlassen, sollte die Auseinandersetzung mit Kunst und Kultur auf einer viel grundlegenderen Ebene einsetzen, nämlich in den Schulen. Ein wichtiger Aspekt der anstehenden Bildungsreform sollte demnach eine verstärkte Einbindung von Museen und ihren Ressourcen in die schulischen Curricula sein. Vorreiter, wie beispielsweise die National Gallery of Art in Washington D.C., entwerfen nicht nur Programme und speziell aufbereitete Inhalte für den Unterricht, sondern bemühen sich auch um eine bessere Zusammenarbeit mit den Lehrenden und eine entsprechende Ausbildung derselben.

Podcasting ist dabei ein Instrument von vielen. Wie die Evaluation eines mehrspurigen Vermittlungsansatzes des SFMOMA zeigt, präferieren verschiedene Benutzungsgruppen unterschiedliche Angebote. Hinsichtlich des Nutzens wurden die Audioführung via Mobiltelefon und der Podcast neben multimedialen Computerstationen und diversen analogen Angeboten am höchsten bewertet. Im Vergleich dazu ist der Nutzen von einführenden Wandtexten nach Ansicht der BesucherInnen minimal (vgl. Samis 2007). Eine effektive Vermittlungsstrategie besteht allerdings nicht nur aus einer Mischung von analogen und digitalen Angeboten, sondern beruht auf der Integration digitaler Technologien in das Gesamtkommunikationskonzept des Museums. Voraussetzung dafür ist nach Krämer einerseits die Teamarbeit und Kooperation zwischen Museums-, Kommunikations- und TechnologieexpertInnen und andererseits der Versuch, „die traditionellen Grenzen der Medien bewusst zu ignorieren, um Text, Bild, Film und Ton zu einer anregenden, qualitätsvollen Dramaturgie zu verdichten" (2004). Denn nur Inhalte, die so aufbereitet sind, dass sie auch ihren Weg zu den BesucherInnen und BenutzerInnen finden und es vermögen, sie einzunehmen, zur aktiven Auseinandersetzung anzuregen und zu inspirieren, können zu einer erfolgreichen Vermittlung führen.

Literatur

ArtMobs (2005): Art Mobs to Remix MoMA (With Your Help). In: ArtMobs, 11.05.2005, http://mod.blogs.com/art_mobs/, letzter Zugriff am 30.08.2019.

Brecht, Bertolt (2005): Radiotheorie 1927–1932. In: Haas, Hannes/Langenbucher, Wolfgang R. (Hrsg.): Medien- und Kommunikationspolitik. Ein Textbuch zur Einführung, 2. Aufl.. Wien: Braumüller, S. 1–9. Zuerst veröffentlicht in: Brecht, Bertolt (1967): Gesammelte Werke. Schriften zur Literatur und Kunst I. Bd. 18. Frankfurt a.M.: Suhrkamp, 119–134.

Breßler, Sebastian/Martens, Dirk (2007): Podcast in Deutschland 2007. Nutzung und Chancen von Podcast in Deutschland. In: House of Research, http://www.house-of-research.de/news/Presse/206487%20Die%20Podcaststudie%20II,%20Bericht%20(c)%20Hou-se%20 of%20Research%202007.pdf, letzter Zugriff am 30.08.2019.

Dodsworth, Clark/Hagan, David/Howarth, Chuck/Maurakis, Eugene/Parry, Howell J. Jr./Pohlman, Don/Witschey, Walter/Werner-Avidon, Maia (2006): Museums in Transition: Emerging Technologies as Tools for Free-Choice Learning. Science Museum of Virginia. http://citeseerx.ist.psu.edu/viewdoc/download?doi=10.1.1.85.5113&rep=rep1&type=pdf, letzter Zugriff am 09.03.2020.

Friedlaender, Larry (2005): Unveröffentlichtes Interview, durchgeführt am 30.08.2005.

Gustafson, Brent (2006): Hacking The iPod. In: New Media Initiatives Blog, Walker Art Center, https://walkerart.org/magazine/hacking-the-ipod, letzter Zugriff am 30.08.2019.

Haas, Hannes/Langenbucher, Wolfgang R. (Hrsg.) (2005): Medien- und Kommunikationspolitik. Ein Textbuch zur Einführung, 2. Aufl.. Wien: Braumüller.

Hooper-Greenhill, Eilean (1999): Museum learners as active postmodernists: contextualizing constructivism. In: Hooper-Greenill, Eilean (Hrsg.): The Educational Role of the Museum, 2. Aufl.. London/New York: Routledge, S. 67–72.

Kraemer, Harald (2001): Museumsinformatik und Digitale Sammlung. Wien: Facultas.

Kraemer, Harald (2004): Ergebnisse zwischen Vision und Realität: Virtueller Transfer Musée Suisse/Museum Schloss Kyburg. In: Mai-Tagung, https://mai-tagung.lvr.de/media/mai_tagung/pdf/2004/wordkraemer.pdf, letzter Zugriff am 30.08.2019.

Nelson, Theodor Holms (2005): Transliterature. A Humanist Format for Re-Usable Documents and Media. In: Transliterature, 22.10.2005, http://transliterature.org/, letzter Zugriff am 30.08.2019.

Nietzky, Petra (2005): Vom Ausstellungsraum ins World Wide Web – Potentiale und Grenzen der Online-Vermittlung. Unveröffentlichte Magisterarbeit, Universität Lüneburg.

Nietzky, Petra/Schallert, Claudia/Caussen, Jan Torge (2006): 10° kunst. Herausforderungen beim Einsatz mobiler Informationssysteme im öffentlichen Raum. In: Stanke, Gerd et al. (Hrsg.): Konferenzband EVA 2006. Berlin: Gesellschaft zur Förderung angewandter Informatik, S. 94–99.

Porter, Vicki (2005): Unveröffentlichtes Interview, durchgeführt am 22.07.2005.

Samis, Peter/Pau, Stephanie (2006): 'Artcasting' at SFMOMA. First-Year Lessons, Future Challenges For Museum Podcasters broad audience of use. In: Trant, Jennifer/Bearman, David (Hrsg.): Museums and the Web 2006: Proceedings. Toronto: Archives & Museum Informatics, 01.03.2006, https://www.museumsandtheweb.com/mw2006/papers/samis/samis.html, letzter Zugriff am 30.08.2019.

Samis, Peter (2007): Graining Traction in the Vaseline: Visitor Response to a Multi-Track Interpretation Design for Matthew Barney: DRAWING RESTRAINT. In: Trant, Jennifer/Bearman, David (Hrsg.): Museums and the Web 2007: Proceedings. Toronto: Archives & Museum Informatics, 31.03.2007, https://www.museumsandtheweb.com/mw2007/papers/samis/samis.html, letzter Zugriff am 30.08.2019.

Schuck-Wersig, Petra (2000): Museumsinteressierte Internetbenutzer. Ergebnisse der Online-Umfrage „Museen im WWW". In: Freie Universität Berlin, Arbeitsbereich Informationswissenschaft/Institut fair Museumskunde (Hrsg.): Virtuelle Museumsbesucher – Empirische Studien zur technischen Außenrepräsentanz von Museen. Berlin: o. V., S. 105–134.

Springer, Julie/White, Paula (2007): Video iPods and Art Education. In: Trant, Jennifer/Bearman, David (Hrsg.): Museums and the Web 2007: Proceedings. Toronto: Archives & Museum Informatics, 31.03.2007, http://www.archimuse.com/mw2007/papers/springer/springer.html, letzter Zugriff am 08.07.2007.

Stanke, Gerd/Bienert, Andreas/Hemsley, James/Cappellini, Vito (Hrsg.) (2006): Konferenzband EVA 2006. Berlin: Gesellschaft zur Förderung angewandter Informatik.

Wersig, Gernot (2000): Technische Außenrepräsentanz von Museen. Problemaufriss und Projektergebnisse. In: Freie Universität Berlin, Arbeitsbereich Informationswissenschaft/Institut für Museumskunde (Hrsg.): Virtuelle Museumsbesucher – Empirische Studien zur technischen Außenrepräsentanz von Museen. Berlin: o. V., 11–30.

Wunschel, Alexander (2007): Die deutschen Podcast-Hörer. Zusammenfassung der Ergebnisse und Erkenntnisse der zweiten Podcastumfrage im Rahmen der Studienerstellung über soziodemographische Merkmale und Nutzungsdaten von Podcast-Hörern, https://docplayer.org/16956203-Die-deutschen-podcast-hoerer.html, letzter Zugriff am 30.08.2019.

Verweise

Sämtliche Verweise zuletzt besucht am 30.08.2019.

BA-CA Kunstforum PODCAST – https://www.kunstforumwien.at/de/mediathek/podcast

SFMOMA Artcasts – https://www.sfmoma.org/raw-material/

Treffen wir uns bei 10° kunst – http://www.waysofwondering.com/zehngradkunst/

Autorin

Claudia Schallert

Claudia Schallert ist seit 2013 HR Managerin bei der NOUS Wissensmanagement GmbH. Zuvor war sie Lehrbeauftragte und wissenschaftliche Mitarbeiterin für eLearning an der Fakultät für Sozialwissenschaften der Universität Wien. 2006 hat sie *ways of wondering* (www.waysofwondering.com), ein ExpertInnennetzwerk für Vermittlungskonzepte, mitbegründet. Nach dem Studium sammelte sie Erfahrungen im Team des Interactive Educational Technologies Department des SFMOMA. Claudia Schallert hat einen Magisterabschluss in Kommunikationswissenschaft.

Ein Modell zur Analyse der Auswirkungen von Podcasting auf die Beziehung zwischen Museum und Besuchenden[1]

Lena Maculan, Freie Kuratorin, Berlin

Einleitung

Einer der Pioniere auf dem Gebiet von Podcasting in Museen ist das San Francisco Museum of Modern Art (SFMOMA). Zusammen mit Antenna Audio produziert es eine Serie monatlicher Podcasts, bekannt unter dem Namen „Artcasts". Als sein Hauptziel gibt das SFMOMA an, es wolle mit den „Artcasts" Menschen „näher heranführen an die Stimmen und Klänge von Künstlern, Schriftstellern, Kuratoren, Musikern und an die Reaktionen von Besuchern auf Ausstellungen und Kunstwerke, die im SFMOMA zu sehen sind" (SFMOMA 2006a).

Für diese „Artcasts" suchte das SFMOMA nach einer neuen Form der Kunstvermittlung. Sie sollte weniger didaktisch als übliches Reden über Kunst sein und einen kreativeren Blick auf gezeigte Werke ermöglichen, erklärt Peter Samis. „Mit den *Artcasts* versuchen wir, nicht in jene Manier zu verfallen, in der Experten und Kuratoren über Kunst zu reden pflegen. Wir wollen nämlich auch ein junges Publikum erreichen" (Samis 2006). Außerdem sollte mit dem Audiozine auch „das Museum in die Gesellschaft hinein erweitert werden, um Menschen zu erreichen, die normalerweise nicht in Museen gehen" (ebd.).

Primär geht es bei den „Artcasts" also darum, mit neuen Formen der Kunstvermittlung neue Besuchsgruppen zu erreichen. Letztlich geht es also beim Podcasting um den Aufbau sozialer Beziehungen. Im Rahmen einer von der Autorin durchgeführten Studie wurden Interviews mit einer Reihe von Sachverständigen geführt. Es stellte sich heraus, dass sich die Idee, Podcasting könne dazu beitragen, neue Besuchskreise zu erreichen und nachhaltige Beziehungen zu ihnen aufzubauen, immer mehr verbreitet. Eine der großen Fragen, die sich zu diesem Trend stellt, ist: Wie lässt

---

1 Ich möchte Dr. Palitha Edirisingha (Universität Leicester) für die zahlreichen Gespräche danken, die wir über „informelles Lernen" und über die Auswertung von Podcasts geführt haben. Übersetzung aus dem Englischen: MB Übersetzungs- und Sprachbüro, Übersetzerin: Giesela Weise.

sich evaluieren, ob sich ein Podcast wirklich auf die Beziehung zwischen AnbieterIn und EmpfängerIn von Inhalten auswirkt? Ziel des Beitrags ist es, anhand der Analyse eines Exzerpts aus dem „Artcast" des SFMOMA von Dezember 2006 eine Methodik vorzustellen, mit der sich beurteilen lässt, ob ein Podcast Wandel oder Kontinuität der Museumspraxis repräsentiert.

Drei Stadien der Analyse der Auswirkung eines Podcasts

Die hier vorgeschlagene Methodik leitet sich von Norman Faircloughs dreidimensionalem Modell der *Critical Discourse Analysis (CDA)* her (Fairclough 2001). Faircloughs Modell kann jedoch nicht einfach nur angewendet werden, denn dessen Detailliertheit wäre für den spezifischen Zweck dieser Studie ungeeignet. Wie Faircloughs Modell hat auch die nachfolgend dargestellte Analyse drei Stadien: Der Text wird *beschrieben, interpretiert* und *erklärt.*

Faircloughs analytisches Modell schlägt vor, an einen Text zehn Fragen zu stellen. Er betont, mit seinem Modell solle kreativ gearbeitet, es solle an die jeweiligen spezifischen Bedingungen angepasst werden. Die Anpassung des Modells für die vorliegende Fallstudie wurde daher aus der Forschungsfrage entwickelt: Inwiefern stellt der Podcast hinsichtlich der Beziehung zwischen Museum und Publikum Kontinuität oder Wandel dar? Zur Festlegung der Struktur der Analyse musste zunächst geklärt werden, was analysiert werden muss. Im zweiten Schritt musste ein geeigneter Weg gefunden werden, die in jedem der drei Stadien zu stellenden Fragen zu formulieren, sodass sich Antworten auf die Forschungsfrage ergeben. In einem dritten Schritt wurde entschieden, wie viele Fragen in jedem Stadium der Analyse gestellt werden sollen. Dies wurde wiederum mit Bezug auf Textinhalt und Forschungsfrage bestimmt, d.h., anhand der Überlegung, wie viele Fragen zur Beanwortung der Forschungsfrage nötig sind.[2]

---

2 Nicht zuletzt war die Zahl der Fragen zu dem untersuchten Text auch durch den Umfang des vorliegenden Artikels begrenzt. Weitere Aspekte des analytischen Modells wurden von mir auf folgenden Konferenzen vorgestellt: „BDRA Learning Futures", Universität Leicester, Januar 2007; „The Museums and Heritage Show", Mai 2007, und „MAI-Tagung" am ZKM, Mai 2007. Mit nur drei Fragen ist die hier vorgestellte Analyse weniger detailliert. Ein solcher Kompromiss ist allerdings dadurch gerechtfertigt, dass hier vor allem die Methodik dargestellt werden soll. Zu diesem Zweck wurde die Detailliertheit der Analyse, also die Zahl der zu stellenden Fragen, auf ein Minimum reduziert.

Die Studie stützt sich darüber hinaus auch auf Louis Ravellis „Museum Texts" (2006). Denn Fairclough bietet zwar, was die grobe Struktur der Analyse dieses Podcasts betrifft, ein sehr relevantes analytisches Modell; aber bei Einzelheiten, insbesondere solche, die für Museen spezifisch sind, werden die Theorien Ravellis sehr hilfreich. Die vorliegende Fallstudie versucht daher, Überlegungen beider Autoren zu nutzen, um ein analytisches Modell zu entwickeln, das geeignet ist, die mögliche Auswirkung von Museums-Podcasts auf die Beziehung zwischen Museen und ihren BesucherInnen zu beurteilen. Im Folgenden werden kurz die drei Stadien der Analyse dargestellt.

Beschreibung

Das erste Stadium der Analyse befasst sich mit der internen Struktur des Texts bzw. seinen formalen Eigenschaften, z.B. den grammatischen Merkmalen und dem Vokabular. Ziel des Beschreibungsstadiums ist es, jene Eigenschaften des Texts zu identifizieren, die etwas darüber sagen, wie der Autor Subjektpositionen und soziale Beziehungen konstruiert.

Interpretation

Das Interpretationsstadium befasst sich mit dem Verhältnis des Texts zu seiner sozialen Praxis (hier: der Museumspraxis). Allgemein gesprochen werden alle Arten von Texten in Museen gemäß etablierter Normen oder Konventionen verfasst. Diese Normen sind das Produkt von Machtbeziehungen in Institutionen sowie solchen zwischen Institution und Gesellschaft, in der diese existieren. Um diese zugrunde liegenden Konventionen der Museumspraxis, die Bedingungen, unter denen ein Text verfasst (und aufgenommen) wird, geht es im Interpretationsstadium. Es wird offengelegt, wie der Text sich zu anderen Diskursen verhält. Beispielsweise werden die Annahmen deutlich gemacht, auf denen er beruht. Damit wird klar, ob der Text für Kontinuität oder Wandel der Museumspraxis steht.

Erklärung

Im Erklärungsstadium werden die institutionellen Prozesse, zu denen der Podcast gehört, beleuchtet. Fairclough verdeutlicht: „Erklären heißt, einen

Diskurs als Teil von Prozessen sozialen Kampfs zu sehen, innerhalb einer Matrix von Machtbeziehungen" (Fairclough 2001, 135). Für die vorliegende Fallstudie bedeutet das Stadium der Erklärung, den Diskurs als Teil der Praxis des erneuten Aushandelns der Machtbeziehungen zwischen Museum und Publikum zu sehen.

Exzerpt aus dem Artcast des SFMOMA vom Dezember 2006

Im Folgenden wird ein Teil eines Podcasts zitiert, in welchem der Kurator Rudolf Frieling über die Ausstellung „Charged Space" spricht. Dieser Abschnitt wird anschließend näher analysiert.

> „Moderator: What traces do events leave on their physical surroundings? Can a room be haunted by its past? Now on the fourth floor at the museum you find 'Charged space'. It's an exhibition of two video works, which explore these questions. With more on 'Charged Space' exhibit here is Rudolf Frieling Media Arts curator at SFMOMA. Rudolf Frieling: One of the questions artists face today, or face [...] have always faced, is how do you deal with histories of the past, embodied in a physical surrounding; specifically stories that deal with the political past, with repression with really laden histories. How can you actually make things visible that are so complex and that are possibly also so difficult to show that you don't quite know where to start? One of the things that the Wilson sisters did in this piece called Stasi City [...] Stasi stands for Staatssicherheit [...] so that's secret service [...] in East Germany. Literally, when the wall came down, this place was the embodiment of the political regime. So this place was stormed. And what you actually see in this video installation at SFMOMA is what's left over.
> Imagine you would be in jail [...] how does it actually feel? How does it feel to be in an interrogation chamber? To see all these doors, to see the recording devices, these old telephones, and to have this feeling that this is really the past. It looks old, it's already gone, fortunately it's gone, but at the same time it's also something that you feel, well [...] these regimes, these structures, these architectures of repression are still existing everywhere; and hopefully, you also feel that eventually these ideologies and these regimes have to come down, have to fail. So it's a kind of hope. And the motive of hope is also what links it to the second piece in this exhibition by a young Kurdish artist called Fikret Atay. Now new generation [...] and operating from a completely differ-

ent part of the world [...] whereas before, there was East West in terms of Socialist Capitalist, now it's a town in the Kurdish part of Turkey and its East West as opposed between the eastern world, the Islam world, and the western world, Christian world, if you want.

So imagine you are a young boy in a Kurdish city and you want to go somewhere you want to go elsewhere possibly and you possibly also want to get away form all these conflicts, you want to have a future and let's say you even want to be an artist. And you think [...] well [...] how on earth can I make art in such an environment? How can you still manifest your desire to do something to express yourself?

So here is this young boy that is recorded in one take on top of the hill overlooking the city, which is his hometown, close to the Iraq boarder and he takes what is available what he finds on the site: tin cans, rubbish and he just makes that into some sort of a drum kit and plays his piece. And he plays that very professionally so you think also he must have had also access to, possibly MTV watching video clips and that's where he wants to go.

So it's not a political statement that he is doing on top of the hill, looking actually towards the West, towards the sunset, but it might be read as something as a political statement against being lost in such a culture that basically doesn't offer any future to the younger generation. At the same time you think the future has already arrived by way of a bleak, urban, globalized architecture you are actually looking at. So it is this complex space that I also thought of as a charged space, complex in terms of the architectural dimensions, the political dimensions, but also the cultural implications.

To see the work of the Wilson sisters and Fikret Atay visit 'Charged Space' now on view at the museum through January 21st" (SFMOMA 2006a).

Erstes Stadium der Analyse: Beschreibung des Texts
Frage 1: Welchen Stil repräsentiert der Podcast?

Im vorliegenden Abschnitt wird der Stil des Podcasts untersucht und gezeigt, wie damit beabsichtigt wird, mit der Formalität zu brechen, mit der Museen so eng verbunden sind.

In dem Podcast führt der Moderator die Programmfolge folgendermaßen ein:

> „Welche Spuren hinterlassen Ereignisse in ihrer physischen Umgebung? Kann ein Raum von seiner Vergangenheit heimgesucht werden?

Im vierten Stock des Museums finden Sie jetzt die Ausstellung ‚Charged Space'. Zwei Videoarbeiten gehen dort diesen Fragen nach" (SF-MOMA 2006a).

Nachdem angekündigt wurde, dass Rudolf Frieling, der Medienkunst-Kurator des SFMOMA, mehr zu diesen Werken sagen wird, führt er aus:

„Eine der Fragen, die sich Künstler heute stellen müssen [...] oder sich immer gestellt haben, ist die: Wie geht man mit Geschichten der Vergangenheit um, die in einer bestimmten Umgebung verkörpert sind, insbesondere Geschichten, bei denen es um die politische Vergangenheit geht, um Repression, wirklich schwer beladene Geschichten? Wie kann man wirklich Dinge sichtbar machen, die so komplex sind und möglicherweise auch so schwierig zu zeigen, dass man nicht recht weiß, wo anfangen?" (SFMOMA 2006a).

Ravelli führt aus, die Komplexität geschriebener Sprache liege darin, wie die Informationen in einen Satzteil ‚verpackt' werden (Ravelli 2006, 54). Es ist interessant, den Podcast mit der Pressemitteilung zu vergleichen, die für dieselbe Ausstellung veröffentlicht wurde und in repräsentationaler Hinsicht ähnlich ist. Letztere ‚verpackt' wesentlich mehr Informationen auf einem kleineren Raum. (Pressemitteilung zur Ausstellung „Charged Space", SFMOMA 2006b). Aber der Podcast scheint keineswegs zugänglicher, bloß weil er die Informationen über mehr Sätze hin ‚ausbreitet'. Obwohl die Pressemitteilung 20 Worte weniger enthält, werden LeserInnen besser informiert. Ravelli mag wohl damit recht haben, dass es für LeserInnen/HörerInnen schwer verdaulich sein kann, wenn viele Informationen in wenige Sätze ‚gequetscht' werden. In diesem speziellen Fall allerdings scheint es, dass der Moderator und Rudolf Frieling viele Worte benutzen, ohne allzu viel zu sagen. Wenn man sich den zitierten Abschnitt ansieht, wird deutlich, dass HörerInnen kaum etwas darüber erfahren, was in der Ausstellung gezeigt wird und wie man sich die Werke vorstellen kann. Es stimmt, sie drücken sich zwanglos aus. Aber wenn die ZuhörerInnen den Sinn nicht nachvollziehen können, werden sie dann bis zum Ende zuhören? Mag sein, aber doch höchstwahrscheinlich nicht.

Laut Ravelli unterscheiden sich verschiedene Modi (d.h. mündliche oder schriftliche Modi) hinsichtlich zweier Dimensionen des situativen Kontexts, in dem Sprache produziert wird. Die erste Dimension ist jene des Ausmaßes von *Kontakt* und *Feedback*, zu denen es zwischen Text-ProduzentIn und -EmpfängerIn kommt (Ravelli 2006, 50). In Anlehnung an J. R. Martin erklärt Ravelli, hinsichtlich dieser Dimension von Kontakt und Feedback sei der Modus ein Kontinuum von Möglichkeiten, welches von den ‚maximalen' Möglichkeiten zwangloser Gespräche bis zu den ‚minimalen' Möglichkeiten eines akademischen Buches reicht (Ravelli 2006, 51).

Abbildung 12: Kontinuum von Feedback

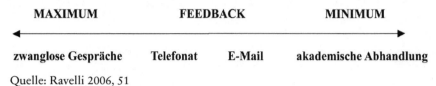

Quelle: Ravelli 2006, 51

Ebenfalls in Anlehnung an Martin zeichnet Ravelli ein Kontinuum von Sprach-Rollen und erklärt, die zweite Dimension des situativen Kontexts, anhand derer sich Texte entlang eines Modus-Kontinuums differenzieren lassen, sei jene Rolle, die Sprache im situativen Kontext spielt. Am einen Ende des Extrems ist Sprache aktiv, sie ist Teil eines sozialen Prozesses oder begleitet einen solchen. Am anderen Ende des Kontinuums *ist* Sprache der soziale Prozess, z.B. beim Lesen eines Buches, in dem Sprache dazu benutzt wird, „irgendeinen anderen sozialen Prozess zu rekonstruieren" (Ravelli 2006, 51). Die Rolle der Sprache ist dabei also reflektiv anstatt aktiv.

Abbildung 13: Kontinuum von Sprach-Rollen

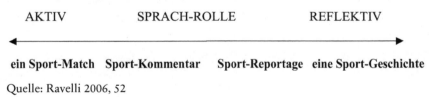

Quelle: Ravelli 2006, 52

Mit diesen beiden Dimensionen zusammengenommen können wir, nach Ravelli, den Sinn verschiedener Sprach-Modi verstehen, unabhängig von ihrem Medium (Ravelli 2006, 52). Eine Betrachtung des Podcasts in dieser Weise hilft uns auch, die beiden sehr unterschiedlichen Kommunikationsstile der Pressemitteilung einerseits und des Podcasts andererseits zu beleuchten. Während erstere die verschiedenen Informationen der Reihe nach auflistet, übermittelt der Podcast, der gesprochene Modus, den Inhalt in der Form von Fragen. Er simuliert ein Gespräch. Weder die Pressemitteilung noch der Podcast können wirklich unmittelbares Feedback von LeserInnen/HörerInnen bekommen. Die Art, wie Frieling Fragen formuliert, simuliert aber einen Gesprächston, der im Vergleich zur Pressemitteilung zu mehr Feedback einlädt.

Darüber hinaus ist die Sprach-Rolle im Podcast auch aktiver als in der Pressemitteilung. Die Art, wie Frieling spricht, lädt die ZuhörerInnen ein, sich das Werk anzusehen und sich damit zu beschäftigen. Die Pressemitteilung andererseits bietet so detaillierte Beschreibungen der Arbeiten, dass JournalistInnen (das imaginäre Publikum) theoretisch etwas über die Ausstellung schreiben könnten, ohne sie gesehen zu haben. Schauen wir ein anderes Beispiel an, um diese Punkte klarer zu machen. Auch in der Art, wie Pressemitteilung und Podcast ihre LeserInnen/ZuhörerInnen in das Werk einführen, weisen beide zwei unterschiedliche Modi auf. In der Pressemitteilung heißt es:

„Stasi City, 1997, von Jane und Louise Wilson, zeigt wandgroße Mehrkanal-Projektionen eines Streifzugs durch das verlassene Hauptquartier der ostdeutschen Geheimpolizei – der ‚Staatssicherheit‘ – einige Jahre nach der Wiedervereinigung Deutschlands" (SFMOMA 2006a).

Entsprechend erläutert Frieling in dem Podcast:
„Etwas, das die Wilson Schwestern in dieser Arbeit mit dem Titel ‚Stasi City‘ machten, [...] ‚Stasi‘ steht für ‚Staatssicherheit‘, also für den Geheimdienst in Ostdeutschland.

Dieser Ort war, als die Mauer fiel, buchstäblich die Verkörperung des politischen Regimes. Daher wurde er gestürmt. Und was Sie in dieser Video-Installation im SFMOMA sehen, ist das, was davon übriggeblieben ist" (ebd.).

Die Pressemitteilung gibt einige Fakten an, etwa Titel und Entstehungsdatum des Werks und die Namen der Künstlerinnen. Sie vermittelt eine Vorstellung davon, wie das Werk wohl aussieht, was in dem Video gezeigt wird, und gibt schließlich an, wann die gezeigten Aufnahmen gemacht wurden. Frieling beschreibt in dem Podcast das Werk nicht, sondern beginnt sofort, seine Bedeutung zu erklären. Aber beim Erläutern des Titels schweift er ab und bricht seinen erst halbfertigen Satz ab. In der Presseerklärung wird sehr deutlich genannt, wo und wann das Video aufgenommen wurde. Frieling hingegen führt aus, „dieser Ort wurde gestürmt", ohne zu erwähnen, dass der Ort, auf den er sich bezieht, das ehemalige Hauptquartier der Geheimpolizei war. Ebenfalls interessant aus einer CDA-Perspektive ist Frielings Gebrauch von Metaphern. Er benutzt die Wendung „als die Mauer fiel" als Metapher für das Ende der Diktatur in Ostdeutschland, sagt aber nicht, wann ungefähr das Video produziert wurde. Wurde es direkt nach der Erstürmung des Hauptquartiers aufgenommen? Sind in dem Video noch unmittelbare Spuren dieser Aktion zu sehen? Wiederum bietet die Pressemitteilung viel mehr Details, auch wenn sie dazu lediglich etwa halb so viele Worte verwendet. Interessant ist es auch, wie sich Frieling selbst unterbricht, wenn er die Bedeutung von ‚Stasi' erklärt, als habe ihm jemand eine Frage gestellt. Dies simuliert wiederum einen Dialog und verleiht dem Podcast einen Gesprächston. Im letzten Satz wendet sich Frieling direkt ans Publikum („Was Sie in diesem Video tatsächlich sehen [...]") und unterstreicht damit noch mehr die Qualität des Texts als gesprochenes Wort.

Als erstes ist der Schluss zu ziehen, dass der Podcast hinsichtlich seines Stils im Verhältnis zur Pressemitteilung einen viel stärkeren Gesprächston aufweist – er simuliert einen Dialog. Mit Ravellis Begriffen ausgedrückt, hat der Podcast einen höheren Grad von Feedback und ist aktiver als die Pressemitteilung, die eher reflektiv ist. Gleichzeitig verwendet Frieling verschiedene Stilmittel, um ein Gefühl der Beziehung zu dem Publikum zu fördern (z.B. durch rhetorische Fragen: „Wie kann man wirklich Dinge sichtbar machen [...]"), aber auch, um seine Interpretationen als diejenigen des Publikums auszugeben (z.B.: „Und was *Sie* in dieser Video-Installation im SFMOMA sehen [...]"). Er wechselt zwischen den Subjektpositionen von PartnerInnen bei der Wissensproduktion und autoritativer ProduzentInnen von Wahrheiten. Dem Publikum wird damit manchmal die Rolle von PartnerInnen bei der Sinnstiftung zugewiesen und manchmal die von EmpfängerInnen von Wahrheiten. Diese Kombination von Bruch mit dem traditionellen Paradigma und seiner erneuten Geltendmachung scheint ein Widerspruch zu sein. Die besondere Qualität des Podcasts – vor allem der Eindruck von Spontaneität – legt aber nahe, dass solche Kommunikationsstrategien nicht absichtlich verwendet wurden. Vielmehr scheinen sie sich aus der Eingebung des Augenblicks und aus dem fehlenden Manuskript ergeben zu haben. Was bedeutet nun das Dargelegte im Verhältnis zur Museumspraxis? Warum spricht Frieling in der beschriebenen Weise? Welche zugrunde liegenden Diskurse formen diesen Text? Repräsentiert der Text Kontinuität oder Wandel? Diese Fragen werden im folgenden Abschnitt oder zweiten Stadium der CDA – dem Interpretationsstadium – behandelt.

Lena Maculan

Zweites Stadium der Analyse: Interpretation des Texts
Frage 2: Podcasting und traditionelle Museumspraxis: Bricht der Podcast mit der
Stimme des Museums als institutioneller Autorität?

Die Art von Aktivität, um die es in dieser Fallstudie geht, ist ein via Internet verbreitetes Statement eines Kurators zu einer von ihm realisierten Ausstellung. Der situative Kontext hat daher zwei Elemente: erstens das Museum und zweitens – da es sich um ein via Internet verbreitetes Statement handelt – das Internet. Ein Vergleich des Exzerpts des Podcasts mit der Pressemitteilung des Museums auf seiner Webseite hat gezeigt, wie unterschiedlich sich das Museum bei diesen beiden Arten von Aktivität ausdrückt. Damit liegt nahe, dass es der entsprechende situative Kontext ist, welcher die zwischen SprecherIn und Publikum hergestellte Beziehung formt. Sehr verallgemeinert geht es bei der Pressemitteilung um die Weitergabe von Fakten zur Ausstellung auf eine Art und Weise, wie sie JournalistInnen vertraut ist. Die Pressemitteilung hätte ebenso gut schriftlich per Post versandt werden können. Vermutlich wurde also das Internet hier lediglich als Kanal zur Verbreitung genutzt. Auch bei dem Podcast ist das Internet natürlich die Übermittlungsmethode; aber anders als bei der Pressemitteilung wird es hier kreativ genutzt, um neue Formen der Inhaltsproduktion auszuloten. Es ist also dieser situative Kontext, der die Struktur bzw. das Schema des Podcasts formt.

Traditionellerweise neigen Museen als Forschungs- und Bildungseinrichtungen dazu, sich recht akademisch und formell auszudrücken. Für Fairclough ist „Formalität ein vorherrschender und vertrauter Aspekt der Beschränkung des Zugangs zum Diskurs" (Fairclough 2001, 54). Er konstatiert: „Viele Menschen erwerben nicht einmal das nötige Wissen und die Fähigkeiten, um in formellen Situationen periphere Positionen einzunehmen. Infolgedessen finden sie formelle Situationen per se einschüchternd und erschreckend" (ebd., 57). Daraus folgert er: „Formalität beschränkt Zugang und erzeugt ehrfürchtige Scheu" (ebd.). Viele MuseologInnen haben im Internet die Möglichkeiten gesehen, es in einer Weise zu nutzen, die mit der ‚Stimme des Museums als institutioneller Autorität' bricht (Walsh 1997, 78). Wie Peter Walsh ausführt, steigert diese Stimme die „leicht herablassende, einschüchternde Atmosphäre, die man insbesondere in größeren Institutionen findet [...], sie vermittelt den Menschen tendenziell ein Gefühl der Unwissenheit und entfremdet sie insgesamt von der Erfahrung von Museen" (ebd.).

Zweifellos gibt es heute noch viele Webseiten von Museen, auf denen die autoritative Stimme des Museums geltend gemacht werden soll. Der Plauderton des „Artcast" hingegen steht dazu in starkem Kontrast. Frie-

162

lings informeller Stil bricht mit der traditionellen Stimme des Museums. Er formuliert seine Beschreibung des Kunstwerks („How does it feel to be in an interrogation chamber?") sowie seine Interpretation („How on earth can I make art in such an environment?") in Form von Fragen. Er sagt nicht, dass man in dem Video dies oder jenes sieht und dass es dies oder jenes bedeutet. Nein, Frieling formuliert Fragen und versucht so, den HörerInnen „zu helfen", sich in das, was im Video dargestellt ist, hineinzufühlen. Es geht also darum, die Kunst erfahrbarer zu machen, anstatt sie zu erklären. Auch die direkte Ansprache (z.B. „Imagine you would be in jail [...]") verstärkt den Gesprächston und unterscheidet sich deutlich von der traditionellen Stimme des Museums. Vermutlich stützt sich Frieling dabei nicht auf irgendweinen spezifischen museologischen Diskurs darüber, wie Sinnbildung in Museen funktioniert. Nichtsdestoweniger bricht sein Kommunikationsstil mit dem ‚Übermittlungs-Modell' (Hooper-Greenhill 2000a) und referenziert einen Kommunikationsstil, der den Zielen der ‚neuen Museologie' (Vergo 1989) nahe kommt. Es lässt sich also schlussfolgern, dass die Vorstellung, der Podcast könne Kunst einem breiteren Publikum zugänglich machen, nicht allein damit zu tun hat, Kunstwerke online zu präsentieren, frei verfügbar für jeden, der einen Internetzugang hat. Wichtig ist auch der Gedanke, dass es bei der intellektuellen Zugänglichkeit von Kultur auch um die Entwicklung neuer Formen von Beziehungen zwischen Museum und Publikum geht, um die Beseitigung von Hierarchien und etablierten Konzepten von Kunst und ihrer Präsentation in Museen. Allerdings ist die solidarische Beziehung, welche in dem analysierten Text simuliert wird – dies darf nicht vergessen werden –, eine rein imaginäre und kommt allein durch linguistische Charakteristika zustande. Aber was heißt das nun für die Beziehung zwischen Museum und Publikum? Wirkt sich dieser neuartige Inhalt auf die Beziehung zwischen Museum und Publikum aus? Wenn ja, reproduziert und perpetuiert er die traditionellen Machtverhältnisse oder stellt er sie infrage? Diese Fragen werden im folgenden Abschnitt erörtert, der sich mit den sozialen und institutionellen Bedingungen befasst, im Rahmen derer ein Text existiert.

Drittes Stadium der Analyse: Erklärung des Texts
Frage 3: Zu welchen gesellschaftlichen Prozessen gehört dieser Diskurs?

Im ersten Stadium der Analyse wurde der Stil des Podcasts betrachtet. Im zweiten Stadium wurde die Bedeutung des Stils im Verhältnis zu der Art, wie Museen üblicherweise Texte verfassen, interpretiert und daraus der Schluss gezogen, dass der Text zwischen dem Bruch mit dem Paradigma des Museums als Produzent und des Publikums als Empfänger gelehrten Wissens und der Perpetuierung dieses Paradigmas hin- und herschwankt. Nun ist es an der Zeit, sich anzuschauen, in welchem Verhältnis der Text des Podcasts zu dem breiteren sozialen Kontext steht. Mit anderen Worten: Spiegelt der Podcast Kontinuität oder Wandel hinsichtlich der Beziehung zwischen Museen und ihrem Publikum wider?

Es lässt sich nicht leugnen, dass die traditionelle Beziehung zwischen Museen und ihrem Publikum von den verschiedensten Seiten her unter Beschuss geraten ist. Die finanzielle staatliche Unterstützung für Museen ist im Laufe der Jahre geringer geworden und die Museen sind dadurch unter Druck geraten, selbst Einkommen zu generieren. Neben vielen anderen Konsequenzen bedeutete dies für sie eine viel größere Abhängigkeit von ihrem Publikum. Die BesucherInnen beweisen oder widerlegen die Legitimität des Museums als einer Institution im Dienste der Gemeinschaft. Dies führt zu einer Situation, in der „Kunstmuseen ihre Wirtschaftlichkeit unter Beweis stellen und ihren Wert in neuen Zusammenhängen nachweisen müssen" (Hooper-Greenhill 2000a, 11). Wie Hooper-Greenhill bemerkt, suchen Museen nach Wegen, ihre BesucherInnen enger an sich zu binden (Hooper-Greenhill 2000b, 1). Tatsächlich ist es, wie sie sagt, „derzeit die größte Herausforderung für Museen, die Beziehung zwischen Museum und Publikum neu zu konzipieren" (ebd.). Zweitens entsteht auch seitens der Kulturpolitik ein gewisser Druck für die Museen, besuchsorientierter zu sein. In Großbritannien beispielsweise hat die Kulturpolitik „in den letzten Jahren Künste und kulturelle Organisationen verstärkt aufgerufen, ihre Aktivitäten so vielen Menschen wie möglich schmackhaft und für sie relevant zu machen" (Kawashima 2006, 55). Drittens hängen Veränderungen der Kommunikation nicht nur mit den neuen technologischen Möglichkeiten zusammen. Es haben sich auch Veränderungen in der Art und Weise bzw. dem Stil von Kommunikation ergeben. Hooper-Greenhill beispielsweise beschreibt, wie Kommunikation und Lerntheorien, auf denen Museen im 19. Jahrhundert beruhten, nicht mehr gültig sind:

> „Heute ergibt sich aus konstruktivistischer Lerntheorie zusammen mit post-strukturalistischen Epistemologien und post-kolonialer Kulturpolitik, dass Besucher/Lernende als aktiv und politisiert bei der Konstruktion ihrer eigenen relevanten Gesichtspunkte gesehen werden" (Hooper-Greenhill 2000b, xi).

Eine Analyse des Podcasts im Hinblick auf gesellschaftliche Prozesse erfordert die Berücksichtigung der oben skizzierten Zusammenhänge: sowohl die veränderte finanzielle Situation von vielen Museen, die Neudefinition der Beziehung zwischen Museum und BesucherInnen als auch die Veränderungen in den Formen der Kommunikation. Man muss auch die Statistiken berücksichtigen, die veranschaulichen, dass regelmäßige MuseumsbesucherInnen tendenziell gebildete Menschen mit qualifizierten Berufen und aus bürgerlichem Milieu sind. Nicht-BesucherInnen hingegen sind in der Regel weniger gut ausgebildet, haben schlechter bezahlte Berufe und kommen tendenziell aus sozial schwächeren Schichten (Balle 2002, 142). Darin lässt sich also das autoritative Element in der Führungsrolle von Museen als etwas von gesellschaftlichen Gruppen und sogar von Klassenbeziehungen Bestimmtes erkennen. Im Kontext der vorliegenden Analyse kann der Podcast als eine Arena angesehen werden, in der diese gesellschaftlichen Beziehungen neu ausgehandelt werden.

Mit Podcasting hat das SFMOMA ein Mittel an der Hand, innovative interpretative Techniken weiter zu erkunden. Zwar muss betont werden, dass direkte Bezüge zu den oben beschriebenen Zusammenhängen nicht aufgezeigt werden können. Dennoch ließe sich wohl sagen, Frielings Beitrag – im Prozess um erneut auszuhandelnde Beziehungen zwischen Museum und Publikum – sei in dem (beabsichtigten oder unbeabsichtigten) Ziel erkennbar, über die traditionelle Museumspraxis hinauszugehen, um so neue BesucherInnen zu gewinnen. Was den Stil anbetrifft, so stellt der Gesprächston des

Podcasts für Museen einen neuen Kommunikationsstil dar. Dies erklärt auch, warum in Museumskreisen die „Artcasts" mit so viel Begeisterung aufgenommen wurden. In dem analysierten Text finden sich aber auch Nachweise dafür, dass die traditionelle Machtbeziehung zwischen Museum und Publikum nach wie vor geltend gemacht wird. Es zeigt sich auch, dass der Text seinen HörerInnen wenig Information darüber bietet, was denn konkret von der Ausstellung zu erwarten sei. Der für viele Menschen entfremdend wirkende wissenschaftliche Ton des Museums wird durch einen Plauderton ersetzt. Sehr viel mehr über die im Podcast angesprochene Kunst wissen HörerInnen ohne fundiertes Vorwissen am Ende höchstwahrscheinlich auch nicht. Das Ziel, ein neues Publikum mit leicht verständlichen Informationen zu Ausstellungen zu erreichen, scheint deshalb schwer realisierbar zu sein. Aus diesem Grund lässt sich im Text auch keine neuartige Beziehung zwischen Museum und BesucherInnen feststellen. Eine neue Beziehung wird zwar durch linguistische Strukturen simuliert, sie bleibt aber auch lediglich eine Simulation.

Die Schlussfolgerung, allein aufgrund des Einsatzes neuer Technologien, neuer Methoden der Inhaltsvermittlung und neuartiger Formate von Inhalten entwickle man auch neue Beziehungen zwischen SprecherIn/ ProduzentIn und HörerIn/EmpfängerIn, ist mit Vorsicht zu genießen.

Stattdessen hat die vorliegende Analyse ergeben, dass Podcasting, selbst wenn ProduzentInnen solcher Inhalte die besten Absichten haben, auch zur Erhaltung des Status quo hinsichtlich der Beziehung zwischen Museum und Publikum beitragen kann. Schließlich ist Podcasting ja bloß eine Technologie, eine Methode der Vermittlung von Inhalten. Klug genutzt kann sie vielleicht die Beziehung zwischen Museum und Publikum beeinflussen. Das Medium an sich kann aber nichts Grundlegendes ändern. Ob ein Podcast zum Aufbau neuer Beziehungen mit MuseumsbesucherInnen beitragen kann, hängt gänzlich von der Qualität des vermittelten Inhalts ab.

Schlussfolgerung – Wie brauchbar ist die hier vorgestellte Methodik zur Analyse von Podcasts?

Einer der entscheidenden Pluspunkte dieser Methodik liegt darin, dass sie es ermöglicht, den Inhalt eines Podcasts aus einer größeren Perspektive heraus bzw. in seinem gesellschaftlichen Kontext zu analysieren. Nur dadurch deckt die Analyse den wahrscheinlich wichtigsten Aspekt auf, nämlich mögliche Auswirkungen von Podcasts dahingehend, dass Menschen anders miteinander kommunizieren.

Der in diesem Artikel analysierte Podcast wurde vom weltweiten Marktführer auf dem Sektor der Produktion von Audio-Inhalten für Museen produziert. Wie ist es möglich, dass ein Team hochqualifizierter Museumsspezialistinnen, die mit einer Gruppe sehr fähiger ExpertInnen auf dem Gebiet der Audio-Produktion zusammenarbeiten, dennoch nicht herausfindet, wie sich Audio-Inhalte produzieren lassen, die eine wirklich neue Beziehung zwischen Museum und BesucherInnen widerspiegeln? Was in einem geschriebenen Text so selbstverständlich scheint, nämlich dass der Text eine klare Struktur haben muss (wie in der Pressemitteilung), ist bei gesprochenem Text nicht mehr so selbstverständlich. Das mündliche Medium ist viel komplexer, als es scheinen mag, und die hier verwendete Methodik macht das deutlich. Es genügt nicht, den Text und seine Beziehungen zu traditioneller Museumspraxis zu analysieren. Erst im dritten Stadium der Analyse, wenn der soziale Kontext des Texts betrachtet wird, wird das Scheitern des Versuchs deutlich, in dem Text und durch den Text eine neue Beziehung zum Publikum zu entwickeln.

Was die negativen Seiten der Methodik angeht, so muss zugegeben werden, dass das Verfahren sehr zeitraubend ist. Idealerweise würde man eine solche Analyse auf der Grundlage eines schriftlichen Skripts vornehmen. Wenn es also kein zuvor verfasstes Skript gibt, muss der Text transkribiert werden, was sehr aufwendig ist. Für sehr umfangreiche Textpassagen ist diese Methode daher wahrscheinlich ungeeignet. Es scheint, dass sich das Modell nur schwerlich so anpassen lässt, dass ein unveränderliches Set von Fragen festgelegt wird. Angemessener ist es wohl, die Grobstruktur des Modells beizubehalten – also die drei Stadien der Analyse – aber mit den an einen Text zu stellenden einzelnen Fragen kreativer zu verfahren, um die Analyse in einem handhabbaren Rahmen zu halten und sie auch für die vielen verschiedenen Zusammenhänge brauchbar zu machen, in denen sie anwendbar sein könnte.

Literatur

Balle, Catherine (2002): Democratization and institutional change. In: Crane, Diana et al. (Hrsg.): Global Culture. Media, Arts, Policy, and Globalization. New York/London: Routledge, S. 132–145.

Fairclough, Norman (2001): Language and Power. Second Edition. Harrow, London: Pearson Education.

Hooper-Greenhill, Eileen (2000a): Changing Values in the Art Museum: rethinking communication and learning. In: International Journal of Heritage Studies 6, 1, 2000, S. 9–31.

Hooper-Greenhill, Eileen (2000b): Museums and the Interpretation of Visual Culture. London/New York: Routledge.

Kawashima, Nobuko (2006): Audience development and social inclusion in Britain. Tensions, contradictions and paradoxes and their implications for cultural management. In: International Journal of Cultural Policy 12, 1, 2006, S. 55–72.

Ravelli, Louis (2006): Museum Texts. New York/London: Routledge.

Samis, Peter (2006): Interview mit Autorin, 26.07.2006.

SFMOMA (2006a): SFMOMA Artcasts, Dezember 2006, https://www.sfmoma.org/listen/artcast-december-2006/, letzter Zugriff am 30.08.2019.

SFMOMA (2006b):Press release ,Charged Space', in: https://www.sfmoma.org/press/release/sfmoma-presents-two-video-installations-charged-s/, letzter Zugriff am 30.08.2019.

Vergo, Peter (1989): The New Museology. London: Reaction Books.

Walsh, Peter (1997): The Web and the Unassailable Voice. In: Archives and Museum Informatics. Cultural Heritage Informatics Quarterly, Volume 11, 1997, S. 77–85.

Autorin

Dr. Lena Maculan

Dr. Lena Maculan ist Kunsthistorikerin, wurde in Museumswissenschaft am Department of Museum Studies an der University of Leicester promoviert und war für unterschiedliche Galerien und Museen tätig. Als Mitglied der Forschungsgruppe *Digital Heritage Research Group* hat Lena Maculan über zeitgenössische Kunst, Museen und Neue Medien publiziert und an Forschungsprojekten z.B. zum Thema „Learning Objects" teilgenommen. Davor hat sie in Zusammenarbeit mit dem Museum für Moderne Kunst Frankfurt das Werksverzeichnis von Elaine Sturtevant herausgegeben und als wissenschaftliche Mitarbeiterin an einem Ausstellungsprojekt des Vitra Design Museum Berlin, in Galerien in Wien sowie der Galerie Thaddaeus Ropac in Paris und Salzburg gearbeitet.

Forschung.Alltag – Videoblog zu kulturwissenschaftlichen Themen. Ein Werkstattgespräch

Daniel Alles,
Johannes Gutenberg Universität-Mainz, Redakteur von Forschung.Alltag

Timo Heimerdinger,
Institut für Geschichtswissenschaften und Europäische Ethnologie, Universität Insbruck

Thomas Laufersweiler, Redaktionsleiter ARD

Philipp Pape,
designlabor gutenberg/Studiengang Kommunikationsdesign der Fachhochschule Mainz

Forschung.Alltag wurde als ein kulturwissenschaftlicher Videoblog und Videopodcast gemeinsam von der Abteilung Kulturanthropologie/Volkskunde der Johannes Gutenberg-Universität Mainz und dem designlabor gutenberg der Fachhochschule Mainz entwickelt. Inhaltlich beschäftigt sich eine erste Sendereihe mit dem Themenbereich Essen und Trinken als kulturelles und gestaltetes Phänomen und baut damit auf einer früheren Lehr-Kooperation auf (Heimerdinger/Pape 2007). In fünf- bis zehnminütigen Beiträgen sollen Einzelaspekte des kulturwissenschaftlichen Themenkreises beleuchtet werden. Zur Diskussion des Projekts wählen wir hier für die Darstellung die etwas ungewöhnliche Form eines Werkstattgespräches. Es dokumentiert konzeptionelle und grundsätzliche Überlegungen zu diesem Videoblog, markiert Erwartungen und Wünsche.

Daniel Alles, Timo Heimerdinger, Thomas Laufersweiler, Philipp Pape

Abbildung 14: Forschung.Alltag, der Videoblog (Screenshot)

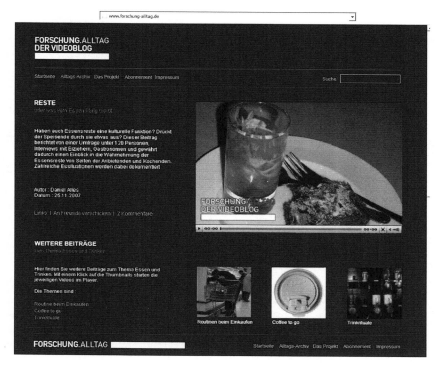

© Björn Knauf 2007

Heimerdinger: Die Grundidee des Projektes ist es, diesen Videoblog als ein Vermittlungsmedium zu begreifen. Wir gehen von der Überlegung aus, dass es interessante kulturwissenschaftliche Forschung gibt, die sich mit alltagsnahen Themen befasst bzw. die den Alltag selbst thematisiert, öffentlich jedoch kaum wahrgenommen wird. Es gibt zwar klassische Vermittlungsformen, diese erreichen aber viele mögliche Interessenten gar nicht. Unser Videoblog ist der Versuch, hier einen neuen Kanal anzubieten. Die Frage ist nun: Ist es möglich? Unter welchen Bedingungen kann das funktionieren? Und was sind die Nachteile und die Vorteile im Verhältnis zu den klassischen Vermittlungsformaten wie Zeitschriften, Vorträge oder museale Aufbereitungen?

Laufersweiler: Ein Vorteil des Mediums ist es, online für jeden verfügbar zu sein, der einen Internetanschluss zur Verfügung hat. Und der Nutzer kann Beiträge auch zeitsouverän nutzen, d.h., er kann selbst entscheiden, wann er Lust und Zeit hat, sich damit auseinanderzusetzen. Es gibt darüber hinaus einen Mehrfachnutzen. Ein Videobeitrag, der in einem Videoblog läuft, kann auch in einer Ausstellung wieder verwendet werden, oder ein Videobeitrag, der für eine museale Konzeption gemacht wurde, kann parallel auch im Blog funktionieren.

Alles: Eine weitere Stärke wäre im interaktiven Zugang zu sehen, indem man die Beiträge nicht nur wie beim Fernsehen versendet, sondern sie zur Diskussion stellt und den Zuschauern die Möglichkeit gibt, Einfluss auf die weitere Gestaltung zu nehmen. Das ist der große Vorteil des Internets und gleichzeitig auch eine Schwäche, weil natürlich jede von einer Community getragene Plattform auch nur so gut ist, wie diese Community selbst, d.h., wenn der Zuspruch ausbleibt und das Engagement gering ist, kann so etwas auch schnell wieder sterben.

Pape: Die Verlinkung zwischen einem Beitrag und weiterführendem Material kann auch direkter geschehen als in anderen Medien. Wenn wir einen Beitrag über ein Buch, das dort erwähnt wird, verlinken und der Zuschauer sich dieses Buch dann direkt bestellen oder Auszüge daraus nachlesen kann, dann bieten wir damit verschiedene inhaltliche Tiefen der Information für verschiedene Nutzer.

Alles: Da kommt man auch den Nutzungsgewohnheiten der Leute entgegen, die sich viel kursorischer und nomadischer zwischen den Medien bewegen und denen man einfach die Türen zeigen muss, wo es weitergeht, und die sie dann auch gehen werden.

Laufersweiler: Viele User suchen sich ihre Informationen mittlerweile über Suchmaschinen. Dabei handelt es sich um User mit einem tieferen Interesse für das Thema, die sich möglicherweise nicht nur den einen Blogeintrag anschauen, sondern vielleicht auch zu anderen inhaltlich zusammenhängenden Seiten gelenkt werden können. Das Portal als solches bekannt zu machen, ist allerdings nicht einfach.

Heimerdinger: Es ist klar, dass das Internet mit seiner Möglichkeit, einfach drauflos zu klicken und so in Windeseile um die ganze Welt zu kommen, sehr faszinierend und verführerisch ist. Derartige Mediennutzungsgewohnheiten haben sich auch schon in der wissenschaftlichen Arbeit fest etabliert. In eine Bibliothek zu gehen, Bücher zu suchen, sie zu durchforsten und sich ohne die Möglichkeit des Wegklickens mit fremden, oft auch nur unter Mühen zu verstehenden Gedanken auseinanderzusetzen ist jedoch etwas ganz anderes. Jeder Link ist ja nicht nur eine Tür woanders hin, er ist auch ein Fluchtweg aus der Situation, in der sich der Nutzer zunächst befunden hat. Jedes Lernen, jede Auseinandersetzung mit fremden Gedanken, mit Überlegungen, die nicht meine eigenen sind, erfordert eine gewisse Anstrengung. Das wird auch weiterhin so bleiben. Die Internetrealität ist jedoch wie dafür geschaffen, bei dem leisesten Anflug von Unmut diese Lernsituation wieder zu verlassen.

Laufersweiler: Das Internet ist ja ein Medium, das andere Auseinandersetzungen nicht ersetzen kann, darf oder soll. Die tiefere wissenschaftliche Auseinandersetzung muss auf jeden Fall Bestand haben. Aber mit einem Videoblog hat man die Möglichkeit, Menschen mit einem Thema überhaupt erst einmal vertraut zu machen. Es gibt sehr viele User, die man über die traditionellen Wege nicht erreicht, die man über die Informationen der Gesellschaft für Volkskunde nicht erreicht, die man über anspruchsvolle Radiobeiträge morgens um 8:30 Uhr nicht erreicht. Aber über einen informativen und wirklich gut gemachten, gut recherchierten Videoblog-Beitrag kann man diese User vielleicht dazu bringen, sich damit weiterzubeschäftigen.

Heimerdinger: Die Schwierigkeit sehe ich darin, dass sich das Internet zunächst aufführt wie ein Metamedium, das sozusagen suggeriert, alles, was bisher da war, in sich vereinigen zu können. Mit Google-Books gibt es die Books jetzt angeblich auch im Netz. Eine besondere Qualität unseres Blogs sollte es daher sein, seine eigenen Grenzen mitzuthematisieren. Etwa in der Form: „Bis hierher kann ich Dir etwas zeigen und jetzt bin ich nicht mehr zuständig, das kann das Buch oder der Vortrag oder das Museum besser, dann geh doch jetzt dahin, das kann ich Dir hier nicht bieten." Die Abbruchkanten des Mediums müssen also gleich mitkommuniziert werden.

Alles: Wir müssen die Nutzungsweise der User akzeptieren und die Leute abholen, wenn sie als Surfer vorbeikommen. Wir können nicht vom Angebot ausgehen und sagen, dass wir eine didaktische Tiefe anbieten, die den Regeln des Mediums widerspricht. Wir führen bis zu einer bestimmten Grenze, bieten einen einfachen Einstieg und darüber hinaus gibt es weitere Angebote, die dann über die Homepage publik gemacht werden.

Pape: Gerade bei einem Blog – das ist ja anders als bei einer klassischen Internetseite – ist der Grundgedanke, dass der Leser zu dieser Seite wiederkommen soll, dass es regelmäßige und vertiefende Beiträge gibt. Es handelt sich hier um ein Medium, das ein Abonnement vorsieht, sodass der Leser ein Thema über längere Strecken verfolgen und damit intensivieren kann.

In diesem Medium sind Inhalte möglich, die im Broadcast-Medium Fernsehen nicht unterzubringen sind, weil eben die Masse der Zuschauer auch über die Auswahl bestimmt. Podcast und Videoblog sind also die idealen Verbreitungsmedien für so etwas wie „narrowcasting": Informationen für ein kleineres, verstreuteres Publikum mit gleichen Interessen, die sonst von einem Massengeschmack marginalisiert würden.

Laufersweiler: Man kann sich die Interaktivität eines Blogs auch wissenschaftlich zunutze machen. Es ist denkbar, dass man Aufrufe, bestimmte Informationen abzugeben, macht. Dann ist es für die User recht einfach, über die Kommentarfunktion diese Fragen entsprechend zu beantworten. Auf diese Art und Weise können wir auch Quellenmaterial und Daten erhalten.

Heimerdinger: Alles, was auf Gleichzeitigkeit in einem großen Raum zielt, wäre als Fragestellung dafür gut geeignet. Was passiert an einem bestimmten Moment an verschiedenen Orten? Um der immer drohenden Disparatheit und Diversität des entstehenden Materials zu begegnen, muss zumindest eine der Erhebungskategorien, die dann auch möglichst gut überprüfbar sein sollte, sehr genau definiert sein: sei es nun der Zeitpunkt, der Ort oder eine thematische Begrenzung. Nur so ist Vergleichbarkeit und damit Auswertbarkeit herstellbar. Dann ist jedoch vieles vorstellbar: Was war am 17. August 2007 los, was ist Euer schönstes Souvenir, wie sieht es bei Euch im Küchenschrank aus?

Alles: Es gibt verschiedene Möglichkeiten, Quellen zu generieren. Das geht von Kommentarfunktionen, über die sich die Leute kritisch mit dem Gezeigten auseinandersetzen, bis zu einfachen Umfragen, bei denen mit zwei Klicks eine Einschätzung abgegeben werden kann, was ja zumindest einem Stimmungsbild entspricht.

Pape: Würde es denn als wissenschaftlich relevant gelten, wenn man auf einer Internetseite die Möglichkeit schaffte, eine Abstimmung durchzuführen?

Alles: Am Beispiel der Studie einer Filmproduktionsfirma, die im Internet erstellt wurde, lässt sich das erkennen (Boomtownmedia 2006). Diese Erhebung wird mittlerweile in wissenschaftlichen Publikationen zitiert, weil es nichts Vergleichbares gibt. Hier wurde nicht nur eine Meinung abgefragt, sondern auch ein Nutzerprofil erhoben. Und dadurch, dass so ausdifferenziert wurde und man genau sagen kann, wer an dieser Umfrage teilgenommen hat, hat es schon einen gewissen Aussagewert.

Heimerdinger: Für qualitativ ausgerichtete Erhebungen, die keinen Anspruch auf Repräsentativität erheben, sind solche Daten sicherlich eine willkommene Ergänzung. Ein größeres Problem ist die Frage der Zitierfähigkeit von Internetangeboten, weil sie nach kurzer Zeit wieder ganz anders oder verschwunden sein können und dann nicht mehr nachvollziehbar sind, was aber für wissenschaftliches Arbeiten unverzichtbar ist. Dies gilt auch für Kommentare in Blogs. Ein plastisches Beispiel für diese Problematik ist eine Arbeit über virtuelle Friedhöfe (Schwibbe/Spieker 1999). Diese treten ja gerade mit dem Anspruch an, besonders dauerhaft zu sein. Viele der dort zitierten Links sind schon jetzt, acht Jahre nach dem Erscheinen, nicht mehr nachvollziehbar. Der Aufsatz ist selbst schon zur historischen Quelle geworden.

Pape: Es fehlt wohl noch an dem Bewusstsein, dass auch Internetseiten bewahrenswerte kulturelle Äußerungen sein können. Inzwischen sehen es Bibliotheken aber auch als ihre Aufgabe an, das Internet zu archivieren (Schmieder 2006).

Alles: Bei unserer Blogseite, die auf einem wissenschaftlichen Fundament steht, wird eine Archivfunktion ein ganz zentrales Merkmal sein. Indem Inhalte dauerhaft abrufbar sind, schaffen wir auch Kontinuität.

Abbildung 15: Forschung.Alltag, der Videoblog (Screenshot)

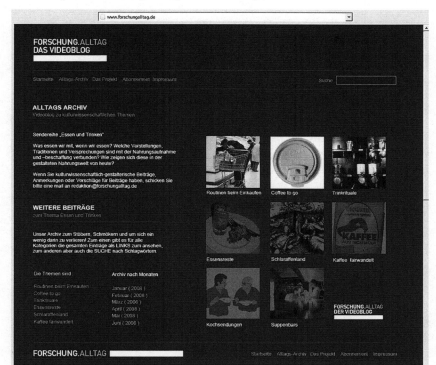

© Björn Knauf 2007

Heimerdinger: Gerade die Archivfunktion ist im Internet in einem weiteren Zeithorizont gesehen jedoch hochproblematisch. Eine Homepage muss gepflegt werden und ist an je aktuelle technische Standards geknüpft, ein Buch kann auch über Jahrzehnte hinweg im Keller in einer Kiste liegen und ist danach immer noch benutzbar.

Laufersweiler: Das Internet kann keine Bibliothek ersetzen. Es funktioniert nicht ohne Strom, es funktioniert nicht ohne Onlineverbindung. Es kann aber Dokumente, die eine Bibliothek hat, jedem überall zur Verfügung stellen. Das sind aber zwei unterschiedliche Dinge. Es hätte tatsächlich Sinn, so viel Wissen wie möglich online verfügbar zu halten. Aber es ist eine Katastrophe, sich vorzustellen, dass man Wissen nur noch online zur Verfügung stellt.

Heimerdinger: Es zeichnen sich also zwei unterschiedliche Funktionen ab, die unser Blog erfüllen soll. Einerseits die Portalfunktion, die Zugangsmöglichkeiten eröffnet und somit hauptsächlich den Vermittlungsaspekt stützt, und andererseits die Forumsfunktion, die Kommunikation anregt und trägt und damit den Blog tatsächlich zu einem Ort der Verhandlung und des fortgesetzten Nachdenkens werden lassen könnte.

Laufersweiler: Die Vernetzung gilt ja eher für den Bereich zwischen den Institutionen. Besonders Studierende werden von so einem öffentlicheren Netzwerk am stärksten profitieren, weil der Einstieg in das, was in den verschiedenen Instituten und Institutionen angeboten wird, deutlich erleichtert wird.

Heimerdinger: Hinsichtlich der Frage nach möglichen Nutzern gibt es die weit verbreitete Tendenz, zunächst an die junge, die Dot-Com-Generation, zu denken. Aber man sollte sich da nicht vorschnell festlegen. Wir wissen mittlerweile, dass die 50-Plus-Generation im Netz außerordentlich aktiv ist. Und zwar produzierend wie rezipierend.

Laufersweiler: Da gibt es für den Videoblog zwei grundsätzlich verschiedene Gruppen, die man ansprechen kann. Die eine Gruppe erreicht man über den Inhalt: Das wären fachlich Interessierte, Studenten, Dozenten aus verschiedensten Institutionen. Das wird sicherlich entsprechend auch weitergegeben. In dieser Gruppe kann man Interessenten finden, die auch immer wiederkommen werden. Das sind diejenigen, die gezielt auf diese Seite gehen werden, die gezielt abonnieren.
Die andere Möglichkeit ist, dass Nutzer durch Zufall oder besser durch Suchmaschinen zu uns kommen werden. Das ist eine völlig andere Gruppe. Das sind nur zum Teil wissenschaftlich Interessierte. Die spannende Frage wird sein, ob wir diese Menschen dann für die Themen interessieren können oder nicht.

Alles: Es liegt im Naturell dieser zweiten Gruppe, dass sie keine Stammzuhörerschaft bildet. Aber vielleicht ist es möglich, über diesen Weg immer wieder Nutzer zu erreichen, auch wenn es nicht immer dieselben sind.

Pape: Die Gruppe der 30-, 40-, 50-Plus-Generationen wird bereits einen großen Nutzerkreis ergeben, der nicht aus dem Fach stammt, aber für den ein wissenschaftlich anspruchsvolles Angebot dennoch hochinteressant sein wird.

Alles: Wahrscheinlich ist das auch die Gruppe, die einen längeren Atem hat, den Blog regelmäßig besucht oder sich auch beteiligen würde. Gerade in Foren, die problemorientiert angelegt sind, hat man den Eindruck, dass vor allem Ältere die Beiträge leisten. Bei Wikipedia ist es diese Gruppe, die Beiträge verfasst, da sie wohl auch noch einen intakten Zugang zur geschriebenen Sprache hat. Als Anreiz dazu besteht eben die Möglichkeit, auf eine unkomplizierte Art und Weise mit Wissenschaftlern in Verbindung zu treten, ohne dass man an eine Universität gehen muss.

Heimerdinger: Am Ende sind es dann doch vor allem die altbekannten, bildungsorientierten Gruppen, die wir als Nutzer zu erwarten haben. Diejenigen, die sowieso mal in ein Museum oder zu einem Vortrag gehen.

Pape: Um auch Vertreter der anderen Gruppe zu erreichen, müssen unsere Beiträge die visuelle Ebene der Vermittlung nutzen und inhaltlich zeigen, dass der Alltag – auch der des surfenden Users – gar nicht so selbstverständlich ist. Wenn wir es erreichen, die eigenen Erfahrungen unserer Nutzer in bisher unbekannte wissenschaftliche Zusammenhänge zu stellen, dann werden wir auch bildungsfernere Zuschauer finden.

Alles: Ich glaube, man tut sich aber keinen Gefallen, wenn man sagt: „Wir wollen jetzt alle als Zuschauer gewinnen", denn dann läuft man Gefahr, sich in Beliebigkeit zu verlieren.

Laufersweiler: Wir sollten aber anspruchsvolle Inhalte ohne unnötige Schwellen anbieten. Das heißt nicht, dass der Anspruch in irgendeiner Art und Weise gesenkt werden muss, sondern nur, dass man unnötige Schwellen weglässt, terminologische Schwellen etwa: Soziolekte, die dazu da sind, andere Gruppen aus der Community herauszuhalten.
Es gibt aber in dieser totalen Öffentlichkeit eines Blogs noch ein anderes großes Problem. Auch wenn wir einen wissenschaftlichen Videoblog machen, werden wir auf jeden Fall Sender und müssen uns jede Menge Fragen stellen, die sich sonst nur Journalisten stellen müssen. Nämlich: Darf ich den Menschen, den ich jetzt in diesem Interview zeige, veröffentlichen? Habe ich das abgeklärt, dass er auch damit einverstanden ist, dass ich ihn öffentlich zeige? Sind die Bilder, die wir zur Illustration nehmen, urheberrechtefrei? Das sind Fragen, die man sich sonst gar nicht stellen muss, wenn dieser Film lediglich einem kleinen wissenschaftlichen Publikum zugänglich ist.

Alles: Auf unserem Blog wird aber themenbezogen gesendet und diskutiert werden. Da wird nicht über die Kulturanthropologie an sich diskutiert, sondern es gibt eine konkrete Themenvorgabe einer Sendereihe. Unter Beteiligung der Internetöffentlichkeit führen dann Spezialisten Fachgespräche, die bereichernd sein können, für jeden, der das mitverfolgen will. Und natürlich ist es dann auch eine Aufgabe derjenigen, die diese Homepage weiterpflegen, dass man ein Auge darauf hat, was in der Öffentlichkeit landet.

Laufersweiler: Ich finde es spannend, ob wir die Vorteile, die Dokumentarfilme haben, auch in den Videoblog retten können: das authentische Zeigen, das Umgehen des Medienwechsels. Ich zeige ja einen Menschen, der eine gewisse Sache tut. Und da braucht es keine Erklärungen mehr. Man hat dort den denkbar authentischsten Eindruck davon.

Pape: Dazu müssen wir eine „audiovisuelle Wissenschaftssprache" entwickeln, also das Bild auch selbstständig berichten lassen, ohne es immer vom Wort erklären bzw. führen zu lassen.

Alles: Das wird das Ziel sein. Aber auch das hängt von den Themen und den Bildern ab, die es dazu gibt. Wenn man z.B. ein Interview mit einem Autor zu seinem Buch führt, ist das natürlich nicht besonders visuell, aber kann trotzdem interessante Informationen beinhalten.

Pape: Videos, die für Videoblogs produziert werden, bilden ja eine eigene Stilistik aus. Zwar gibt es keine Vorschriften, aber die Sprache der Videoblogs ist eine andere, als die der Dokumentarfilme. Durch die unprofessionellere Art, mit der aufgenommen wird, hat man auch das Gefühl, noch ungefilterter „dabei zu sein."
Als 2006 die Videobloggerin Katharina Borchert ins Kanzleramt eingeladen wurde, hat dieser Videoblog-Beitrag tatsächlich ein anderes Bild von der Person Angela Merkels entwickelt, als das vom Fernsehen vermittelte (vgl. Bannas 2006). Es ist ein deutlich anderer Eindruck, ob ich eine Person in durchinszenierter Umgebung sehe oder ob ich ihr durch eine personalisierte Kamera quasi auf Augenhöhe begegne. Wir sollten innerhalb unseres Blogs eine solche direkte audiovisuelle Sprache verwenden.

Laufersweiler: Da ja der technische Aufwand niedrig ist, die Kameras nicht besonders groß sind, hat man auch dort Zugang, wo dies mit einem Kamerateam nicht möglich wäre.

Alles: Der experimentelle Charakter unseres Projektes liegt genau darin, auszuprobieren, inwieweit sich diese besondere Nähe zu Themen und Menschen umsetzen lässt. Natürlich kreiert die Quasi-Demokratisierung des Mediums einen eigenen Stil, aber damit wird in den seltensten Fällen bewusst umgegangen.

Pape: Meistens wird mit neuen Medien anfänglich noch nicht bewusst umgegangen. Dennoch implizieren diese Medien eine bestimmte Art des Umgangs, der einfach naheliegend ist und in diesem Fall dazu führt, dass er zumindest authentischer erscheint. Es gibt ja auch andere Beispiele. Der Video-Podcast, den Angela Merkel selbst produzieren lässt (Presse- und Informationsamt der Bundesregierung 2019), wirkt eben wenig authentisch, weil er inszenierter und viel stärker von Fernsehkonventionen geprägt ist. Wir sollten nicht versuchen, den Stil der bestehenden Videoblogs nachzuahmen. Aber die Gewöhnung daran, dass man solche Videos als Dokument ernst nimmt, eröffnet die Möglichkeit, auch solche Medien in Beiträge und Untersuchungen zu integrieren. Wenn eine Zuhörerschaft beispielsweise aufgerufen wird, Beiträge zu leisten, können wir diese Videobilder – obwohl sie klein und schlecht aufgelöst sind – dennoch als ein Dokument aufnehmen und müssen sie nicht schon deswegen, weil sie qualitativ zu schlecht sind, ablehnen.

Alles: Der Inhalt gibt die ästhetische Form vor. Wir werden manche Themen sehr konservativ aufbereiten und sie werden trotzdem gut funktionieren. Bei anderen Sachen tun wir uns vielleicht keinen Gefallen damit, wenn wir an – vom Fernsehen bekannte – Standards anknüpfen, sondern wir sollten uns ganz bewusst und ohne viele Fesseln diese Internetvideo-Ästhetik auch zunutze machen.

Gerade bei klassischen Beiträgen wie einem Zweiergespräch kann man mit ganz einfachen Fehlern den Zuschauer so verwirren, dass er diesem Gespräch nicht mehr folgen kann. Bei anderen Beiträgen kann das Fernsehen aber nicht die Bildsprache wählen, die angemessen wäre, weil immer mit einem bestimmten Aufwand produziert werden muss. Und da kann man unter Umständen auch mit einem reduzierten Aufwand, der für einen Blog gewählt wird, viel mehr erreichen und kommt auch in ganz andere Lebensbereiche als ein Fernsehteam.

Pape: Bei Videobloggern mit weniger professioneller Vorbereitung passiert ungewollt vieles, was gleichzeitig einen erzählerischen Wert gewinnt. Da wird weniger schnell auf alles reagiert, es ist meist nur eine Kamera vorhanden und dadurch sieht man beispielsweise, wie jemand noch in dem Moment guckt, in dem ihm der Gesprächspartner das Wort abschneidet. Etwas, das im Fernsehen herausgeschnitten wäre. Das heißt, wir bekommen durch die Brüche in diesen Bildern einen erweiterten Blick auf die Situation.

Auf der Ebene des Internet-Auftrittes benötigen wir dann aber eine Art von Professionalität als Rahmen, in dem diese verwirrend anderen Videobilder möglich sind. Da soll deutlich werden, dass es ein professionelles Umfeld gibt, in dem das produziert und angeboten wird. Das ist der Gegenpol, den es auch braucht, um sich von den vielen privaten Blogs abzuheben und um zu zeigen, dass diese Beiträge und Untersuchungen unter einem redaktionellen Anspruch erstellt werden.

Heimerdinger: Wenn wir grundsätzlich für Material aller Couleur offenbleiben wollen, ergibt sich als Hoffnung die Option, den Blog tatsächlich auch als Forschungsinstrument nutzen zu können. Es ginge dann nicht nur um Vermittlung und Kommunikation, sondern tatsächlich auch darum, über die Nutzerbeteiligung Bildmaterial zu bekommen, das in Bereichen entstanden ist, in die man selbst nie gekommen wäre. Das wäre ein lohnendes Experiment von natürlich völlig ungewissem Ausgang.

Laufersweiler: Es ist ja nicht nur für uns heute leichter, Videos zu machen – auch für die User. Das heißt, man könnte auch die User auffordern, tatsächlich dokumentarisches Material, Alltagsfotografie etwa, zuzuschicken. Eine Situation, die es vorher nie gab.

Heimerdinger: Ein Problem ist, dass dann sicherlich auch viel inszeniertes und gefaktes Material ankäme.

Pape: Das müssten wir dann aber kommentieren, wenn das gezeigt wird. Werden wir dann sagen: „Hier haben wir das Gefühl, das ist nachgespielt" oder „Wir sind uns nicht sicher"?

Alles: Im Idealfall wird die Community selbst entscheiden, welchen Wert sie einzelnen Beiträgen gibt. Und natürlich kann auch eine Inszenierung eine tiefere Wahrheit, beispielsweise über das Nutzungsverhalten von Kochsendungen, enthalten. Wenn jemand das zu zeigen versucht, aber eben nicht dokumentarisch, sondern durch Inszenierung, kann das auch interessant sein.

Pape: Die Aufforderung, sich an einer Sammlung zu beteiligen, hat aber erst einen Sinn, wenn sich eine größere, regelmäßige Zuhörerschaft gebildet hat. Wie viele Zuschauer müssen wir denn ansprechen, um einen nennenswerten Rücklauf zu erhalten, der dann auch verwendbar wird?

Laufersweiler: Auch die Blogs, die sehr viele User haben, haben oft nur wenige Kommentare. Da besteht immer noch eine Schwelle, sich selbst zu äußern. Je einfacher und direkter die Kommentierung funktioniert und je weniger Kenntnisse gebraucht werden, desto mehr Kommentare gibt es natürlich. Je strittiger ein Thema ist, desto mehr Kommentare wird es geben. Ich schätze, dass vielleicht jeder tausendste Leser auch einen Kommentar hinterlässt.
Das Verhältnis könnte bei einem Videoblog mit kulturwissenschaftlichen Inhalten durchaus besser sein.[1] Gerade wenn man Studierende, Dozenten und Fachleute erreicht und diese einen großen Teil der User ausmachen, gibt es ja gemeinsame Interessen und ein Stück weit eine gemeinsame Identität. Je gemeinsamer die Interessen unserer User sind, desto eher können wir auf Kommentare hoffen.

Alles: Da muss natürlich von unserer Seite viel Vorarbeit geleistet werden, um an einen Punkt zu kommen, an dem es Sinn macht, zu kommentieren. In erster Linie schauen die Interessenten erst einmal. Es ist wichtig, dass wir dieses Projekt nicht so anlegen, dass es nur funktioniert, wenn eine bestimmte Anzahl von Nutzern sich beteiligt. Sondern es muss wirklich eine Vorleistung gebracht werden und das Ganze muss sich notfalls auch ohne User-Beteiligung selbst tragen.

---

1 Positive Erfahrungen wurden in dieser Hinsicht schon mit dem Internetauftritt der Gesellschaft für Volkskunde in Rheinland-Pfalz gemacht: www.volkskunde-rheinla nd-pfalz.de.

Literatur

Bannas, Günter (2006): Kanzlerin digital. In: FAZ.net, 03.08.2006, letzter Zugriff am 30.08.2019.

Boomtownmedia (2006): Boomtown Survey 2006. 20 Fragen zum Dokumentarfilm. Berlin, http://www.survey.boomtownmedia.de, letzter Zugriff am 30.08.2019.

Heimerdinger, Timo/Pape, Philipp (2007): Essen und Trinken. Kulturelle und gestalterische Phänomene. Dokumentation des Projektseminars „Essen und Trinken. Kult, Symbol und Gestaltung". Eine Kooperation der Abteilung Kulturanthropologie/Volkskunde am Deutschen Institut der Johannes Gutenberg-Universität Mainz mit dem Studiengang Design der FH Mainz im WS 05/06. Werkbericht No. 7 der FH Mainz.

Schmieder, Jürgen (2006): Jäger des virtuellen Schatzes. In: Süddeutsche Zeitung, 14.09.2006.

Schwibbe, Gudrun/Spieker, Ira (1999): Virtuelle Friedhöfe. In: Zeitschrift für Volkskunde 95, 1999, S. 220–245.

Presse- und Informationsamt der Bundesregierung (2019): Video-Podcast. Berlin, https://www.bundesregierung.de/breg-de/mediathek/videos, letzter Zugriff am 30.08.2019.

Verweise

Sämtliche Verweise zuletzt besucht am 30.08.2019.

http://www.designlabor-gutenberg.de/forschungalltag-de/

www.volkskunde-rheinland-pfalz.de

Autoren

Dr. Daniel Alles, Jahrgang 1978.

2001–2005 Redaktionsleiter und Autor für das Universitätsfernsehen Campus-TV Mainz.

2001–2007 Studium der Filmwissenschaft und Kulturanthropologie/Volkskunde in Mainz.

2007 Magister Artium.

Promotion zur Filmwissenschaft, Arbeit als freier Videoautor und Cutter. Wissenschaftlicher Mitarbeiter an der Johannes Gutenberg Universität-Mainz.
Seit 2012 Projektkoordinator PHILIS an der Johannes Gutenberg Universität-Mainz.

Prof. Dr. Timo Heimerdinger, Jahrgang 1973.

1994–1999 Studium der Volkskunde, Neuere Deutsche Literaturgeschichte und Deutsche Philologie (Linguistik) in Freiburg i. Br. und Pisa.

1999 Magister Artium.

2000 Mitarbeit am Institut für Sächsische Geschichte und Volkskunde e.V. in Dresden.

2004 Promotion zum Dr. phil. an der Christian-Albrechts-Universität zu Kiel, 2004 dort auch wiss. Mitarbeiter.

Dezember 2004 Juniorprofessor für Kulturanthropologie/Volkskunde an der Johannes Gutenberg-Universität Mainz.

Seit Oktober 2009 Universitätsprofessor für Europäische Ethnologie an der Universität Innsbruck.

Thomas Laufersweiler, Jahrgang 1966.

1987–1997 Studium der Volkskunde, Germanistik und Theaterwissenschaft in Mainz. 1997 Magister Artium.

1997–2001 freier Mitarbeiter in verschiedenen Fernsehredaktionen des SWF/SWR.

Seit 2001 bei SWR.online, dort als Schlussredakteur tätig.

Seit 2006 beteiligt an den Blogs *schoener-denken.de, kosmopiloten.de, reportalltag.de.*

Trainer an der ARD/ZDF-Medienakademie.

Seit 2016 Redaktionsleiter von ARD.de und verantwortlich für die ARD Mediathek und die ARD Audiothek.

Prof. Philipp Pape, Jahrgang 1966.

1989–1991 Verlagshersteller im Rainer Verlag, Berlin.

1991–1995 Studium der Visuellen Kommunikation in Berlin und London.

Seit 1992 als Verleger tätig.

1997–2001 künstlerischer Assistent an der Hochschule für bildende Künste in Hamburg, dort Herausgeber verschiedener Publikationsreihen.

Seit 2001 Professor für konzeptionelles Gestalten an der Fachhochschule Mainz.

Seit 2004 stellvertretender Leiter des Instituts designlabor gutenberg.

Partizipative Formate

Web 1.0, 2.0, 3.0 – Wikis für das Wissensmanagement im Museum

Georg Hohmann, Deutsches Museum in München

2004 veranstaltete der US-amerikanische Verleger Tim O'Reilly die erste Web-2.0-Konferenz (www.web2con.com/web2con/), die sich neuen Technologien und Ideen im World Wide Web widmete und wegen ihres großen Erfolgs inzwischen jährlich stattfindet. Dieser Erfolg ist nicht zuletzt dem griffigen Titel zu verdanken, der aus einem Brainstorming zwischen dem O'Reilly Verlag und dem Veranstalter MediaLive International im Vorfeld der Konferenz hervorgegangen ist (O'Reilly 2005). Im Rückblick auf das Platzen der sogenannten DotCom-Blase[1] am Anfang des 21. Jahrhunderts war man auf der Suche nach einem Begriff, der den attestierten neuen Bedeutungsaufschwung des World Wide Web fassen sollte. Dale Dougherty von O'Reilly schlug schließlich den Begriff „Web 2.0" vor, der sich an die geläufige Form zur Versionsnummerierung bei Softwareprojekten anlehnt. Hat eine Software mit der Version 1.0 in der Regel ihre erste stabile, ausgereifte Version erreicht, so bedeutet eine Steigerung der Zahl vor dem Komma eine neue, meist komplett erneuerte Version mit mehr Funktionen und Anwendungsgebieten.

Der Titel verbreitete sich rasch durch zahlreiche *Newsportals*, *Weblogs* und *RSS-Streams* und es entwickelte sich eine Diskussion darüber, was denn eigentlich so neu sei an dem neuen Web. Welche Dienste und Angebote können sich denn nun mit dem inzwischen zum werbewirksamen Emblem avancierten „Web 2.0" schmücken und welche nicht? Als Reaktion auf diese Diskussion veröffentlichte Tim O'Reilly rund ein Jahr nach der ersten Konferenz einen Artikel mit dem Titel „What is Web 2.0?" (ebd.), der sich dieser Frage aus der Sicht des Namensgebers widmet.

Zu Beginn dieses Artikels werden einige althergebrachte Webseiten und -dienste aus dem frisch getauften Web 1.0 ihren Pendants aus dem Web

---

1 Dieser Kunstbegriff bezeichnet den überproportionalen Anstieg des Aktienwerts von Unternehmen, deren Umsatz und Gewinn hauptsächlich durch Geschäfte im Internet erwirtschaftet werden sollten. Das hochspekulative Geschäft mit diesen Aktien brach im März 2000 zusammen und führte zur Insolvenz zahlreicher Internet-Unternehmen.

2.0 gegenübergestellt, um das grundlegende Konzept des Begriffs anhand von Beispielen zu veranschaulichen. Interessant ist dabei vor allem die Nennung der *Britannica Online* im Gegensatz zur *Wikipedia*, das *publishing* im Gegensatz zur *participation* und die Gegenüberstellung der *content management systems* mit *wikis*. Es mag überraschen, Wikis auf der Seite des Web 2.0 zu finden, ist das Konzept doch fast schon so alt wie das World Wide Web selbst.

Ein Wiki ist die prototypische Realisierung des Hypertext-Konzepts, das in seiner modernen Ausprägung auf Vannevar Bush zurückzuführen ist. In seinem bereits 1945 erschienenen Essay „As we may think" (Bush 1945) entwickelte er das sogenannte Memex, eine Vorrichtung, die unter Einsatz der damaligen Techniken den Zugriff auf und die Verknüpfung von multimedialen Inhalten ermöglichen sollte. Der Begriff *Hypertext* wurde 1965 von Ted Nelson eingeführt, der auch eines der ersten computergestützten Hypertextsysteme entwickelte. Parallel arbeitete Douglas Engelbart an einem vergleichbaren System und stellte 1968 eine erste Benutzungsoberfläche für derartige Anwendungen vor. Aber erst in den 1980er-Jahren fand diese Idee den Weg in die Computertechnik für EndverbraucherInnen. Die Apple-Software *HyperCard* aus dem Jahr 1987 ist eine der ersten, frühen Umsetzungen dieses Konzepts für Heimrechner (Nielsen 1990, 29 ff.). Wenige Jahre später formulierte Tim Berners-Lee den ersten Entwurf des World Wide Web, der Elemente enthielt, die zwar nicht durch das später real existierende Web eingelöst wurden, aber Eingang in die Wiki-Idee fanden. 1994 realisierte schließlich Ward Cunningham als Erster eine Software zur Umsetzung dieser Idee, installierte sie am 25. März 1995 auf dem Web-Server seiner Firma und schuf damit das erste Wiki seiner Art (Cunningham 1995). Dieses Ur-Wiki existiert tatsächlich noch heute und ist eine der umfangreichsten Quellen zum Thema (c2.com/cgi/wiki? WelcomeVisitors). Der Name leitet sich aus dem hawaiianischen Wort „wiki" für „schnell" ab, das durch seine Verdoppelung zu „sehr schnell" gesteigert wird. Cunningham soll zu diesem Namen inspiriert worden sein, als er am Flughafen von Honolulu durch einen Angestellten auf den Shuttle-Service des Flughafens namens „Wiki Wiki" aufmerksam gemacht wurde.

Ein Wiki ist zunächst eine Software nach dem Client-Server-Prinzip, die bestimmte Funktionen bereitstellt. Eine solche Software wird allgemein als *Wiki-Engine* bezeichnet, um sie von dem Konzept des Wikis abzugrenzen. Inzwischen gibt es eine Vielzahl solcher *Engines*. Implementationen finden sich in nahezu jeder Programmiersprache. Das Ur-Wiki listet inzwischen über 280 verschiedene Engines auf (c2.com/cgi/wiki?WikiEngines). Den Kern der Wiki-Idee bildet das Konzept einer beliebig großen Menge von Seiten, die keiner von außen vorgegebenen Ordnung unterliegen. Die einzelnen Seiten enthalten in der Regel durchgehenden Text, der Hyperlinks enthalten und dadurch Verbindungen mit anderen Seiten herstellen kann. Alle NutzerInnen eines Wikis können Seiten anlegen oder bestehende Seiten editieren. Die Kontrolle der Inhalte und die Verhinderung von Vandalismus leistet die Nutzungsgemeinschaft selbst.

Die Verbreitung von Wikis und das Interesse an bestehenden Wiki-Projekten hat in den letzten Jahren sprunghaft zugenommen. 2003 konnte noch konstatiert werden: „Weitgehend unbemerkt von der Medienöffentlichkeit arbeiten Tausende von Freiwilligen an einer Enzyklopädie unbekannter Größe" (Möller 2003). Heute ist die *Wikipedia* (www.wikipedia.org) das größte Wiki-Projekt weltweit und Dauerthema in netzaffinen On- und Offline-Publikationen. Die Basis der Wikipedia bildet eine in Eigenregie entwickelte Software namens *Mediawiki* (www.mediawiki.org), die als Open Source zur Verfügung steht und erstaunlich geringe Anforderungen an Hard- und Software des Serversystems stellt. Sie basiert auf der im Netz weit verbreiteten Kombination von PHP und mySQL und ist damit schon auf kostengünstigen Webhosting-Angeboten lauffähig (Ebersbach et al. 2006, 33 ff.), was ihren Betrieb auch für kleine Museen erschwinglich macht. Dass Wikis inzwischen auch die Museen erreicht haben, zeigt u.a. das *Museums-Wiki* (*museums.wikia.com*), welches auf der *Museums-and-the-Web*-Konferenz in San Francisco (www.archimuse.com/mw2007) vorgestellt wurde (Bowen et al. 2007). Auch hier kommt *Mediawiki* als Softwarebasis zum Einsatz. Das Museums-Wiki soll als Plattform zum Meinungsaustausch über museumsrelevante Themen (z.B. Verwaltungs- und Organisationsvorgänge) dienen, mit dem Ziel, eine allgemeingültige Wissensbasis für diesen Bereich aufzubauen. Dies entspricht dem Prinzip der *Wikipedia*, nur eingegrenzt auf eine bestimmte Wissensdomäne.

Durch die Offenheit des Wiki-Konzepts sind aber weitaus vielfältigere Anwendungsbereiche im Museum möglich. Ein *Mediawiki* ist über Vorlagen in seinem Aussehen beliebig anpassbar und könnte sich daher auch als Basis für die öffentliche Webseite eines Museums eignen. Die Erstellung bzw. Änderung der Inhalte könnte damit auf mehrere Schultern verteilt werden, wobei die extrem einfache Bedienoberfläche auch ungeübten NutzerInnen entgegenkommt. So können beispielsweise einfache Tippfehler oder falsche Zeitangaben auf einer Seite direkt von (autorisierten) NutzerInnen korrigiert werden, die den Fehler bemerken, ohne erst Verantwortliche umständlich darüber zu informieren, damit diese dann die Korrektur vornehmen. In einem Wiki reicht stattdessen ein Klick auf den Karteireiter „Bearbeiten", um den Fehler schnell und einfach zu beheben. Die Änderung der Öffnungszeiten, das Setzen eines Termins in einem Veranstal-

tungskalender oder das Hinzufügen eines neuen Namens in die Mitarbeits-
liste ist auf die gleiche Weise schnell zu erledigen. Dem Wiki inhärent ist
die Idee der Nutzungsgemeinschaft, die gemeinsam in einem Wiki Inhalte
erarbeitet. Ein Wiki ist aber nicht zwangsläufig für alle NutzerInnen offen.
Neuere *Wiki-Engines* wie das *Mediawiki* ermöglichen ein umfangreiches
Rechtemanagement und enthalten weitreichende Funktionen zur Steuerung und Begrenzung der Nutzungsgemeinschaft.

Wikis als Intranet-Lösung für das Wissensmanagement im Museum

Interessante Einsatzmöglichkeiten ergeben sich so auch bei der Nutzung
eines Wikis als Intranet-Lösung, wobei das wissenschaftliche Personal eines Museums als die Nutzungsgemeinschaft begriffen werden könnte. Als
Anwendungsbeispiel kann hier die Erschließung bzw. Inventarisierung der
Sammlungsbestände dienen, die zu den Kernaufgaben eines Museums gehört. Gerade in kleineren und mittleren Museen kann diese Aufgabe meist
aus Personalknappheit – wenn überhaupt – nur unzureichend verfolgt
werden. Umso wichtiger wäre es, das Wissen, welches in Projekten, Aus-
stellungsvorbereitungen, Katalogerstellungen und Einzelforschungen innerhalb des Museums entsteht, zu bündeln und für das Personal verfügbar
zu machen.

Ein Wiki bietet für das Wissensmanagement im Museum eine ideale
Plattform. Es gibt prinzipiell keine Struktur der Inhalte vor, woraus sich
allerdings die Notwendigkeit ergibt, sich innerhalb des Nutzungskreises
auf ein gemeinsames Grundkonzept zu einigen. So könnte ein gemeinsames Konzept vorsehen, dass jede Seite, die der Bestandserschließung dient,
der digitale Stellvertreter einer real existierenden Entität sein sollte – also
etwa eines Sammlungsgegenstands, eines Künstlers, eines Ereignisses oder
eines digitalen Bildes. Neue Seiten werden in der Regel angelegt, indem
man sie von bestehenden Seiten aus verlinkt. Dies geschieht dadurch, dass
der systemweit eindeutige Name einer Seite im Fließtext doppelt in eckige
Klammern eingefasst wird. Die Inhalte werden in Textboxen eingegeben
und können unter Nutzung einer einfachen Syntax formatiert werden. So
lassen sich leicht Seiten zu KünstlerIn und Kunstwerk anlegen und untereinander verlinken. Auch das Hochladen und Einbinden von Mediendatei-
en ist möglich. Beim Import eines Bildes werden automatisch die bildinhä-
renten Metadaten nach dem EXIF-Standard (https://www.exif.org/Exif2-2.P
DF) ausgelesen und Arbeitsderivate des Originals angefertigt. Diese Bilder
können wieder unter Verwendung einer einfachen Syntax in Seiten eingebunden werden. Dem Verlinken einzelner Seiten bzw. Entitäten als primä-

res Ordnungsprinzip eines Wikis kommt besondere Bedeutung zu, denn diese Links funktionieren in beide Richtungen; in jeder Seite wird registriert, auf welche Seiten sie verweist, und welche Seiten wiederum auf sie verweisen. Durch diese Eigenschaft lässt sich ein Wissensnetz aufbauen, in dem die Übersicht nie abhandenkommt.

Das Verlinken der Seiten über den Namen hat aber noch einen weiteren interessanten Aspekt. Der Name einer bestimmten Seite muss zwangsläufig im gesamten Wiki eindeutig sein, was über das Programm kontrolliert und gewährleistet wird. Dadurch entstehen automatisch Normdaten. Bei Inventarnummern als Seitennamen wird die Eindeutigkeit gewährleistet, während beim Namen von Kunstschaffenden eine eindeutige, primäre Ansetzungsform etabliert wird. Die Daten sind jederzeit weltweit verfügbar und lassen sich schnell und einfach editieren. So lässt sich bei der täglichen Arbeit parallel eine Inventarisierung von Sammlungsbeständen und sukzessive ein Repertoire von Museumswissen aufbauen und erweitern.

In der Unterstützung von Nutzungsgruppenfunktionen kann ein Wiki schließlich seine ganze Stärke ausspielen. Eine Versionsverwaltung hält jeden Editionsstand fest. Eine neue Version einer Seite wird immer dann erstellt, wenn eine Änderung vorgenommen wurde. Dabei wird sowohl der Name der nutzenden Person als auch der Zeitpunkt und optional der Grund der Änderung festgehalten. Jede Version lässt sich einzeln betrachten, rückgängig machen und sogar mir einer beliebigen anderen Version vergleichen. Außerdem erhält sie eine eigene, eindeutige und unveränderbare URL (Uniform Resource Locator), unter der sie jederzeit erreichbar ist; eine Funktion, die in den Debatten um Langzeitverfügbarkeit, eindeutige Referenzierbarkeit und Persistenz von Daten (Rohde-Enslin 2004) bisher nur wenig Beachtung findet. Jeder angelegten Seite wird zudem automatisch eine Diskussionsseite zugeordnet, die es ermöglicht, kontroverse Meinungen über eine Seite auszutauschen, ohne gleich die eigentliche Seite ändern zu müssen.

Wikis als Schnittstelle zu MuseumsbesucherInnen

Neben diesem Beispiel der Anwendung als Intranetlösung für das Wissensmanagement könnte ein Wiki auch in seiner Verwendung als Schnittstelle für MuseumsbesucherInnen im Internet dienen. Neben der einfachen Generierung einer Homepage wäre es für Museen vor allem interessant, BesucherInnen die Möglichkeit zu geben, aktiv teilzunehmen und mitzuarbeiten. Durch die Einbeziehung Außenstehender in die Erstellung und Bearbeitung von Inhalten könnte neues Wissen generiert und neue Erkenntnisse über Sammlungsbestände gewonnen werden. Zusätzlich wird durch die direkte Einbindung interessierter BesucherInnen in die Museumsarbeit die Kundschaftsbindung erhöht und eine Museumsnutzungsgemeinschaft aufgebaut (Wieneke 2006, 6 ff.). Dies ist eine der Kernideen von Web 2.0 und spiegelt sich in Begriffen wie *User Created Content, Prosumer, Social Media* oder *Folksonomy* wider. Die Schaffung einer persönlicheren Bindung durch Nutzungspartizipation kann auch im realen Museum zu erhöhten Besuchszahlen führen. Das größte Potenzial liegt aber darin, Gesellschaftsgruppen anzusprechen, die für Museen auf konventionellen Wegen kaum erreichbar sind. Erfolgreichen Web-2.0-Angeboten wie *Flickr* (www.flickr.c om) oder *Wikipedia* ist inhärent, dass keine Kategorisierung der BenutzerInnen vorgenommen wird. Jede Meinungsäußerung wiegt prinzipiell gleich viel, ungeachtet der Herkunft, des Bildungsgrades und des sozialen Status der UrheberInnen. Zusammen mit einem gewissen Grad an Anonymität im Internet und der Gewohnheit, bei Beiträgen wenig Wert auf korrekte Orthografie zu legen, werden so auch bildungsferne Schichten angesprochen (Ebersbach et al. 2006, 348 ff.). Die Hemmschwelle zur Beteiligung und zur Auseinandersetzung mit der Institution Museum wird herabgesetzt. Dies ist nicht zuletzt der besonders einfachen Bedienbarkeit einer Wiki-Anwendung zu verdanken, die zudem schon an bereits bestehenden Angeboten trainiert worden sein kann. Durch die Einbindung von multimedialen Inhalten kann einer modernen Erwartungshaltung entsprochen werden, was sich positiv auf die Außenwirkung von Museen auswirken kann. Mit dem Einsatz eines Wikis haben sie die Möglichkeit, sich als offene, moderne, multimediale und kommunikative Institutionen zu etablieren und neue Besuchsgruppen zu erschließen.

Zukünftige Entwicklungen

Mit dem Einsatz eines Wikis können Museen auf viele Arten profitieren und sind gut für das Web 2.0 gewappnet. Doch auch für zukünftige Entwicklungen sind sie dank der modularen Erweiterbarkeit gut vorbereitet.

Mit dem *Semantic Web* (www.w3.org/2001/sw/) steht zumindest aus der Sicht seiner VerfechterInnen bereits der Kandidat für das Web 3.0 fest. Den Kern des *Semantic Web* bildet das *Resource Description Framework* (RDF), das ein grammatikalisches Grundgerüst zur Strukturierung von Informationen nach dem Muster Subjekt-Prädikat-Objekt bietet (Daconta et al. 2003, 85 ff.). Diese sogenannten Triples sind maschinenlesbar und können automatisiert weiterverarbeitet werden. RDF stellt damit ein mächtiges Instrument zur Strukturierung und Organisation von Wissen in vernetzten Umgebungen dar, dessen Bedeutung stetig zunimmt. Für das *Mediawiki* existiert bereits heute eine Erweiterung, die die entsprechenden Funktionalitäten zur Nutzung von RDF nachrüstet (https://www.semantic -mediawiki.org/wiki/Semantic_MediaWiki). Mit seiner Hilfe lässt sich das Wissen in einem Wiki beliebig tief strukturieren und organisieren.

Wie an diesem Beispiel deutlich wird, ermöglicht die flexible Grundstruktur des Wiki-Konzepts auch die nahtlose Integration zukünftiger Module und Konzepte zur Wissensorganisation und -verwaltung, ohne eine umständliche Migration bereits bestehender Inhalte zu erzwingen. Wikis bieten Museen so die Chance, einfach und kostengünstig eine zeitgemäße Struktur zur Wissensorganisation anzulegen, auf die auch bei zukünftigen Entwicklungen aufgebaut werden kann.

Literatur

Bowen, Jonathan P./Lisney, Eleanor/Filippini-Fantoni, Silvia/Bemal, Isabel (2007): A Museums Wiki. In: Museums and the Web 2007, Papers, April 2007, https:// www.museumsandtheweb.com/mw2007/papers/bowen/bowen.html, letzter Zugriff am 30.08.2019.

Bush, Vannevar (1945): As We May Think. In: The Atlantic Monthly, Juni 1945, http://www.theatlantic.com/doc/194507/bush, letzter Zugriff am 30.05.2019.

Cunningham, Ward (1995): Invitation To The Patterns List. In: Cunningham & Cunningham, 01.05.1995, http://wiki.c2.com/?InvitationToThePatternsList, letzter Zugriff am 30.08.2019.

Daconta, Michael/Smith, Kevin/Obrst, Leo (2003): The Semantic Web. A Guide to the Future of XML, Web Services, and Knowledge Management. Indianapolis: Wiley Publishing.

Ebersbach, Anja/Glaser, Markus/Heigl, Richard (2006): Wiki. Web Collaboration. Berlin/Heidelberg/New York: Springer.

Leuf, Bo/Cunningham, Ward (2001): The Wiki Way. Quick Collaboration on the Web. San Francisco: Addison-Wesley.

Möller, Erik (2003): Das Wiki-Prinzip. Tanz der Gehirne Teil 1. In: Telepolis, 09.05.2003, https://www.heise.de/tp/features/Das-Wiki-Prinzip-3429499.html, letzter Zugriff am 30.08.2019.

Möller, Erik (2004): Die heimliche Medienrevolution. Wie Weblogs, Wikis und freie Software die Welt verändern. Hannover: Heise-Verlag.

Musser, John/O'Reilly, Tim (2007): Web 2.0 Report. Principles and Best Practices. Beijing/Sebastopol: O'Reilly.

Nielsen, Jakob (1990): Hypertext and Hypermedia. San Diego/London: Academic Press.

O'Reilly, Tim (2005): What Is Web 2.0? Design Patterns and Business Models for the Next Generation of Software. In: O'Reilly, 30.09.2005, https://www.oreilly.com/pub/a/web2/archive/what-is-web-20.html, letzter Zugriff am 30.08.2019.

Rohde-Enslin, Stefan (2004): Nicht von Dauer. Kleiner Ratgeber für die Bewahrung digitaler Daten in Museen. Frankfurt a.M.: Deutsche Nationalbibliothek, urn:nbn:de:0008-20041103017, letzter Zugriff am 30.08.2019.

Wieneke, Lars (2006): Kommen Sie bald wieder! Nachhaltigkeit durch Nutzerpartizipation in digitalen Medien. In: Museums and the Internet 2006, Beiträge, Mai 2006, https://mai-tagung.lvr.de/media/mai_tagung/pdf/2006/wienekenachhaltigkeit.pdf, letzter Zugriff am 30.08.2019.

Verweise

Sämtliche Verweise zuletzt besucht am 30.08.2019.

www.web2con.com/web2con/

c2.com/cgi/wiki?WelcomeVisitors

c2.com/cgi/wiki?WikiEngines

www.wikipedia.org

www.mediawiki.org

museums.wikia.com

www.archimuse.com/mw2007

https://www.exif.org/Exif2-2.PDF

www.flickr.com

www.w3.org/2001/sw/

https://www.semantic-mediawiki.org/wiki/Semantic_MediaWiki

Autor

Georg Hohmann

Georg Hohmann studierte Kunstgeschichte, Germanistik und Informationswissenschaften an der Heinrich-Heine-Universität Düsseldorf und schloss das Magisterstudium mit einer Arbeit über „Virtuelle Museen" ab. Anschließend arbeitete er als Koordinator am Kunsthistorischen Institut der Universität zu Köln im bundesweiten bmb+f-Projekt „prometheus – Das verteilte digitale Bildarchiv für Forschung & Lehre". In dieser Zeit begann er seine Promotion bei der Historisch-Kulturwissenschaftlichen Informationsverarbeitung (Prof. Dr. M. Thaller) der Universität zu Köln zum Thema „Semantisches Wissensmanagement in den Kunst- und Kulturwissenschaften". Er ist als Berater für digitale, semantische Technologien in den Kunst- und Kulturwissenschaften und Webentwickler selbstständig tätig (bildcontext.org). 2006–2013 war er wissenschaftlicher Mitarbeiter am Referat für Informationstechnologie des Germanischen Nationalmuseums Nürnberg. Seit 2013 ist er Projektleiter am Deutschen Museum in München.

Vom Sondieren des Unbekannten – Kulturelle Bildung und digitale Transformation

Janine Burger, Sabine Faller, Barbara Zoé Kiolbassa, ZKM | Zentrum für Kunst und Medien Karlsruhe

BÄM! Hinter diesen drei Buchstaben stecken nicht nur unzählige Ideen innovativer Kunstvermittlung, sondern auch ein Ansatz, als (Kunst-)Museum kreativ auf die neuen Bedürfnisse und Erwartungen angesichts der digitalen Transformation unserer Gesellschaft zu reagieren. Bereits 1967 schrieb der kanadische Philosoph und Pionier der Medientheorie Marshall McLuhan in seinem Buch „The Medium is the Massage. An Inventory of Effects":

> „Unsere Bildungseinrichtungen müssen schnellstens einsehen, dass sich die Umwelten, die durch andere Medien als den Buchdruck entstanden sind, im Bürgerkrieg befinden. Das Klassenzimmer führt einen Überlebenskampf gegen die enorm verführerische Welt „draußen", die durch die neuen Informationsmedien geschaffen wird. Bildung muss sich abwenden vom Dozieren und Vermitteln von Schablonen und dem Entdecken zuwenden – dem Sondieren von Unbekanntem und dem Erkennen der Formsprache" (McLuhan 2016, 100).

50 Jahre nach Marshall McLuhans Feststellung soll im vorliegenden Band eine Neupositionierung von Museen als Bildungseinrichtungen und Teile der digitalen Medienkultur herausgearbeitet werden. McLuhans Publikationen gelten bis heute als Grundstein der Medientheorie. Während er in seinen Texten an Medien wie Fernsehen, Radio oder Film dachte, sprechen wir heute über Smartphone, Augmented Reality und Künstliche Intelligenz – aber auch bei diesen Medien bleibt das „Sondieren von Unbekanntem" (ebd.) auf einem Weg zu einer zukunftsorientierten Bildung unerlässlich. So möchten wir in diesem Beitrag aus der Perspektive einer auf zeitgenössische Künste und gesellschaftliche Entwicklungen ausgerichteten Kulturinstitution ausgewählte Vermittlungsformate vorstellen, die als digitale oder analoge Bildungsangebote zum Ziel haben, unsere BesucherInnen auf ihrem Weg zu mündigen und medienkompetenten Menschen des 21. Jahrhunderts zu begleiten.

Janine Burger, Sabine Faller, Barbara Zoé Kiolbassa

Kulturelle Bildung und digitale Transformation

Der Beitrag ist wie folgt untergliedert. Zunächst möchten wir grundlegende Überlegungen vorausschicken, die das ZKM als zeitgenössische Kultur- und Bildungsinstitution und die ZKM | Museumskommunikation als innovative Vermittlungsabteilung vorstellen, dann näher auf den gesellschaftlichen Kontext der „partizipativen Kultur" (vgl. Jenkins et al. 2009, 7) eingehen und darüber hinaus einige Gedanken zum Einsatz von Medien in Vermittlungsformaten vorstellen. Im Anschluss möchten wir diese Überlegungen anhand von drei Vermittlungsprojekten des ZKM beispielhaft verankern.

Die Abteilung ZKM | Museumskommunikation

Das Zentrum für Kunst und Medien, kurz ZKM, wurde 1989 gegründet und gilt noch heute als weltweit einzigartige Kulturinstitution, die für ein gleichberechtigtes Miteinander von Kunst, (Natur-)Wissenschaft, Technologie und Innovation steht. In seinem Selbstverständnis als Zentrum ist das ZKM ein Haus aller Gattungen, sowohl der raumbasierten Künste wie Malerei, Fotografie und Skulptur als auch der zeitbasierten Künste wie Film, Video, Medienkunst, Musik, Tanz, Theater und Performance, mit Schwerpunkt auf Medienkunst, digitale Kunst und deren Geschichte. Das ZKM vereint 14.000 Quadratmeter Ausstellungsfläche, eine Mediathek und Bibliothek, das Hertz-Labor sowie das Labor für Antiquierte Videosysteme. Forschung und Produktion sind demnach unter einem Dach vereint, es gibt Residencies für KünstlerInnen und WissenschaftlerInnen, regelmäßig stattfindende Konzerte, Vorträge, Festivals, Screenings, Workshops und weitere Veranstaltungen. Die digitale Transformation unserer Gesellschaft bildet den großen inhaltlichen Bogen, der die Ausstellungen, Vermittlungsprojekte und Forschungsprogramme umfasst.

Im Bereich der Bildung und Vermittlung bewegt sich die Abteilung Museumskommunikation am Dreh- und Angelpunkt gesellschaftlicher Transformationen: direkt bei den BesucherInnen. Seit über 20 Jahren steht die ZKM | Museumskommunikation für eine innovative Kunst-, Kultur- und Medienvermittlung und verkörperte bereits bei ihrer Gründung eine Reaktion auf unsere immer stärker von Vernetzung geprägten Welt. Die Wortneuschöpfung revolutioniert den klassischen Begriff der Museumspädagogik und stellt situatives, prozesshaftes und kommunikatives Arbeiten in den Vordergrund. Museumskommunikation beschreibt für uns Kunstvermittlung im Prozess. Wir erzeugen kommunikative Situationen zwischen den BesucherInnen, der Kunst, den KuratorInnen und allen an den Ausstellungen Beteiligten – ob in künstlerischen Workshops, Fortbildungen, kreativen Projekten oder den sogenannten Aktionsführungen. Diese beinhalten immer eine künstlerisch-kreative Interaktion in Form einer analogen oder digitalen Intervention in den Ausstellungen.

Unsere Vermittlungsarbeit ist interdisziplinär, crossmedial, handlungsorientiert und partizipativ. Wir verstehen Museen und Kulturinstitutionen als Teile einer offenen Gesellschaft und Orte kulturellen Austauschs, denen eine zentrale Bedeutung auf dem Weg zu einer mündigen Gesellschaft zukommt. Es gilt, für die Werte einer demokratischen Gesellschaft einzutreten und offene und kreative Haltungen zu fördern.

Kunstvermittlung in der ,partizipativen Kultur'

Angesichts einer Gesellschaft, in welcher „die herrschenden Funktionen und Prozesse im Informationszeitalter zunehmend in Netzwerken organisiert sind" (Castells 2001, 527), stellen sich der Bildungs- und Kulturarbeit völlig neue Herausforderungen: „Netzwerke bilden die neue soziale Morphologie unserer Gesellschaften, und die Verbreitung der Vernetzungslogik verändert die Funktionsweise und die Ergebnisse von Prozessen der Produktion, Erfahrung, Macht und Kultur wesentlich" (ebd.). Für die Kunstvermittlung muss daher von Bedeutung sein, dass die digitale Transformation der Gesellschaft sowohl ein technologisches wie auch ein soziokulturelles Phänomen darstellt. Kunstvermittelnde müssen aus einem umfassenden Medienbewusstsein schöpfen – und dabei reicht ein umfassendes Medienbewusstsein von kritischer Reflektion über technologische Expertise bis hin zu einem künstlerischen Verständnis neuer Technologien. Ebenso muss nachvollzogen werden, welche neuen sozialen Praktiken sich insbesondere im Zusammenhang mit Kommunikation, gemeinschaftlichen Praktiken und Wissensweitergabe durchsetzen.

So hat beispielsweise Henry Jenkins das Konzept der partizipativen Kultur formuliert, in dem er ein gewachsenes Bedürfnis nach Teilhabe, Partizipation, Ko-Kreation, horizontalem Wissensaustausch und produktiver Beteiligung feststellt und eine solche Entwicklung mit der Ästhetik sozialer Medien und den Möglichkeiten digitaler Technologien in Verbindung bringt. Er stellt fest, dass wir heute in einer „participatory culture" (Jenkins et al. 2009, 7) leben:

1. With relatively low barriers to artistic expression and civic engagement.
2. With strong support for creating and sharing one's creations with others.
3. With some type of informal mentorship whereby what is known by the most experienced is passed along to novices.
4. Where members believe that their contributions matter.
5. Where members feel some degree of social connection with one another (at the least they care what other people think about what they have created) (ebd.).

Jenkins' Konzept hält fest, welchen Herausforderungen eine innovative Kunstvermittlung in einer digitalisierten Gesellschaft gerecht werden muss. In der Netzwerkgesellschaft ist das Lern- und Arbeitsverhalten neben dem rezeptiven und formalen Lernen in der Schule auch durch informelle Lernsituationen, Selbstbestimmung und aktive Partizipation bzw. Kollaboration geprägt. Als Kulturinstitutionen mit Bildungsauftrag müssen wir es schaffen, das Lernen als selbstgesteuerten Aneignungsprozess in unseren Angeboten zu ermöglichen. Neue Informationen und Vorwissen müssen eigenaktiv verknüpft werden können und solche Lernerfahrungen in einem sozialen Kontext eingebettet sein. Dies sind Impulse, die wir in der Vermittlungsarbeit an Museen nutzen sollten – damit Museen sich als soziale und informelle Orte für lebenslanges Lernen etablieren und dem Auftrag zum Bildungserlebnis und der Wissensvermittlung gerecht werden.

Kunstvermittlung und digitale Medien

Ganz im Sinne von Marshall McLuhan, welcher historische Zäsuren in unseren Gesellschaften stets mit dem Aufkommen neuer Medien verband, sprechen wir von unserer Gegenwart als ,dem digitalen Zeitalter'. In der Tat ist die Nutzung digitaler Medien zu einer essenziellen, nicht mehr von unserer Lebensrealität trennbaren Kulturtechnik geworden. Das Vermitteln von Medienkompetenzen ist eine Hauptaufgabe – und Hauptherausforderung – der kulturellen Bildung. Dabei gilt es sowohl die Handhabung wie auch das kritische Reflektieren von Medien zu vermitteln. Es ist nicht mehr die Frage, ob digitale Medien eingesetzt werden sollen, sondern wie und wann – und mit welchem Mehrwert. Schon seit Jahren setzen wir analoge und digitale Interfaces so gleichwertig wie möglich in unseren Vermittlungsprojekten ein. Der richtige Umgang mit einem Pinsel will ebenso gelernt werden wie der Einsatz eines iPads. Dazu gehört auch, dass das ‚menschliche Miteinander‘ nie fehlen darf.

In unserer Medienwerkstatt finden ganz- oder mehrtägige Workshops für alle Altersklassen und Bildungsniveaus statt – wie auch LehrerInnenfortbildungen in Kooperation mit dem Regierungspräsidium Karlsruhe. Auf der Ebene der Handhabung behandeln diese Workshops Themen der analogen und digitalen Fotografie mit Bildbearbeitung, Trickfilmproduktion, Videoclips und -schnitt, Hörspielproduktion sowie die Gestaltung eigener Computerspiele, die Programmierung von Lego- Mindstorms-EV3- Robotern, MakeyMakeys und Calliope mini aber auch das Coden an sich mit Scratch, Python und der live-coding Software Sonic Pi. In den Kursen wird ein selbstständiger Umgang mit den Medien und ihren Technologien geübt, die künstlerischen Möglichkeiten der verwendeten Software werden variiert und eine kritische Auseinandersetzung mit den Medien initiiert.

Neben dem Lernen mit Medien wird durch die kreativen Medienangebote daher auch dem Lernen über Medien Raum gegeben, ganz im Sinne der Medienbildung, die zu den zentralen Schlüsselqualifikationen gezählt wird, durch die wir uns angemessen in unserer heutigen Mediengesellschaft bewegen können (Ministerium für Kultus, Jugend und Sport Baden-Württemberg 2017). Hierbei wollen wir selbstgesteuertes Lernen wie auch einen bewussten Medieneinsatz fördern: Nach dem Motto ‚Analoges mit Digitalem sinnvoll erweitern‘ geben wir einen breiten Überblick über aktuelle Trends und Tendenzen, vermitteln technisches Know-how, das kritische Reflektieren von Medien, aber auch die Begeisterung zum „Sondieren vom Unbekannten" (McLuhan 2016, 100), zum Experimentieren und Ausprobieren.

Das Sondieren des Unbekannten – von BÄM zu Open Codes

Kulturelle Bildung muss sich im digitalen Zeitalter in einer partizipativen Kultur und einer Netzwerkgesellschaft sichtbar verorten. Die große Herausforderung für Museen ist es, die künstlerisch-kritische Begeisterung am „Sondieren von Unbekanntem" (ebd.) – ob mit iPad oder Pinsel – zu wecken und durch das Vermitteln von Medienkompetenzen ihr Publikum auf dem Weg zu mündigen BürgerInnen des 21. Jahrhunderts zu unterstützen. Im Folgenden möchten wir diese Zielsetzungen anhand ausgewählter Vermittlungsformate der ZKM | Museumskommunikation illustrieren.

BÄM!

Museen und Kulturinstitutionen sind soziale Orte des lebenslangen Lernens. Ein solches Grundverständnis kunstvermittelnder Arbeit materialisiert sich in unserem Vermittlungsraum BÄM. Der Raum ist als Mitmach-Werkstatt gestaltet wie auch technisch ausgestattet und ermöglicht durch seine offene Architektur und Verortung inmitten der Ausstellungsflächen des ZKM einen direkten Dialog mit den unmittelbaren Ausstellungswerken. Optisch und akustisch umringt von wechselnden Ausstellungen kann das Kunstwahrnehmen hier direkt mit dem eigenen Ausprobieren und Produzieren verknüpft werden, wobei neue Medientechniken auf eine ganz andere Art und Weise erlebt und erlernt werden: Selber-Machen und Selber-Experimentieren stehen bei BÄM im Vordergrund.

Das eigene Machen und Experimentieren als Aneignungsform von neuen Technologien ist eine Praxis, die vor allem aus der sogenannten Maker-Kultur stammt. Die Maker sind eine Do-it-yourself-Bewegung, die sich zum Ziel gesetzt hat, die zeitgenössischen Technologien durch eigenes Auseinanderschrauben, Austüfteln, Nachbauen und Neudenken nachzuvollziehen. Ähnlich wie in der von Jenkins beschriebenen partizipativen Kultur ist dabei eine ganz eigene Auffassung von Lernen und Wissensvermittlung entstanden – gemeinsam, kreativ, im Netzwerk und horizontal. Die Orte der Maker-Kultur, sogenannte Labs und Maker-Spaces, sind offen für alle, die ihr Wissen und ihre Ideen einbringen, austauschen und experimentieren möchten. ExpertInnen, AmateurInnen, Neugierige, Laien, Noobs, Techies treffen an diesen Orten aufeinander – das Besondere an diesen Gemeinschaften ist ihre Heterogenität, die sich in einem Netzwerk zum Wissensaustausch vereint (vgl. Hatch 2014).

BÄM ist für bis zu 30 Personen, mit Tischen und Steckdosen, einem eigenen Werkraum, Werkzeug und diversen Materialien ausgestattet. Damit wird der Werkstattgedanke nach Constanze Kirchner und Georg Peez aufgegriffen, den Ort der Werkstatt selbst als künstlerisches, begeh- und benutzbares, interaktiv kommunizierbares Kunstwerk zu nutzen (vgl. Kirchner und Peez 2001). Inspiriert hiervon führt BÄM den Gedanken der Maker-Spaces weiter. BÄM ermutigt somit zum digitalen und analogen Machen, zum eigenen Ausprobieren kreativer Ideen und künstlerisch-handwerklicher Experimente. Der Vermittlungsraum bietet individuelle Anknüpfungspunkte, um Interesse und Vorwissen selbst einzubringen, auszuprobieren und zu erforschen. Medien- und kommunikationsbildende Kompetenzen werden gezielt gefördert, während die Teilnehmenden auch dazu ermutigt werden, kritisch auf aktuelle Entwicklungen unserer Gesellschaftskultur einzugehen. Vor allem in Anbetracht von Medienkunst und zeitgenössischer digitaler Kunst bietet BÄM dabei neue Auseinandersetzungsmöglichkeiten mit Medientechniken – auf kreativ-künstlerische Art und Weise, aber durchaus auch als kritisches Hinterfragen.

Das Vermittlungsangebot in BÄM reicht von niederschwelligen Formaten bis hin zu sehr fortgeschrittenen Angeboten. Durch das Zusammenspiel aus eingeladenen ExpertInnen, KünstlerInnen sowie externen ReferentInnen aus ganz Europa können immer neue, vielfältige Workshops in BÄM angeboten werden. So werden im Format der ‚Wichte' kleine leuchtende Fantasiefiguren gestaltet und gleichzeitig spielerisch elektrotechnische Grundkenntnisse erworben. Zwischen Upcycling, Lötkunst oder Wearables: Jeden Freitag von 14–18 Uhr öffnet das BÄMlab wie auch das Museum kostenlos seine Türen für spontane und interessierte MuseumsbesucherInnen, aber auch für regelmäßige BastlerInnen und Kreative aller Altersgruppen. Referierende in Begleitung von Menschen in einem Freien Sozialen Jahr in der Kultur bieten abwechselnde kleine Projekte und Vorhaben an, die einfach ausprobiert werden können und dabei die Museumserfahrung erweitern.

So treffen in BÄM stets unterschiedliche Perspektiven zusammen. In dieser Wesensart stellt BÄM einen Schritt in die Richtung des Partizipativen Museums dar, wie es Nina Simon beschreibt. In ihrem richtungsweisenden Buch skizziert die Museumsdirektorin unterschiedliche Formen und Intensitäten von Partizipation im Museum, die sie unter die Schlüsselbegriffe „Contribution", „Collaboration", „Co-Creation" und „Hosting" zusammenfasst. Dabei bildet Contribution die niedrigste Stufe von Partizipation, indem die Teilnehmenden an etwas bereits Feststehendem mitarbeiten bzw. etwas bereits Feststehendes kommentieren dürfen; Hosting bildet die höchste Stufe partizipativer Möglichkeiten, wenn die Kulturinstitution völlig hinter den Interessen und Bedürfnissen einer teilhabenden Community zurücktritt und zu einer Plattform für deren eigene Projekte und Vorhaben wird (Simon 2010). Berücksichtigen wir Jenkins' Konzept erneut an dieser Stelle, entstehen jeden Freitagnachmittag im BÄMlab kleine, spontane Gemeinschaften, die Teil einer partizipativen Kultur sind: Einfach zugängliche, kreative Angebote werden gemeinsam im informellen Wissensaustausch und sozialer Verbundenheit erlebt, was ko-kreatives Lernen durch Machen erlaubt, eingebettet in einem lose verbundenen, sozialen Netzwerk.

Das BÄM steht somit für ein Vermittlungsprogramm, das sich bewusst weiterentwickeln soll, um sich fortlaufend neuen Inhalten und Zielgruppen gegenüber zu öffnen und neue Wege und Strategien der Vermittlung zu erproben. Wenn BÄM für „Be A Maker" stehen würde, dann wären dabei sowohl die MuseumsbesucherInnen, wie auch wir als KunstvermittlerInnen gemeint. Gleichzeitig könnte BÄM aber auch für „Bildung Ändert Meinung" stehen. Lernen durch Machen, wie es die Maker-Kultur vorlebt, fördert bewusst Potenziale des explorierenden, kreativen und selbstorganisierten Lernens durch herstellende und erfinderische Tätigkeiten. Mit Angeboten wie BÄM können Lernsituationen geschaffen werden, die durch Selbstbestimmung und Partizipation bzw. Kollaboration geprägt sind. Diese neuen Lernerfahrungen werden nicht nur in einem musealen Kontext, sondern vor allem in einem gemeinschaftlichen Rahmen gemacht, worin ein unschätzbarer Wert liegt.

AOYS

Kann das menschliche Miteinander in Form von partizipativer Kunstvermittlung parallel im analogen wie auch im digitalen Raum existieren? 2014 starteten wir mit ArtOnYourScreen (AOYS) die partizipative Online-Ausstellungsplattform aoys.zkm.de des ZKM – mit dem Ziel, einen innovativen Ort für künstlerische Produktion und Vermittlung unter den Bedingungen der vernetzten Welt zu schaffen.

Mit AOYS etablierte das ZKM einen neuen digitalen Ausstellungsraum, der einen Überblick über das kreative Schaffen verschiedener KünstlerInnengenerationen ermöglichte. Es wurden Arbeiten gezeigt, die nur im Internet ihre volle Wirkung entfalteten. Das Spektrum reichte von reinen Bildschirmarbeiten über performative Projekte bis zu generativer, typografieorientierter Literatur. Das auf zwei Jahre befristete Projekt führte regelmäßig diese künstlerischen Positionen ein, die durch eine kunstwissenschaftliche Kontextualisierung und ein individuelles Online-Vermittlungsprogramm für jedes Werk begleitet wurden.

„ArtOnYourScreen – be part of it" heißt die hierfür speziell programmierte Vermittlungsplattform, in welcher auch die eigentlichen Werke eingebettet sind und auf der die UserInnen Informationen in Schrift, Bild und Video zu KünstlerInnen und Werk erhalten – mit kleinen kreativen Aufgaben, um sich dem Exponat anzunähern oder sich zu eigenen künstlerischen Arbeiten inspirieren zu lassen. Dabei werden der digitale Raum mit dem analogen Raum verknüpft – z.B. bei der Arbeit „One-Way Interaction Sculpture", bei welcher eine im ZKM installierte Glühbirne nur durch digitales Klicken auf der Internetseite des Künstlerduos ////////// fur//// eingeschaltet werden kann. Dieser Eingriff zeigt auf niederschwellige Art und Weise, wie das Analoge mit dem Digitalen verschränkt ist und umgekehrt.

So agiert auch die Arbeit „Play Si:bi" des Netzkünstlers Roberto Fasso-
ne. Im Falle von ‚Schwierigkeiten und Entscheidungsneurose bei der
Kunstproduktion' generiert ein interaktiver Online-Zufallsgenerator eine
Anleitung zur Herstellung eines Kunstwerks. In diesem Falle kommt die
Inspiration aus dem digitalen Raum – umgesetzt wird sie analog und idea-
lerweise gemeinsam. So bildet AOYS eine Plattform voller Beispiele, wie
Kunstvermittlung aufbauend auf dem menschlichen Miteinander parallel
im analogen wie auch im digitalen Raum existieren kann.

Open Codes

2017 eröffneten wir die Ausstellung „Open Codes. Leben in digitalen Welten". Es handelte sich dabei um mehr als ‚nur' eine Ausstellung: Es war als
großes Bildungsexperiment angelegt, bei welchem nicht nur die kunstvermittelnde und kuratorische Arbeit Hand in Hand gingen, sondern die Bildung der BürgerInnen, die die Ausstellung besuchten, als oberster Auftrag
vorangestellt war. Ziel war es, eine Ausstellung als kostenlose Bildungs-
plattform zum Erlangen sozialer Medienkompetenz zu entwickeln.
 Hierfür überschritten wir die traditionellen Grenzen des Museums und
setzten die Regeln des klassischen Ausstellens neu auf. Die Ausstellung
sollte einen Erfahrungsraum bilden, einen Raum, in dem ausgestellt, gearbeitet, vermittelt, erlebt, gedacht und kreativ gehandelt wird. So boten viele Flächen innerhalb der Ausstellung „Open Codes" die Möglichkeit zum
Lernen und Austauschen in kleinen und größeren Gruppen, umrahmt von
den Kunstwerken. Im Ausstellungsraum verteilte Alkoven luden zum kon-
templativen Rückzug ein. Tischtennisplatte und Tischkicker erlaubten
eine kreative Pause zwischen Kunstrezeption und Wissensaneignung. Eintritt und Vermittlungsangebot von „Open Codes" waren völlig kostenfrei.
Nur eine Spendenbox am Eingang bat um Unterstützung. In der Ausstellung durfte nicht nur gegessen und getrunken werden, es gab kostenfreies
Obst und Snacks ebenso wie kostenfreie Kaffeeautomaten und Wasserspender. Das Motto lautete: Das Publikum muss für den Besuch, die Bildung, belohnt werden. Um auch Menschen zu erreichen, die in einem
Vollzeitmodell arbeiten, verlängerten wir die Öffnungszeiten der Donners-
tage bis 22 Uhr.
 Dem Ausstellungskonzept lag die Idee des Co-Working-Space zugrunde.
Leben und Arbeiten, Genuss und Bildung sollen nicht getrennt voneinander stattfinden, sondern miteinander einhergehen. Das Eintauchen in die
digitale Welt findet nicht allein am Computer statt, sondern in einer heterogenen Community im öffentlichen Raum. Zentral war es, möglichst vie-

le Menschen einzuladen, den Ausstellungsraum für sich zu nutzen – so konnten drei unterschiedliche Flächen in der Ausstellung als Arbeits- und Veranstaltungsorte kostenlos gebucht werden. Voraussetzung für das Buchen und Organisieren eigener Veranstaltung war lediglich, dass die Vorschläge thematisch zur Ausstellung passten und keine kommerziellen Events darstellten.

Der inhaltliche Anspruch von „Open Codes" war es, Code als grundlegendes Phänomen unserer heutigen Welt offenzulegen. Programmierte Codes bestimmen im ‚digitalen Zeitalter' wesentlich mit, wie wir unsere Welt wahrnehmen und unsere Realität konstruieren; jedoch wird der Code noch nicht von allen mitbestimmt (vgl. Manovich 2013). Dies bedeutet eine umwälzende Machtverschiebung innerhalb unserer Gesellschaft, und zwar hin zu den Handelnden, die programmieren können und die Codes schreiben, auf denen sämtliche Bereiche wie Wirtschaft, Medizin, Information, Kommunikation usw. basieren. Das passiert, ohne dass ein Großteil der Bevölkerung, der ‚UserInnen', überhaupt weiß, was Code ist oder wie man selbst programmiert. Angesichts dieser Verschiebung müssen Bildungs- und Kulturinstitutionen, wollen sie dem Ziel gerecht werden, Medienkompetenzen zu vermitteln, sowohl das komplexe Wissen rund um das Programmieren vermitteln als auch Programmierfertigkeiten zugänglich machen. So bestand das Bildungsexperiment „Open Codes" darin, auf eine sehr offene, experimentelle Art und Weise ein sehr breites Zielpublikum unterschiedlichen Alters und unterschiedlicher Kenntnisstufen in die Welt des Codes einzuführen bzw. im Hinblick auf das Coden miteinander zu vernetzen.

Als Vermittlungsabteilung stellte dieses Bildungsexperiment uns vor zahlreiche Herausforderungen, aber auch vielfältige Möglichkeiten. Unser erster Schritt war es, uns mit vielfältigen Gruppen aus Karlsruhe zu vernetzen und sie einzuladen, einige ihrer Veranstaltungen im Ausstellungsraum abzuhalten. Wir sprachen gezielt Initiativen, Organisationen, Vereine und Start-ups aus der digitalen Kultur in Karlsruhe an – von HackerInnenkollektiven über Initiativen für Freies Wissen bis hin zu AkteurInnen der digitalen Kreativszene. Die Frage, was diese Gruppen benötigen würden, um den Ausstellungsraum wirklich für sich und ihre Zwecke nutzen zu können, stand ganz am Anfang. Alle befürworteten den freien Eintritt, wünschten sich, während ihrer Treffen Verpflegung zu erhalten, und forderten Öffnungszeiten bis weit in den Abend hinein. Viele zeigten auch über das Nutzen der Ausstellungsflächen für ihre eigenen Veranstaltungen hinaus Interesse an der Vermittlung von Code an ein breites Publikum. So dachten wir nicht nur die Ausstellung gemeinsam, sondern arbeiteten konstruktiv kollaborative Workshopideen aus, wie beispielsweise den Schulklassenworkshop „Kryptokarten", eine Kollaboration der ZKM | Museumskommunikation mit dem Entropia e.V., dem Karlsruher Erfahrungskreis des Chaos Computer Clubs.

Wir sprachen weiterhin zahlreiche Schulen und Bildungseinrichtungen an. Aus solchen Kollaborationen erwuchsen Programme wie das vom Kulturamt der Stadt Karlsruhe geförderte „smART_room"-Projekt, bei welchem sich 15 SchülerInnen unterschiedlicher Klassenstufen des Kant Gymnasiums Karlsruhe ein Schuljahr lang aus künstlerisch und gestalterischer Perspektive der Frage widmeten: „Wie wollen wir in unseren digitalen Welten leben?". Schlussendlich entstand eine recycelte Stadt der Zukunft, durch welche die SchülerInnen selbst programmierte Roboter fahren ließen. Ebenso organisierten wir in Kooperation mit dem 21st Century Competence Center zwei „Code Camps", bei denen wir Code als gemeinsame Sprache erforschten und mit Kindern und Jugendlichen aus unterschiedlichen Schulen, Klassen, Altersstufen und Sprachhintergründen verschiedene Interventionen im Ausstellungsraum programmierten – ob mit dem Calliope mini Controller, dem Turtle Coder oder der Live-Coding Software Sonic Pi. All diesen Projekten war gemein, dass sie digitales und analoges Arbeiten verschränkten, das Experimentieren und Ausprobieren in den Vordergrund stellten, das Miteinander im Herzen hatten und – vor allem – mitten in der Ausstellung stattfanden, umgeben von weiteren anwesenden BesucherInnen.

So entwirft Open Codes eine Vision, in welcher das Museum nicht mehr eine zentralisierte Wissensinstanz ist, sondern zu einer Plattform des Wissensaustauschs wird. „Open Codes" verband das Konzept des Co-Working-Space mit der Idee des partizipativen Museums.

Ausblick: Vom Sondieren des Unbekannten

Möchten wir Museen als Bildungseinrichtungen und Austragungsorte der digitalen Medienkultur positionieren, so müssen wir berücksichtigen, dass wir in einer Netzwerkgesellschaft und innerhalb partizipativer Kulturen leben, in welchen der Umgang mit digitalen Medien zu einer selbstverständlichen Kulturtechnik geworden ist. Das gewachsene Bedürfnis nach Teilhabe, Partizipation und horizontalem Wissensaustausch und produktiver Beteiligung lässt McLuhans 1967 formulierte Forderung aktueller denn je erscheinen: Die Bildung muss sich vom Dozieren ab- und dem Entdecken zuwenden – dem „Sondieren von Unbekanntem" (McLuhan 2016, 100).

Zentral sind dabei nicht nur das Vermitteln von Medienkompetenzen und das kritische Reflektieren von Medien; es kommt auf das menschliche

Miteinander, das Verschränken von Analogem und Digitalem und das künstlerische Verständnis von Technologien an. Dies sind Impulse, die wir langfristig in der Vermittlungsarbeit am ZKM nutzen möchten – damit sich Museen als soziale und informelle Orte für lebenslanges Lernen etablieren. Für uns ist das Einnehmen einer offenen und kreativen Haltung entscheidend für den Weg in eine mündige digitale Gesellschaft.

Museen sind nicht mehr nur Orte des Sammelns, Bewahrens und Präsentierens – sie sind vor allem Orte der Begegnung, der Kommunikation und der Diskussion; Orte des (kreativen) Austausches und des Voneinander-Lernens. Als KunstvermittlerInnen möchten wir nicht nur zwischen der Kunst und ihrem Gegenüber vermitteln, sondern DialogpartnerInnen im gemeinsamen Entdecken, Erleben, Erfahren sein. Wir vernetzen uns und suchen gemeinsam nach Impulsen zu neuen Denkansätzen und mutigen ersten Schritten – beim „Sondieren des Unbekannten".

Literatur

Castells, Manuel (2001): Der Aufstieg der Netzwerkgesellschaft. Wiesbaden: Springer.

Hatch, Mark (2014): The Maker Movement Manifesto. Rules for Innovation in the New World of Crafters, Hackers, and Tinkerers. New York: McGraw-Hill Education.

Jenkins, Henry/Purushotma, Ravi/Weigel, Margaret/Clinton, Katie/Robinson, Alice J. (2009): Confronting the Challenges of Participatory Culture. Media Education for the 21st Century, https://www.issuelab.org/resources/830/830.pdf, letzter Zugriff am 30.08.2019.

Kirchner, Constanze/Peez, Georg (Hrsg.) (2001): Werkstatt: Kunst. Anregungen zu ästhetischen Erfahrungs- und Lernprozessen im Werkstattunterricht. Hannover: BDK-Verlag.

Manovich, Lev (2013): Software Takes Command. New York: Bloomsbury.

McLuhan, Marshall/Fiore, Quentin (2016): Das Medium ist die Message. Ein Inventar medialer Effekte. Zusammengestellt von Jerome Agel, 4. Aufl.. Stuttgart: Tropen.

Ministerium für Kultus, Jugend und Sport Baden-Württemberg (2017): Medienbildung, http://www.km-bw.de/,Lde/Startseite/Schule/Medienbildung, letzter Zugriff am 14.12.2017.

Simon, Nina (2010): The Participatory Museum. Santa Cruz: Museum 2.0.

Autorinnen

Janine Burger M.A.

Janine Burger leitet seit 2006 die Abteilung Museumskommunikation am ZKM | Zentrum für Kunst und Medien Karlsruhe. Mit ihrem Team entwickelt sie innovative Vermittlungsprojekte, für eine interdisziplinäre und partizipative Kunst- und Kulturvermittlung. Das Museum ist für sie ein Ort der Vernetzung – im Analogen wie im Digitalen –, ein Platz für Kommunikation und horizontalen Wissensaustausch sowie eine Inspirationsquelle für eine intrinsische Motivation zum lebenslangen Lernen. Ursprung ihrer Expertisen sind ein Studium der Kunstwissenschaft und Medientheorie, der Malerei und Fotografie sowie ein Lehramt-Studium. Seit 1992 ist sie über verschiedene Aufgabengebiete mit dem ZKM verbunden

Sabine Faller St.-Ex.II

Sabine Faller ist wissenschaftliche Mitarbeiterin der Abteilung Museumskommunikation am ZKM | Zentrum für Kunst und Medien Karlsruhe. Ihr Schwerpunkt liegt in der Konzeption und Umsetzung von Workshops, Projekten und Bildungsprogrammen der digitalen Kunst. Hier ist sie Co-Projektleiterin verschiedener Stipendienprogramme und Mitgestalterin des Makerspace „BÄM". Als Referentin gibt sie Vorträge und künstlerische Workshops bei internationalen Konferenzen. Zuvor war sie als Medienpädagogin und Redakteurin u.a. für ALEX Offener Kanal Berlin tätig.

Barbara Zoé Kiolbassa M.A.

Barbara Zoé Kiolbassa ist wissenschaftliche Mitarbeiterin in der Abteilung Museumskommunikation am ZKM | Zentrum für Kunst und Medien Karlsruhe. Dort liegt ihr Schwerpunkt in der Konzeption und Durchführung von Projekten rund um die Ausstellungen und (Forschungs-)Themen des ZKM. Davor studierte sie Geschichte, Kunstgeschichte und Medienwissenschaft in Tübingen und hielt sich ein Jahr in unmittelbarer Nähe des Mittelmeers an der Université de Aix-Marseille auf. 2014 arbeitete sie vier Monate lang im Hafnarhús Art Museum in Reykjavík.

Digitale Vermittlung nachhaltig in Museen etablieren – Das Verbundprojekt museum4punkt0

Silke Krohn, Stiftung Preußischer Kulturbesitz, museum4punkt0

Überblick

Die digitale Vermittlung bietet Museen die große Chance, BesucherInnen zielgerichteter zu erreichen. Zugleich bringt eine nachhaltige Implementierung der digitalen Vermittlung viele Herausforderungen für die Museen mit sich. Im Folgenden stelle ich zunächst die Erwartungen der MuseumsbesucherInnen sowie verschiedene Möglichkeiten im digitalen Zeitalter vor, um dann Wege, wie die digitale Vermittlung nachhaltig in museale Infrastrukturen implementiert werden kann, aufzuzeigen. Anschließend stelle ich das Verbundprojekt museum4punkt0 (www.museum4punkt0.de) und die Verbundarbeit zu Themen der digitalen Vermittlung vor und zeige auf, wie die dabei gewonnenen Ergebnisse anderen Museen dienen können.

Neue Möglichkeiten – neue Bedürfnisse

Im täglichen Umgang mit digitalen Angeboten der Informationsvermittlung sind wir es gewohnt, Nachrichten, gleich welchen Inhalts, nicht nur zu empfangen, sondern auch die Möglichkeit zu haben, diese bewerten, kommentieren oder ergänzen zu können. Außerdem gewöhnen wir uns allmählich daran, dass uns virtuelle Umgebungen sinnlich wahrnehmbare Eindrücke fremder Welten verschaffen – unabhängig von unseren realen Lebensräumen, sodass wir beispielsweise neue Möbel schon vor Kauf in den eigenen Räumen betrachten können. Diese technischen Möglichkeiten verändern auch die gesellschaftlichen Erwartungen an Museen. So kommt diesen immer mehr die Rolle von Erlebnisräumen und informellen Lernorten zu. Ihre BesucherInnen möchten nicht einseitig belehrt werden, sondern selbstbestimmt entdecken und auch teilhaben.

Die digitale Vermittlung kann – gut eingesetzt – diese Bedürfnisse bedienen. So erlaubt Virtual Reality (VR) das immersive Erleben anderer Kulturen und Lebensräume sowie das Nacherleben historischer Ereignisse. Augmented Reality (AR) ermöglicht vertiefende (Bild-)Informationen oder ungewohnte Perspektiven auf Objekte, ohne in die eigentliche Präsentation einzugreifen. So können im normalen Ausstellungsbetrieb z.B. die Flügelrückseiten eines geöffneten Altars nicht anschaut werden. Mithilfe von AR ist dies jedoch möglich, indem ein Tablet vor das Originalwerk gehalten wird, welches entsprechende Marker erkennt und daraufhin auf dem Screen den Altar virtuell schließt. Digitale Tools fordern und fördern die Kreativität und die aktive Auseinandersetzung mit Kulturgut und dessen Hintergründe (vgl. Kirchner/Peez 2001). So lässt sich mit AR selbst Gestaltetes animieren, Location Based Services können für Schnitzeljagden genutzt werden und Ausstellungsobjekte werden dank digitaler Vermittlung kontextualisiert sowie multiperspektiv vermittelt. Digitale Tools eignen sich auch sehr gut, um zur Partizipation anzuregen (vgl. Jenkins et al. 2009). Damit lässt sich im Zuge eines Citizen-Science-Projektes eine sogenannte Bürgerforschung mit Teilhabe an der Forschung ermöglichen, die wiederum der Institution zugute kommen kann (vgl. Riesch und Potter 2013). Digitale Vermittlungsmedien können besonders unter Verwendung von Methoden wie Storytelling oder Gamification zu einer lebendigen Wissensvermittlung beitragen. Die Möglichkeit zur Personalisierung digitaler Angebote bietet vor allem eine auf individuelle Bedürfnisse abstimmbare Vermittlung, indem die einen eher Überblicksinformationen erhalten, die anderen die Wahl aus unterschiedlichen Zusatzinformationen haben und sich die Nächsten das Themenfeld spielerisch erschließen und digitale Anwendungen so auch zur Barrierefreiheit beitragen können. Das oft geforderte Abholen der BesucherInnen von dort, wo sie sich gerade geistig und örtlich befinden, kann virtuell, am Ausstellungsort sehr individuell stattfinden. So ermöglichen digitale Anwendungen ziel- und lerntypengerechte Angebote vor Ort sowie eine auf diese abgestimmte Vor- und Nachbereitung. Diese Vorteile der digitalen Vermittlung sind nicht von der Hand zu weisen. Um jedoch die Entwicklung und die Nutzung digitaler Medien in Museen zu etablieren, bedarf es finanzieller sowie personeller Ressourcen, Erfahrungen und Erkenntnissen, die den einzelnen Institutionen oft teilweise oder ganz fehlen.

Vorhandene Kompetenzen nutzen und neue aufbauen

Um dieses Ziel zu erreichen, gilt es, bereits zuvor vorhandenes Wissen und bestehende Kompetenzen zu nutzen und neue direkt in der Institution aufzubauen, um diese langfristig digital kompetent zu machen. Die Entwicklung von digitalen Vermittlungsmedien erfordert weit mehr als technische Kenntnisse. Vielmehr geht es darum, die BesucherInnen sowie deren Bedürfnisse ebenso gut zu kennen wie die Spezifika der Institution, in der die Anwendung genutzt werden soll, und selbstverständlich die Themen und Ausstellungen sowie deren Potenziale für die Vermittlung. Daher ist es wichtig, die Produktion in die Museumsstrukturen zu verweben. Der früher in vielen Institutionen eingeschlagene Weg der reinen Auftragserteilung an Agenturen, die nach einer Entwicklungszeit das fast fertige Produkt vorstellten, bietet weder Kompetenzaufbau noch eine nachhaltige und langfristig angelegte Implementierung im Museumsbetrieb und dessen Gesamtstrategie.

Content und Visitor Journey vor Technik

Best-Practice-Beispiele für digitale Vermittlung können zur Inspiration herangezogen werden, sollten aber nicht direkt übernommen werden. Um eine tatsächliche Auseinandersetzung mit dem zu vermittelnden Kulturgut zu erreichen, bedarf es durchdachter Konzepte. Diese sollten vom zu vermittelnden Inhalt und nicht von der Technik ausgehend entwickelt werden. Im Vorfeld muss überlegt werden, für welche konkreten Themen die Vermittlung über eine digitale Anwendung einen echten Mehrwert bieten kann. Es muss vor allem geklärt werden, was wem vermittelt, welche inhaltlichen Aspekte näher beleuchtet werden sollen und über welche Ansprache und Vermittlung das geschehen kann. Dabei ist zu beachten, dass die infrastrukturellen Rahmenbedingungen der jeweiligen Institution und die inhaltliche Konzeption nicht getrennt voneinander betrachtet werden können: Wenn beispielsweise eine zu betreuende Station nicht von allen BesucherInnen genutzt werden kann, so sollten dort keine zum gesamten Verständnis der Ausstellung notwendigen Informationen vermittelt werden.

Grundsätzlich sollte immer die gesamte Visitor Journey – also alle Berührungspunkte von BesucherInnen mit der Museum – in die Konzeption einbezogen werden (vgl. Devine 2015). Wichtige Fragestellungen können hierbei sein: Welche Informationen digitaler und analoger Art erhalten die BesucherInnen an welcher Stelle des Ausstellungsparcours, wie bedingen sich diese? Welche analogen Elemente sollen eingebunden werden? Sind diese institutionsspezifischen Entscheidungen getroffen, kann es sich zu prüfen lohnen, ob es Anwendungen als Open Source gibt, die nachgenutzt und als kostengünstige Basis dem eigenen Konzeptionsprozess zugrunde gelegt werden können.

Digitale Vermittlung ist Teamarbeit

Um die digitale Vermittlung in die Ausstellungs- bzw. Projektkonzeption zu integrieren, müssen die KuratorInnen und VermittlerInnen eng zusammenarbeiten. Doch nicht nur sie sollten an der Entwicklung beteiligt sein. Digitale Anwendungen wie VR betreffen die gesamte Infrastruktur eines Ausstellungshauses und somit viele weitere MitarbeiterInnen. Denn neben MuseologInnen, die die geeigneten Dateien und Metadaten zur Verfügung stellen, über die MitarbeiterInnen, die die Social Media-Kanäle und das Marketing betreuen, bis zu Aufsichten und Kassenkräften, die die digitalen Anwendungen betreuen und erklären, sind vor allem TechnikerInnen und RedakteurInnen gefragt, damit die Anwendung nicht nur funktioniert, sondern auch immer auf dem neuesten Stand ist. Aus diesem Grund bietet es sich an, schon zu einem sehr frühen Zeitpunkt MitarbeiterInnen aus den verschiedenen Abteilungen in die Konzeption einzubeziehen, um gemeinsam mit EntwicklerInnen und DesignerInnen in Ko-Kreationsprozessen die Anwendung zu entwickeln. Dabei ist es ratsam, in iterativen Stufen sowie in User-Centered-Design-Prozessen zu arbeiten und Prototypen regelmäßig bereits im Ausstellungsbetrieb zu testen, um diese optimal auf die Bedürfnisse der BesucherInnen abzustimmen.

Das skizzierte Vorgehen bedeutet nicht, dass alle MitarbeiterInnen, die durch die neue Anwendung einbezogen werden, ständig zusammenarbeiten und mitbestimmen müssen. Vielmehr steht eine rechtzeitige Einbeziehung aller sowie die Verteilung von Rollen und Zuständigkeiten im Zentrum des Vorgehens. Wenn das gelingt, ist im besten Fall nicht nur ein reibungsarmer Ablauf nach der Inbetriebnahme der Anwendung zu erwarten, es wird weiterhin die Chance genutzt, die MitarbeiterInnen von Anfang an an digitale Herausforderungen heranzuführen und digitale Kompetenzen aufzubauen. Denn wie Gespräche mit FachkollegInnen zeigten, kommt es vor, dass etwa Kassenkräfte digitale Anwendungen eher verschweigen, als sie anzubieten, weil sie keine ausreichende Einführung in die Technik erhalten haben oder sich die Handhabung noch nicht in ihre Arbeitsabläufe integriert hat. Das zeigt, dass digitale Anwendungen konzeptionell noch so gut durchdacht sein können: Sofern sie sich im Alltag nicht bewähren, ist das digitale Experiment frühzeitig gescheitert.

Alltagsbedingungen im Blick behalten

Die Alltagstauglichkeit digitaler Medien im Museum ist ohne zusätzlichen Aufwand nicht herzustellen. Daher sollte im Vorfeld genau bedacht werden, welche konkreten Aufgaben sich aus dem Betrieb einer digitalen Anwendung ergeben und wie diese bewältigt werden können: Wie lässt sich z.B. bei einer VR-Station das möglicherweise notwendige Anmeldeverfahren organisieren? Wird eine ständige Stationsbetreuung benötigt? Wer kümmert sich um die Reinigung, Wartung und Reparatur der Geräte? Wer ist zuständig bei technischen Ausfällen? Wer kann Änderungen der Inhalte vornehmen? Müssen Schulungen angeboten oder neues Personal eingestellt werden? Zugleich sollte in dem oben beschriebenen Entwicklungsprozess auf die Erfahrungen der MitarbeiterInnen zurückgegriffen werden, denn sie haben täglich mit den BesucherInnen und ihren Bedürfnissen zu tun. Ein solcher Einbezug der entsprechenden AkteurInnen und die damit verbundene Anerkennung ihres Know-hows wird sich wahrscheinlich positiv auf den Arbeitsalltag mit den digitalen Anwendungen auswirken, daher sollte, wie erläutert, im Entwicklungsprozess auf die Kompetenzen vorhandener MitarbeiterInnen der unterschiedlichen Abteilungen zurückgriffen werden.

Generell kann es nicht immer das Ziel sein, die allerneueste Technik zu verwenden. Vielmehr gilt es, Kosten, Nutzen und Aufwand gegeneinander abzuwägen. Vor allem sollte nicht selbstverständlich davon ausgegangen werden, mit neuen Medien neue Gruppen von BesucherInnen anlocken zu können. Spätestens wenn die jeweils „neuen" Medien alltäglich geworden sind und der Reiz des Neuen verfliegt, müssen langfristig wirksame Strategien entwickelt werden. Jüngere Generationen kennen kein Leben ohne Smartphone, Tablet und den damit verbundenen Anwendungen, und die sogenannten Best Ager besitzen mehr und mehr eigene Geräte. Daher ist davon auszugehen, dass digitale Angebote immer selbstverständlicher zur Vermittlung von Kulturgut erwartet, aber zugleich nicht nur ihrer selbst wegen genutzt werden. Gut durchdacht bieten sie jedoch einen enormen Mehrwert für die Vermittlung. Diesen zu erreichen, gelingt umso leichter, je selbstverständlicher die Einbindung der digitalen Anwendung in die verschiedenen Abteilungen, Gewerke und Infrastrukturen erfolgt. Festzuhalten ist, dass digitale Vermittlungsmedien klassische Zielsetzungen und Methoden musealer Vermittlung nicht ersetzen. Vielmehr schaffen sie neue Möglichkeiten der BesucherInnenansprache.

Neue Wege nachhaltig gehen – museum4punkt0

Damit die Möglichkeit zur Chance auf nachhaltige Konzeption und Implementierung der Angebote gegeben werden kann, bedarf es bei der Entwicklung digitaler Angebote neuer Formen der Zusammenarbeit. Um diese zu erproben, der deutschen Museumslandschaft den Weg in die Digitalität zu erleichtern sowie diesen nachhaltig und langfristig ressourcenschonend zu gestalten, entstand das Projekt „museum4punkt0. Digitale Strategien für das Museum der Zukunft" (siehe dazu auch Glinka 2019). Das von der Beauftragten der Bundesregierung für Kultur und Medien geförderte erste nationale Verbundprojekt zur Entwicklung digitaler Vermittlungs- und Kommunikationsmedien in Museen ist auf drei Jahre angelegt und vereint mannigfache museale Kultureinrichtungen. Die Einzelprojekte im Verbund unterscheiden sich in Gattung, Größe, Organisationsform und vor allem Vertrautheit mit digitalen Prozessen erheblich und spiegeln somit die deutsche Museumslandschaft wider. Folgende Einrichtungen nehmen an diesem Pilotprojekt teil: die Stiftung Preußischer Kulturbesitz und ihre Staatlichen Museen zu Berlin, die Stiftung Humboldt Forum im Berliner Schloss, das Deutsche Auswandererhaus Bremerhaven, das Deutsche Museum München, die Fastnachtsmuseen Schloss Langenstein und Narrenschopf Bad Dürrheim mit weiteren Museen der schwäbisch-alemannischen Fastnacht und das Senckenberg Museum für Naturkunde Görlitz.

Die teilnehmenden Häuser erforschen in ihren eigenen Projekten individuelle Fragestellungen zur digitalen Vermittlung, die auch für die gesamte Museumslandschaft von Interesse und im Folgenden skizziert sind. So untersucht das Teilprojekt der Staatlichen Museen Berlin in einer umfangreichen, auf die Motivationstypen von John Falk (vgl. Falk 2009) gestützte BesucherInnenforschung die Visitor Journey in unterschiedlichen Häusern. Ziel ist es, zu eruieren, wie während und im Anschluss eines Besuches vielfältige Kontaktpunkte der BesucherInnen zum Museum durch neue digitale und immersive Technologien gestaltet werden können, um dementsprechende Prototypen zu entwickeln. Das Team der Stiftung Humboldt Forum im Berliner Schloss erprobt, wie mittels Storytellings die Multiperspektivität der Objekte vermittelt und unter Zuhilfenahme algorithmischer Prozesse Vermittlung im Museumsraum und darüber hinaus individualisiert werden kann. Das Auswandererhaus Bremerhaven testet digitale Erzählformate, um Rituale, Ideale und Debatten rund um Migration sowohl online als auch im Museum erfahrbar zu machen. So wurde beispielsweise in einem Ausstellungsexperiment geprüft, ob sich Emotionen mit Virtual Reality oder analog unterschiedlich vermitteln lassen. Das Deutsche Museum München, welches sich schon länger mit 3D-Digitalisierung beschäftigte, erforscht nun im Rahmen von museum4punkt0, wie 3D-Visualisierungen mithilfe von Digital Storytelling, Gamification- und Edutainment-Ansätzen für die museale Vermittlung genutzt werden können. Die schwäbisch-alemannischen Fastnachtsmuseen im Narrenschopf in Bad Dürrheim und im Schloss Langenstein untersuchen, wie das immaterielle Kulturgut der Fastnacht durch den Einsatz unterschiedlicher digitaler Vermittlungstools wie VR- und AR-Settings, 360-Grad-Projektionen und personalisierten Guides für BesucherInnen erlebbar gemacht werden kann. Das Senckenberg Museum für Naturkunde Görlitz entwickelt digitale Vermittlungsformen, um einer breiten Öffentlichkeit museale Forschung verständlich zu machen, z.B. durch immersives Erleben und durch die Beteiligung an Forschung über digitale Citizen-Science-Projekte.

Die einzelnen Teilprojekte entwickeln ihre digitalen Prototypen in ihren jeweiligen Museen – in den dafür, wie oben beschrieben, so wichtigen iterativen User-Centered-Design- und Ko-Kreationsprozessen: Die digitalen Prototypen werden in interdisziplinären Teams konzipiert, in verschiedenen Testdurchläufen erprobt und im Austausch mit den BesucherInnen überarbeitet und evaluiert. Innerhalb des Verbundprojektes nimmt die begleitende Nutzer- und BesucherInnenforschung einen hohen Stellenwert ein. Sie liefert wertvolle Erkenntnisse über die Potenziale und Herausforderungen der neuen Interaktionsformen im Museum und dient dazu, die konkreten Anwendungen auf ihre Wirkung zu untersuchen. Zugleich werden die Herausforderungen, die die Etablierung der Entwicklung und des Betriebs digitaler Technologien für die gesamte Infrastruktur und die Arbeitsabläufe im Museum mit sich bringt, beleuchtet und genau dokumentiert.

Nachhaltige Verbundarbeit, zentral gesteuert

Übergeordnetes Ziel des Projektes museum4punkt0 ist es, Erkenntnisse und nachnutzbare Anwendungen für die deutschen Museen zu schaffen, sodass andere Einrichtungen durch diese Vorarbeit im Aufbau eigener Projekte profitieren können. Die Erkenntnisse zu bündeln und aufzubereiten, ist eine der Aufgaben der zentralen wissenschaftlichen Projektsteuerung. Diese obliegt einem Team der Stiftung Preußischer Kulturbesitz, welches außerdem die Mittel verwaltet und die einzelnen Teilprojekte hinsichtlich deren spezifischen Vorhaben berät – z.B. hinsichtlich Fragen der Vermittlung und der BesucherInnenforschung, der Vergabe sowie technischen Anschaffungen.

Darüber hinaus koordiniert und organisiert das Team die gemeinsame Verbundarbeit, darunter auch ein verbundübergreifendes Kommunikationsportal und regelmäßige zwei- bis dreitägige Verbundtreffen, um einen intensiven Austausch zu Themen wie Methoden der Vermittlung und der BesucherInnenforschung sowie technische Standards, Betriebskonzepte und Datenerschließung sicherzustellen. Die Verbundtreffen finden standardmäßig in einer der partnerschaftlichen Institutionen statt, um die Projektergebnisse direkt vor Ort im Zusammenspiel mit den örtlichen Gegebenheiten zu testen. In problemorientierten Werkstattgesprächen zeigen alle Teilprojekte ihren neuesten Arbeitsstand und beraten sich gegenseitig. In verschiedenen Arbeitsgruppen, World-Cafés, Workshops und Diskussionsformaten werden Fragen zur Konzeption und Etablierung digitaler Vermittlungs- und Kommunikationsangebote im Museumsbereich erörtert: Wie kann Kulturerbe digital vermittelt werden? Wie lassen sich Museumsangebote individuell auf die Bedürfnisse der BesucherInnen abstimmen? Wie lassen sich AR und VR zur Wissensvermittlung in Ausstellungen nutzen und einbetten? Wie kann museale Forschung erlebbar gemacht werden? Wie können digitale Angebote auch mit geringen personellen Ressourcen nachhaltig betrieben werden? Bis hin zu auf den ersten Blick banal erscheinenden Frage wie z.B.: Wie lässt sich die Hygiene von VR-Stationen gewährleisten? Die gewonnenen Erkenntnisse fließen einerseits direkt in die Arbeit der Teilprojekte und anderseits in die Dokumentation ein.

Um die großen Themen der digitalen Vermittlung und Kommunikation holistisch anzugehen, arrangiert das Steuerungsteam weitere dem Verbund nützliche Kooperationen, übernimmt die verbundübergreifende Presse- und Öffentlichkeitsarbeit und informiert vor allem über die Projektwebseite www.museum4punkt0.de, die als gemeinsame Verbundplattform fungiert. Im dortigen Blog berichten die einzelnen MitarbeiterInnen aus den Teilprojekten schon während der Laufzeit von museum4punkt0 aus ihrer Arbeit, ferner werden dort übergeordnete Themen und Fragestellungen erörtert und zur Diskussion gestellt. Mit der Weiterentwicklung des Gesamtprojektes wächst auch die Webseite. Alle Ergebnisse und Erkenntnisse werden in geeigneten Formaten wie Leitfäden, Checklisten und Toolboxen zusammengefasst. Diese werden kostenlos direkt auf der Webseite sowie die Quellcodes der Prototypen über eine Verlinkung zu gitHub zur Nachnutzung zur Verfügung gestellt.

Eine weitere Aufgabe des Steuerungsteams ist die Entwicklung eines gemeinsamen virtuellen Katalogs der digitalen Anwendungen und Objekte, die im Verbundprojekt entwickelt werden. In diesem werden in museum4punkt0 entstehende digitale Anwendungen mit den entsprechenden digitalisierten Objekten verknüpft, sodass eine gemeinsame Wissensbasis rund um digitale Vermittlungsformate im musealen Kontext entsteht.

Zusätzlich organisiert das Steuerungsteam Veranstaltungs- und Diskussionsformate sowie wissenschaftliche Symposien, um schon während der Projektlaufzeit eine kontinuierliche Reflexion der Arbeitsstände, die Einbeziehung externer wissenschaftlicher und technischer Expertisen sowie die Möglichkeit des Austauschs mit FachkollegInnen außerhalb des Verbunds zu gewährleisten.

Digitale Vermittlung als transdisziplinare Forschung verstehen

Ein Austausch, der für beide Seiten besonders fruchtbar sein kann, ist jener mit Hochschulen. Die digitale Vermittlung wird im Projekt museum4-punkt0 als transdisziplinare Forschung verstanden, bei der untersucht werden soll, wie und ob neuere und neueste Technologien zur Vermittlung in Museen eingesetzt werden können. So arbeitet das Steuerungsteam mit dem Fachbereich ‚Human-Centered Computing‘ des Studiengangs Informatik der Freien Universität zu Berlin zusammen an einem Projekt zur Untersuchung der Potenziale der HoloLens für die Vermittlung in Museen.

Außerdem gibt es innerhalb des Projektes verschiedene weitere Kooperationen mit Hochschulen. Dazu zählt die Zusammenarbeit mit dem Urban Complexity Lab der Fachhochschule Potsdam und dem Team der Staatlichen Museen an dem zielgruppenspezifischen Ausbau der Online-Sammlung SMB digital. Das Auswandererhaus initiierte ein Kooperationsprojekt mit Studierenden im Seminar ‚Crossmediales Publizieren‘ der Hochschule Bremerhaven, um in die Entwicklung einer interaktiven Statistikwand die Ideen einer jungen, medien- und internetaffinen Zielgruppe einbringen zu können; das Deutsche Museum kooperiert mit der Ludwig-Maximilians-Universität, um eine umfassende Evaluation des VRLabs durchzuführen. Das Senckenberg Museum für Naturkunde arbeitet ebenso als Forschungsmuseum eng mit Hochschulen zusammen. Hier und bei vielen der anderen Partner entstehen projektbegleitende Masterarbeiten. Für Hochschulen und vor allem für ihre Studierenden haben solche Kooperationen einen hohen Mehrwert, da die Studierenden auf diese Weise schon frühzeitig an die Praxis herangeführt werden. So arbeiten Studierende des Massachusetts Institute of Technology (MIT) und der New York University Berlin an Use Cases der Berliner Teilprojekte. Derartige Kooperationen können auch für kleinere Museen interessant sein, denn Hochschulen suchen immer wieder Projekte aus der Praxis für ihre Studierenden. Aus Semesterarbeiten entstehen dabei nicht sofort einsetzbare Anwendungen, jedoch können diese Ergebnisse ein erster Schritt sein, um anhand einer profunden These zu erforschen, wie z.B. die Vermittlung für eine bestimmte Zielgruppe zu einem bestimmten Thema aussehen kann. Geschieht dies in einer Zusammenarbeit auf Augenhöhe, so profitiert die

Institution nicht nur von den reinen Ergebnissen, sondern kann im besten Fall auch einen Einblick davon bekommen, welche Arbeitsprozesse sie etablieren sollte, um digitale Vermittlung in ihre Abläufe und Infrastruktur zu verstetigen. Die Studierenden ihrerseits bekommen Einblicke in reale Arbeitsbedingungen, die ihnen für ihre spätere Berufslaufbahn nützlich sein können. Denn wenn sie in der Zukunft mit Kulturinstitutionen zusammenarbeiten wollen, werden sie wahrscheinlich auch mit Ko-Kreationsprozessen zu tun haben, aber ebenso wahrscheinlich auch mit Infrastrukturen, die sich an diese sowie die Digitalität insgesamt noch adaptieren müssen.

Nachnutzbare Prototypen zur spielerischen und explorativen Vermittlung

Neben den Aufgaben der Verbundlenkung hat das Steuerungsteam eigene Arbeitspakete zur Entwicklung verschiedener Prototypen zu übergeordneten Themen, wie etwa den Einsatz von Gamification. Denn Spiele oder Spielprinzipien eignen sich u.a. gut, kulturelle Inhalte auch Personen zu vermitteln, die nur wenig Anknüpfungspunkte mit Museen haben, und ihnen einen leichteren, angenehmen Zugang zu den Inhalten zu gewähren – unter Nutzung von ihnen aus Spielen vertrauten Denk- und Handlungsweisen (vgl. Deeg 2016).

Um die Potenziale von digitalen Spielen auszuloten, konzipiert das Steuerungsteam verschiedene prototypische Anwendungen mit einem Fokus auf Gameplay. Auf Basis von digitalisierten Bewegungs- und Spielebüchern aus der Sammlung der Staatsbibliothek entsteht beispielsweise ein webbasiertes Browsergame, für dessen Entwicklung Expertenrat eingeholt wurde: In einem abwechslungsreichen Workshop mit einem Spieledesigner konnten SchülerInnen der vierten bis sechsten Klassen einer Berliner Grundschule ihr Spielverhalten kreativ darstellen, ihren eigenen Avatar zeichnen und schließlich als Jury erste Ideen und verschiedene Stile bewerten. Derartige Verfahren bringen zwar keine belastbaren Zahlen hervor, bieten aber eine Hilfe bei Grundsatzentscheidungen. Überdies ist es prinzipiell ratsam, früh einen Kontakt zwischen EntwicklerInnen bzw. DesignerInnen und der eigentlichen Zielgruppe herzustellen.

Ein weiteres übergeordnetes Thema ist die Vermittlung immateriellen Kulturerbes an ein breites Publikum. In Kooperation mit der deutschen UNESCO-Kommission entwickelt museum4punkt0 eine webbasierte Anwendung zur explorativen Vermittlung des immateriellen Kulturerbes mittels Scrollytellings, deren Konzept übertragbar – und somit für verschiedene weitere Formen des immateriellen Kulturerbes nachnutzbar sein soll.

Als Erstes wurde das naheliegende Thema der schwäbisch-alemannischen Fastnacht gewählt und in Ko-Kreationsworkshops mit dem Team der schwäbisch-alemannischen Museen erste Konzepte geschaffen. Noch in der Konzeptionsphase werden diese auf ein anderes Thema des immateriellen Kulturerbes übertragen, um möglichst breite Nachnutzungsmöglichkeiten zu gewährleisten. Ein Verfahren, das grundsätzlich bei digitalen Entwicklungen angedacht werden kann, wenn es nicht zu starken konzeptionellen Einschränkungen führt, die dann wiederum Konsequenzen für die Qualität von Inhalt und Vermittlung haben.

Fazit

Es ist deutlich geworden, dass es nicht einfach ist, digitale Vermittlung in Museen zu implementieren. Ein Projekt wie museum4punkt0 ist dafür ein erster Schritt auf einem langen Weg – und dieser kann nicht in Meilenschritten gegangen werden, wenn man unterwegs niemanden verlieren möchte, denn digitale Vermittlung ist Teamarbeit. Die Ergebnisse von museum4punkt0 bieten jedoch eine erste Abkürzung und somit eine Basis, von der ausgehend einzelne Museen den für sie geeigneten Weg finden können. Wichtig ist dabei der Austausch mit den FachkollegInnen, um nicht unwissentlich ausgetretenen Pfaden zu folgen, die in Sackgassen führen. Diesen möchte museum4punkt0 eine Plattform bieten.

Literatur

Deeg, Christoph (2016): Gaming als Blaupause für eine neue partizipative, digitale Kulturvermittlung. In: Mandel, Birgit (Hrsg.): Teilhabeorientierte Kulturvermittlung. Bielefeld: transcript Verlag, S. 227–236.

Devine, Catherine (2015): The Museum Digital Experience: Considering the Visitor's Journey. In: MWA2015: Museums and the Web Asia 2015, https://mwa2015.museumsandtheweb.com/paper/the-museum-digital-experience-considering-the-visitors-journey/, letzter Zugriff am 21.06.2019.

Falk, John H. (2009): Identity and the museum visitor experience. Walnut Creek, California: Left Coast Press.

Glinka, Katrin (2019): The Process Is Part of the Solution. Insights from the German Collaborative Project museum4punkt0. In: Museum Journal Vol. 70, Heft 1–2, p. 90–103.

Silke Krohn

Jenkins, Henry/Purushotma, Ravi/Weigel, Margaret/Clinton, Katie/Robinson, Alice J. (2009): Confronting the Challenges of Participatory Culture. Media Education for the 21st Century, https://www.issuelab.org/resources/830/830.pdf, letzter Zugriff am 14.12.2017.

Kirchner, Constanze/Peez, Georg (Hrsg.) (2001): Werkstatt: Kunst. Anregungen zu ästhetischen Erfahrungs- und Lernprozessen im Werkstattunterricht. Hannover: BDK-Verlag.

Riesch, Hauke/Potter, Clive (2013): Citizen science as seen by scientists: Methodological, epistemological and ethical dimensions. In: Public Understanding of Science. Band 23, Nr. 1, S. 107–120.

Verweis

Verweis zuletzt besucht am 30.08.2019.
www.museum4punkt0.de

Autorin

Dr. Silke Krohn

Studium der Kunstgeschichte an der Christian-Albrechts-Universität zu Kiel, Volontariat an den Staatlichen Museen zu Berlin, Leiterin der Bildungsabteilungen verschiedener Museen und Ausstellungshäuser, u.a. Museum für Kommunikation Berlin, Kunstmeile Krems und Museum Barberini, Lehre an der Muthesius Kunsthochschule in Kiel und der Hochschule für Technik und Wirtschaft Berlin, Steuerung Digitale Vermittlung und Besucherforschung von museum4punkt0 bei der Stiftung Preußischer Kulturbesitz.